Hans-Ulrich Keller

Wörterbuch der Astronomie

Alle wichtigen Begriffe verständlich erklärt

KOSMOS

Zu diesem Buch

Für Laien und Einsteiger in die Himmelskunde ist es oftmals schwierig, astronomische Berichte zu verstehen, weil immer wieder Begriffe im Text auftauchen, deren Bedeutung nicht bekannt oder unklar ist. Wie zahlreiche Anfragen von Leserinnen und Lesern des astronomischen Jahrbuches *Kosmos Himmelsjahr* sowie von Artikeln in Tageszeitungen zeigen, erschweren häufig selbst einfache Fachwörter das Verständnis des Textes. Wer weiß schon als Nicht-Fachmann oder -frau auf Anhieb, was man unter Analemma, CCD-Kamera, Ephemeriden, Spektralanalyse oder Zodiakallicht versteht? Die genaue Bedeutung von gängigeren Begriffen wie Erdbahnkreuzer, Neutronenstern, Pulsar, Quasar, Zeitgleichung und anderen häufig verwendeten Fachbegriffen ist auch nicht jedem geläufig. Manchmal möchte man auch einfach nur eine Frage schnell klären: Wie groß ist der Erdumfang, wie weit ist der Mond entfernt oder wie lange braucht das Licht von der Sonne zur Erde?

Zu all diesen Zwecken entstand das vorliegende *Wörterbuch der Astronomie*. Es erklärt die wichtigsten Begriffe der Himmelskunde leicht und verständlich. Dabei ist das Buch ein handliches Nachschlagewerk und kein dickleibiges Lexikon, das praktisch und erschwinglich bleiben soll. Dies bedingt natürlich eine gewisse Beschränkung im Umfang. Exotische Begriffe sowie Fachwörter aus Physik und Mathematik fanden daher bis auf wenige Ausnahmen keine Aufnahme. Großer Wert wurde auf verständliche Formulierungen gelegt. Die Erklärungen sind möglichst kurz und prägnant gehalten zur schnellen Information, ausschweifende Texte wurden tunlichst vermieden. Auch steht nicht die exakte astronomische Definition eines Begriffes im Vordergrund – dafür gibt es ausgezeichnete Fachbücher –, sondern die leichte Verständlichkeit. Die Leserinnen und Leser sollen kurz und bündig erfahren, worum es bei einem Stichwort geht.

Über Reaktionen aus dem Leserkreis freuen wir uns sehr, zeigen sie doch, wo Ergänzungen und Verbesserungen für eine Neuauflage anzubringen sind.

Allen, die zum Gelingen dieses Astro-Wörterbuches beigetragen haben, sei an dieser Stelle herzlich gedankt, insbesondere Frau Justina Engelmann vom Kosmos-Verlag.

Stuttgart, im Dezember 2004
Hans-Ulrich Keller

Der Pferdekopfnebel im Sternbild Orion – eine Dunkelwolke aus interstellarem Staub

Eigenschaften optischer Systeme wie Teleskope oder Mikroskope, die zu einer Verschlechterung der Bildqualität zum Beispiel durch Verzerrung, Farbsäume oder Unschärfen führen. Durch geeignete Konstruktionen kann man Abbildungsfehler minimieren oder teilweise vollständig vermeiden.

> *Fernrohr, Teleskop*

ABENDSTERN

Als „Abendstern" wird der Planet Venus bezeichnet, wenn er sich östlich der Sonne aufhält und deshalb in der Abenddämmerung und zu Beginn der Dunkelheit am Westhimmel hell strahlt. Venus ist nach Sonne und Mond das hellste Gestirn am irdischen Firmament. Sie wird daher schon früh in der beginnenden Abenddämmerung sichtbar und leuchtet unübersehbar als hellster „Stern" am Firmament. Astrophysi-

ABENDSTERN Der Planet Venus als Abendstern. Rechts unterhalb der Venus steht der Planet Jupiter.

kalisch gesehen ist der Abend„stern" also gar kein Stern, keine selbstleuchtende, heiße Sonne, sondern ein vergleichsweise kühler Planet, der unsere Sonne umrundet.

> *Morgenstern, Planet, Stern, Venus*

ABSOLUTE HELLIGKEIT

Wahre Leuchtkraft eines Gestirns. Die absolute Helligkeit gibt an, wie hell ein Gestirn dem Beobachter in der Normentfernung von zehn Parsec (= 32,6 Lichtjahre) erscheint. Sie wird angegeben in Magnitudines ^{M} (Einzahl: Magnitudo). Die Sonne hat eine absolute Helligkeit von $+4^M_.8$, Wega in der Leier $0^M_.5$ und Sirius im Großen Hund $1^M_.4$.

> *Helligkeit, Leuchtkraft, Parsec*

AE

> *Astronomische Einheit*

AKKRETIONSSCHEIBE

Gas- und Staubscheibe, die um ein zentrales, meist kompaktes Himmelsobjekt (z. B. Neutronenstern oder Schwarzes Loch) kreist, wobei große Mengen von Materie auf bzw. in das kompakte, zentrale Gestirn stürzen. Akkretionsscheiben heizen sich auf sehr hohe Temperaturen (Millionen von Grad) auf und senden eine intensive Strahlung aus, die im Röntgenlicht zu beobachten ist.

> *Aktive Galaxie, Neutronenstern,*
> *Schwarzes Loch*

AKTIVE GALAXIE

Milchstraßensystem, das in seinem zentralen Bereich große Mengen an Energie in Form von elektromagnetischer und Teilchenstrahlung freisetzt. Man spricht auch von aktiven Galaxienkernen (AGN, Active Galactic Nuclei). So genannte Radiogalaxien und Quasare zählen zu den aktiven Galaxien. Im Zentrum von aktiven Galaxien sitzt ein supermassereiches Schwarzes Loch von vielen Millionen Sonnenmassen, das von einer riesigen Akkretionsscheibe umgeben ist. Große Mengen von Materie stürzen in das zentra-

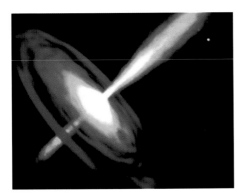

AKKRETIONSSCHEIBE Darstellung eines Schwarzen Loches mit einer Akkretionsscheibe aus glühend heißem Gas und Materie-Jets in zwei Richtungen

le Schwarze Loch, wobei sich zwei in entgegengesetzte Richtungen verlaufende Strahlen (Jets) ausbilden, die weithin ins Weltall schießen.

> *Akkretionsscheibe, Galaxie, Quasar, Radioastronomie, Schwarzes Loch*

AKTIVE OPTIK

Bei großen Spiegelteleskopen werden die Spiegel durch Stellglieder (Aktuatoren) stets in der optimalen Form gehalten (s. Abb. rechts). Je nach Lage des Spiegels und der damit verbundenen Verformung wird die Spiegeloberfläche durch diese aktive Optik permanent nachjustiert. Bei der *adaptiven* Optik werden zusätzlich die störenden Luftturbulenzen in der Erdatmosphäre ausgeglichen, die die Abbildungsqualität mindern. Ein Referenzstern, der auch durch einen Laserstrahl künstlich erzeugt werden kann, wird beobachtet und die Verformungen der Lichtwellenfronten infolge der Luftunruhe registriert. Ein leistungsfähiger Computer gibt dann den Stellgliedern entsprechende Befehle zur schnellen Variation der Spiegeloberfläche (etwa zehnmal pro Sekunde).

> *Spiegelteleskop, Teleskop*

ALBEDO

Die Albedo gibt den Prozentsatz an, den ein Körper vom einfallenden Licht reflektiert. Sie wird in Dezi-

malwerten angegeben. Eine Albedo von 0,34 bedeutet, dass ein Planet oder Mond 34 Prozent des einfallenden Lichtes reflektiert. Unser Erdmond hat beispielsweise nur eine Albedo von 0,07, das heißt, nur sieben Prozent des einfallenden Sonnenlichtes werden vom Mond reflektiert.

> *Helligkeit, Mond, Monde, Planet*

ALGOL

Veränderlicher Stern im Sternbild Perseus (β Persei) und der bekannteste Stern in der Klasse der Bedeckungsveränderlichen. Sein Name bedeutet Teufelskopf. Algol ist ein Doppelstern, bei dem sich die beiden Sterne für den irdischen Beobachter etwa alle 69 Stunden gegenseitig bedecken und dadurch einen deutlich wahrnehmbaren Lichtabfall von etwa eineinhalb Größenklassen bewirken. Algol ist der Prototyp einer ganzen Klasse von Bedeckungsveränderlichen (Algol-Sterne).

> *Bedeckungsveränderlicher, Doppelstern, Helligkeit, Veränderlicher*

ANALEMMA

Achterschleifenähnliche Figur, die entsteht, wenn man die Sonne in regelmäßigen Abständen von einigen Tagen zur gleichen Uhrzeit am gleichen Ort fotografiert (s. Abb. S. 8). Die Ursache für diese „Acht" am Himmel ist die ständige Veränderung der Sonnenhöhe im Verlauf der Jahreszeiten sowie der ungleich-

AKTIVE OPTIK Stellglieder (Aktuatoren) regulieren bei einer aktiven Optik die Form des Teleskopspiegels.

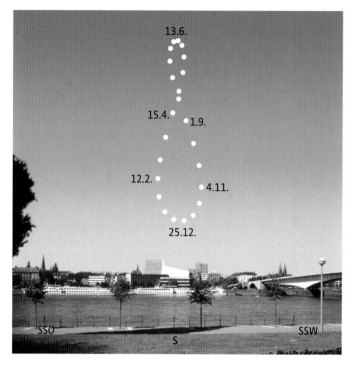

fernste Himmelsobjekt, das noch mit bloßem Auge erkennbar ist, und zählt zu den Spiralnebeln. Die Sterne bilden dabei Arme, die sich um ein dichtes, leuchtkräftiges Zentrum winden.
> *Galaxie, Galaxis, Lokale Gruppe*

APASTRON

Der Bahnpunkt einer Doppelsternbahn, bei der die beiden Komponenten am weitesten voneinander entfernt sind.
> *Doppelstern, Periastron*

mäßige Lauf der wahren Sonne. Man erhält diese Figur auch, wenn man die Zeitgleichung gegenüber der Sonnendeklination in einer Grafik aufträgt, dann allerdings „seitenverkehrt", denn die Zeitgleichung ist die Korrektur der mittleren auf die wahre Sonnenzeit.
> *Deklination, Jahreszeiten, mittlere Sonne, wahre Sonne, Zeitgleichung*

ANDROMEDA-NEBEL

Besser: Andromeda-Galaxie, Katalogbezeichnung M 31. Galaxie im Sternbild Andromeda, unter günstigen Sichtbedingungen schon mit bloßem Auge als mattes Lichtfleckchen ein wenig nördlich des Sterns Mirach (β Andromedae) zu sehen. Mit drei Millionen Lichtjahren Distanz gehört die Andromeda-Galaxie zu den Nachbarmilchstraßen unserer eigenen Galaxis. Man schätzt, dass sie rund 200 Milliarden Sterne enthält, damit übertrifft sie unsere Milchstraße sogar ein wenig an Größe. Die Andromeda-Galaxie ist das

APERTUR

„Öffnung" eines Teleskops, gemeint ist der freie Objektivdurchmesser. Dies ist der Durchmesser des Objektivs unter Berücksichtigung von Lichtbündel begrenzenden Öffnungsblenden.
> *Objektiv, Teleskop*

APEX

Fluchtpunkt, auf den sich unser Sonnensystem zu bewegt. Die Sonne samt den Planeten wandert gegenüber den Nachbarsternen mit einer Relativgeschwindigkeit von 20 Kilometer pro Sekunde in Richtung des Apex. Der Apex liegt im Sternbild Herkules, ein wenig südwestlich des Sterns Wega in der Leier, bei einer Rektaszension von 18^h04^m und einer Deklination von +30°.
> *Deklination, Rektaszension, Sonnensystem, Vertex*

ANDROMEDA-NEBEL **Unsere große Nachbar-galaxie in rund drei Millionen Lichtjahren Entfernung**

APHEL

Sonnenfernster Punkt einer Planetenbahn. Die Erde ist in ihrem Aphel 152,1 Millionen Kilometer von der Sonne entfernt.

> *Apogäum, Perihel*

APOGÄUM

Erdferne. Der erdfernste Punkt der Mondbahn oder der Bahn eines künstlichen Satelliten. Im Apogäum ist der Mond knapp 407 000 Kilometer von der Erde entfernt.

> *Aphel, Perigäum*

APSIDEN

Die Schnittpunkte der großen Bahnachse mit der Bahn eines Planeten, Kometen oder Satelliten. Die Apsidenlinie ist die Linie, die Perihel und Aphel einer Umlaufbahn miteinander verbindet. Die Apsiden-linien bleiben nicht raumfest, sondern sie rotieren langsam.

> *Aphel, Perihel*

ÄQUATORIALE KOORDINATEN

Koordinatensystem mit dem Himmelsäquator als Grundkreis (s. Abb. unten). Die beiden Koordinaten im Äquatorsystem sind die Deklination δ (Abstand vom Himmelsäquator in Grad, nach Norden positiv, nach Süden negativ gezählt) und die Rektaszension α. Die Rektaszension wird in Stunden, Zeitminuten und Zeitsekunden vom Frühlingspunkt (♈) aus entlang dem Himmelsäquator in Richtung Ost gezählt (24^h = 360°). In diesem System ändern sich die Koordinaten der Gestirne durch die Erdrotation im Unterschied zum azimutalen Koordinatensystem nicht. Infolge der Präzession der Erdachse verändern sich jedoch langfristig auch für die Fixsterne Deklination und Rektaszension, weshalb mit der Angabe der Epoche stets festgelegt werden muss, für welchen Zeitpunkt die Koordinaten eines Sterns exakt gelten.

Bei einem mit dem Beobachter fest verbundenen äquatorialen Koordinatensystem hingegen ändert sich eine Koordinate der Gestirne laufend; es wird statt der Rektaszension der Stundenwinkel t in der Ebene des Äquators angegeben. Der Stundenwinkel gibt den Abstand des Gestirns vom Meridian an: Ein Gestirn, das den Meridian passiert, hat den Stun-

ÄQUATORIALE KOORDINATEN **Die äquatoria-len Koordinaten Stundenwinkel t bzw. Rektaszension α werden längs des Himmelsäquators gemessen, die Deklination δ senkrecht dazu.**

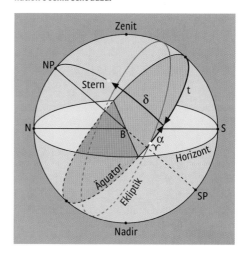

denwinkel 0^h. Nach einer Stunde wächst der Stundenwinkel auf 1^h an, dies sind 15° an der Himmelskugel. Stundenwinkel plus Rektaszension ergibt stets den Stundenwinkel des Frühlingspunktes.

> *azimutale Koordinaten, Deklination, Epoche,*
> *Frühlingspunkt, Himmelsäquator, Meridian, Prä-*
> *zession, Rektaszension, Sternzeit, Stundenwinkel*

ÄQUATORIALE MONTIERUNG

> *Parallaktische Montierung*

ÄQUINOKTIUM

1. Tagundnachtgleiche. Sie tritt ein, wenn die Sonne auf ihrer jährlichen Bahn den Himmelsäquator überquert; Tag und Nacht sind dann jeweils zwölf Stunden lang. Beim Frühlingsäquinoktium durchläuft die Sonne den Frühlingspunkt und passiert den Himmelsäquator von Süd nach Nord (jährlich um den 20. März). Dann beginnt auf der Nordhalbkugel der Erde der Frühling. Beim Herbstäquinoktium läuft die Sonne durch den Herbstpunkt und überquert den Himmelsäquator von Nord nach Süd (um den 23. September). Auf der Nordhalbkugel ist dann Herbstbeginn.
2. Die Bezeichnung Äquinoktium wird auch für den Beginn eines Jahres im Julianischen Datum benutzt und gibt an, für welchen Zeitpunkt das Koordinatennetz einer Sternkarte oder eines Kataloges exakt gilt. Äquinoktium 2005.0 bedeutet, dass das Koordinatennetz, das sich an der Lage des Frühlingspunktes an der gedachten Himmelskugel orientiert, exakt für den Jahresbeginn 2005 gilt.

> *Epoche, Frühlingspunkt, Herbstpunkt,*
> *Himmelsäquator, Himmelskugel, Jahreszeiten,*
> *Julianisches Datum, Präzession, Solstitium*

ASCHGRAUES MONDLICHT

Schwaches Leuchten der gesamten Mondscheibe kurz nach oder vor Neumond, wenn der Mond als schmale Sichel zu sehen ist (s. Abb. oben). Der unbeleuchtete Teil des Mondes erscheint dann nicht völlig dunkel, sondern in einem schwachen, grauen Licht. Es wird hervorgerufen durch die Reflexion des Erdlichtes, das den dunklen Mondteil aufhellt. Vom

ASCHGRAUES MONDLICHT Die zunehmende Mondsichel mit aschgrauem Mondlicht. Nahe am Horizont leuchtet der Planet Venus.

Mond aus betrachtet ist die Erde dann nämlich fast vollständig von der Sonne beleuchtet und sehr hell, es ist fast „Vollerde".

> *Mondphasen*

ASPEKTE

Die Konstellationen der Planeten in der Astrologie (Sterndeuterei). Zu den Aspekten zählen Opposition, Konjunktion, Quadratur, Sextilschein und Trigonschein. Stehen zwei Himmelskörper von der Erde aus betrachtet einander am Firmament gegenüber (ekliptikale Längendifferenz = 180°), so spricht man von Opposition. Bei der Konjunktion stehen sie beieinander (Längendifferenz: 0°), in Quadratur stehen sie im rechten Winkel, der ekliptikale Abstand beträgt dann 90°, beim Sextilschein 60° und beim Trigonschein 120°.

> *Astrologie, ekliptikale Koordinaten, Konjunk-*
> *tion, Konstellation, Opposition, Quadratur*

ASSOZIATION

Eine zerstreute Gruppe von sehr jungen und oft massereichen Sternen. Die Spektralklassen und Bewegungsverhältnisse der Mitgliedssterne sind ähnlich, was auf eine gemeinsame Entstehung hindeutet. So gibt es beispielsweise OB-Assoziationen, dies sind Sterngruppen der Spektralklassen O und B oder T-Assoziationen (Sterngruppen mit so genannten T-Tauri- und RW-Aurigae-Sternen). Assoziationen nehmen größere Raumbereiche ein als offene oder kugelförmige Sternhaufen. Die Sterndichte in einer Assoziation ist so gering, dass die Schwerkraft nicht in der Lage ist, die Gruppe über längere Zeit zusammenzuhalten.

> *Spektraltyp, Sternhaufen*

ASTEROID

Eine aus dem Amerikanischen stammende Bezeichnung für Kleinplanet oder Planetoid. Übersetzt bedeutet Asteroid „sternartiger Körper". Der Name rührt daher, weil Kleinplaneten im Teleskop aussehen wie Sterne.

> *Planetoid*

ASTROLOGIE

Sterndeuterei, nicht zu verwechseln mit Astronomie (Himmelskunde). Die Astrologie versucht, aus den Gestirnspositionen, vor allem der relativen Stellung der Planeten, der Sonne und des Mondes zueinander, das Schicksal von Einzelpersonen, gelegentlich auch von Völkern oder Regierungen herauszulesen. Es handelt sich dabei um reinen Aberglauben ohne jeden wissenschaftlichen Anspruch. Die Wurzeln der Astrologie sind in der Antike zu suchen, als die physikalische Natur der Himmelskörper noch unbekannt war und man beim Anblick der Sterne an Götter, Geister und Dämonen dachte.

> *Astronomie, Horoskop*

ASTROMETRIE

Gebiet der Himmelskunde, das sich mit der Festlegung beziehungsweise Bestimmung von Gestirnspositionen und den Bewegungen der Gestirne befasst. Hauptaufgabe der Astrometrie ist es, möglichst präzise Sternkataloge und Sternkarten zu erstellen.

> *Eigenbewegung, NGC, Sternkatalog*

ASTRONOMIE

Lehre vom Weltall und seinen Gestirnen (im Gegensatz zur Astrologie, der Sterndeuterei). Inzwischen lassen sich viele Vorgänge in der Astronomie physikalisch erklären, sie ist daher ein Teilgebiet der modernen Physik. Die Himmelsbeobachtung erfolgt heutzutage nicht mehr nur im sichtbaren Licht, sondern in allen Bereichen des elektromagnetischen Spektrums, von der Gamma- bis zur Radiostrahlung.

> *Astrologie, Astrometrie, Astrophysik, elektromagnetische Strahlung, Gamma-, Infrarotastronomie, Kosmologie, Radio-, Röntgen-, Ultraviolettastronomie*

ASTRONOMISCHE EINHEIT (ABK.: AE)

Grundlegende Entfernungseinheit in der Himmelskunde. Eine Astronomische Einheit entspricht der mittleren Entfernung Erde – Sonne (große Halbachse der Erdbahn). Eine AE hat somit eine Länge von 149 597 870 Kilometern. Für die meisten Überschlagsrechnungen reicht die Angabe 150 Millionen Kilometer. Eine AE entspricht einer Lichtlaufzeit von acht Minuten und 20 Sekunds sowie einer Sonnenparallaxe von 8,79 Bogensekunden (s. Abb. S. 114). In früheren Zeiten wurde die AE durch Vermessung von Venustransiten oder erdnahen Kleinplaneten von verschiedenen Punkten der Erde aus bestimmt. Dieses rein trigonometrische Verfahren war nicht besonders genau. Heute misst man Distanzen im Sonnensystem mit Hilfe der Radarechomethode. Aus der Laufzeit von elektromagnetischen Wellen, die an Mond oder Venus reflektiert werden, kann man die absoluten Distanzen im Sonnensystem auf wenige Meter genau bestimmen.

Die relativen Distanzen der Planeten ergeben sich aus dem dritten Keplerschen Gesetz, das besagt, dass das Verhältnis des Quadrates der Umlaufzeit eines Planeten zur dritten Potenz seiner mittleren Entfernung (große Halbachse) von der Sonne stets konstant ist. Somit kann man aus den Umlaufzeiten auf die relativen Entfernungen der Planeten im Sonnensystem in AE schließen.

> *Keplersche Gesetze, Lichtgeschwindigkeit, Radarastronomie, Sonnenparallaxe, Venustransit*

ASTROPHYSIK

Teilgebiet der Astronomie, das sich mit der Erforschung der physikalischen Eigenschaften und Zustände der Himmelskörper und des Weltalls befasst und das in erster Linie die spektrale Zusammensetzung der Strahlung aus dem Weltall untersucht. Dabei wird nicht nur der kleine Bereich des sichtbaren Lichts erfasst, sondern ein möglichst großer Bereich der elektromagnetischen Wellen. Da kurzwellige Strahlung wie Ultraviolett, Röntgen- und Gammastrahlen von der irdischen Lufthülle absorbiert werden, setzt man zahlreiche Beobachtungsinstrumente mit speziellen Detektoren im Weltall aus, die beispielsweise Gamma- und Röntgenstrahlen empfangen und registrieren können und die empfangenen Daten per Funk zu den irdischen Bodenstationen übertragen.

Die Astrophysik liefert Erkenntnisse für die gesamte Physik, da das Universum ein gigantisches natürliches Laboratorium ist, in dem Materie und Strahlung in extremsten Zuständen wie höchste und geringste Dichten, höchste und niedrigste Temperaturen etc. vorkommen. Dabei sind nicht nur die Gesetze der klassischen Physik anzuwenden. Bei außerordentlich hohen Geschwindigkeiten, Energiekonzentrationen oder enorm starken Gravitationsfeldern lassen sich auch die Voraussagen und Folgerungen der Speziellen sowie der Allgemeinen Relativitätstheorie und der Quantenmechanik überprüfen und testen.

> *Astronomie, elektromagnetische Strahlung, Hertzsprung-Russell-Diagramm, Spektralanalyse, Spektrum*

ATMOSPHÄRE

Gasförmige Hülle um einen Himmelskörper. Die äußersten Gasschichten der Sterne und unserer Sonne werden ebenso als Atmosphären bezeichnet wie die Gashüllen um Planeten und deren Monde. Während fast alle Planeten (außer Merkur) wenigstens eine

ATMOSPHÄRE **Der Saturnmond Titan im UV-Licht. Die bläulichen Schichten zeigen seine Atmosphäre.**

dünne Atmosphäre besitzt, ist der Saturnmond Titan der einzige Mond mit einer dichten Atmosphäre.

> *Planet, Sonnenatmosphäre*

AUFGANG

Das Erscheinen eines Himmelskörpers über dem Osthorizont. Bei nicht punktförmigen Himmelsobjekten wie Sonne und Mond wird als Aufgangszeitpunkt jeweils das Erscheinen des oberen Scheibenrandes angegeben. Bei der Berechnung von Auf- und Untergangszeiten ist zu berücksichtigen, dass durch die Strahlenbrechung in der irdischen Atmosphäre (Refraktion) die Gestirne am Horizont um etwa ein halbes Grad angehoben erscheinen. Dies entspricht dem scheinbaren Durchmesser von Sonne und Mond. Unter dem *heliakischen* Aufgang versteht man das erstmalige Erscheinen eines Sterns oder eines Sternbildes am Morgenhimmel tief im Osten nach der

„Sonnenlücke". Während der Sonnenlücke befindet sich ein Gestirn mit der Sonne am Taghimmel und ist darum nachts nicht am Himmel vertreten. Dies ist immer dann der Fall, wenn die Sonne ein Gestirn überholt (Konjunktion). Da die Sonne am Himmel durch die Sternbilder des Tierkreises wandert, stehen immer andere Sterne und Sternbilder mit ihr am Taghimmel und bleiben nachts unbeobachtbar. Und weil alle Sterne jeden Tag um rund vier Minuten früher aufgehen als am Vortag, tauchen sie nach und nach wieder vor Sonnenaufgang am Morgenhimmel auf, nachdem sie zuvor von der Sonne am Taghimmel überstrahlt wurden.

Als *akronyktischen* Aufgang bezeichnet man den Aufgang eines Gestirns im Osten, wenn gleichzeitig im Westen die Sonne gerade untergeht. Ein Planet in Opposition zur Sonne geht akronyktisch auf.

Unter einem *kosmischen* Aufgang versteht man den gleichzeitigen Aufgang eines Gestirns mit der Sonne (z. B. Konjunktion). Gestirne im kosmischen Aufgang sind nachts unter dem Horizont und unbeobachtbar.

> *Konjunktion, Opposition, Refraktion,*
> *Sonnenbahn, Sterntag, Tierkreis, Untergang*

AUFLÖSUNGSVERMÖGEN

Fähigkeit des Auges beziehungsweise eines Teleskops, nahe beieinander stehende Punkte noch einzeln erkennen zu können. Der Kehrwert des Auflösungsvermögens ist die *Trennschärfe*. Sie gibt an, wie nahe zwei Punkte stehen können, so dass sie der Beobachter mit einem entsprechenden Teleskop noch als zwei getrennte Objekte erkennen kann. Je kleiner die Trennschärfe, desto höher ist das Auflösungsvermögen.

Das Auflösungsvermögen beziehungsweise die Trennschärfe ist abhängig vom Objektivdurchmesser. Je größer der Objektivdurchmesser, desto höher das Auflösungsvermögen. Die Beziehung ist linear: Doppelter Objektivdurchmesser liefert doppelte Auflösung. Allerdings ist das Auflösungsvermögen nach oben durch die irdische Luftunruhe begrenzt. Bei Fernrohren mit mehr als 50 Zentimeter freier Objektivöffnung kann das Auflösungsvermögen nicht mehr voll genutzt werden. Ausnahmen sind nur bei adaptiver Optik möglich, bei der durch Verformung des Ob-

jektivspiegels mittels Stellgliedern Luftturbulenzen kompensiert werden.

> *Aktive Optik, Objektiv, Teleskop*

ÄUSSERER PLANET

Planet, der außerhalb der Erdbahn um die Sonne wandert. Dazu zählen Mars, Jupiter, Saturn, Uranus, Neptun und Pluto. Äußere Planeten können die Stellung „Opposition" einnehmen. Von der Erde aus gesehen befinden sie sich dann am Himmel der Sonne genau gegenüber und sind die ganze Nacht zu beobachten. Die Oppositionstermine der äußeren Planeten sind im *Kosmos Himmelsjahr* angegeben.

> *innerer Planet, Opposition, Planet*

AUSTRITTSPUPILLE

Das vom Okular eines Teleskops erzeugte verkleinerte Bild der Eintrittspupille (= freie Objektivöffnung). Der Durchmesser der Austrittspupille ergibt sich aus dem Verhältnis Objektivbrennweite zu Okularbrennweite, dies entspricht der Vergrößerung. Hat ein Teleskop eine freie Öffnung von zehn Zentimetern und eine Brennweite von einem Meter, so liefert ein Okular von zehn Millimetern Brennweite eine Austrittspupille von einem Millimeter Durchmesser.

> *Objektiv, Okular, Vergrößerung*

AZIMUT

Aus dem Arabischen stammende Bezeichnung für einen Winkel im azimutalen Koordinatensystem, der im Allgemeinen vom Südpunkt aus in der Ebene des Horizonts in Richtung West gezählt wird. Der Südpunkt am Horizont hat das Azimut 0°, der Westpunkt 90°, der Nordpunkt 180° und der Ostpunkt 270°. Die Angabe des Azimuts erfolgt vor allem für Gestirne im Auf- und Untergang, wenn sie also den Horizont überschreiten. In der Navigation und im angelsächsischen Raum wird das Azimut oftmals vom Nordpunkt statt vom Südpunkt aus gezählt. Dann hat der Nordpunkt das Azimut 0°, der Ostpunkt 90°, der Südpunkt 180° und der Westpunkt 270°.

> *azimutale Koordinaten, Höhe, Nordpunkt,*
> *Ostpunkt, Südpunkt, Westpunkt*

AZIMUTALE KOORDINATEN

Koordinatensystem, das sich auf den Grundkreis des Beobachterhorizonts bezieht. Die Pole dieses Systems sind Zenit (Punkt über dem Kopf des Beobachters) und Nadir (Punkt unter seinen Füßen). Die Koordinaten heißen Azimut A und Höhe h beziehungsweise Zenitdistanz z (s. Abb. rechts).

Alle Punkte auf dem Horizont haben die Höhe 0° (Zenitdistanz = 90°). Negative Höhen bedeuten, dass das Gestirn unter dem Horizont steht. Der Zenit hat eine Höhe von +90°, der Nadir eine Zenitdistanz von 180°. In der Astronomie wird das Azimut vom Südpunkt in Richtung West entlang des Horizontes gezählt. Der Südpunkt hat Azimut 0°, der Westpunkt 90°, der Nordpunkt 180° und der Ostpunkt 270°. In der Nautik und im angelsächsischen Raum wird das Azimut allerdings vom Nordpunkt aus gezählt. Der Nordpunkt hat dann 0°, der Ostpunkt 90° usw.

Durch die Angabe von Azimut und Höhe eines Gestirns ist sein Ort zu einem bestimmten Zeitpunkt eindeutig an der Himmelskugel fixiert. Infolge der täglichen Rotation der Erde sind die Koordinaten des azimutalen Koordinatensystems jedoch zeitlich laufend veränderlich.

> äquatoriale Koordinaten, Azimut, Höhe, Horizont, Koordinaten, Nadir, Zenit, Zenitdistanz

AZIMUTALE MONTIERUNG

Gelegentlich auch altazimutale Montierung genannt. Die azimutale Montierung ist eine Fernrohrmontierung, bei der die eine Drehachse senkrecht auf der Horizontebene steht. Das Schwenken um diese Achse bewegt das Fernrohr im Azimut. Die zweite Achse ist parallel zur Horizontebene gelagert und erlaubt die Höheneinstellung des Fernrohrs. Bei der azimutalen Montierung kann ein Fernrohr somit in den azimutalen Koordinaten bewegt werden. Um die tägliche Himmelsdrehung bei einer Beobachtung zu kompensieren, muss das Teleskop ständig um beide Achsen nachgeführt werden. Bei fotografischen Aufnahmen muss zudem die Rotation des Bildfeldes ausgeglichen werden.

> Azimut, azimutale Koordinaten, Dobson-Teleskop, Höhe, Montierung, Nachführung, parallaktische Montierung

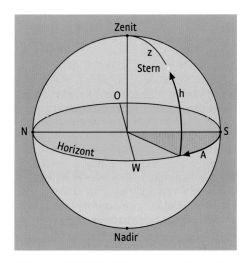

AZIMUTALE KOORDINATEN **Die azimutale Koordinate Azimut A wird längs des Horizonts gemessen, die Höhe h senkrecht dazu.**

B

BAHNELEMENTE

Sechs Bahnelemente bestimmen die Größe, Form und Lage der Bahn eines Himmelskörpers (z. B. Planeten) um seinen Zentralkörper (s. Abb. rechts). Die große Halbachse a gibt die Größe der elliptischen Bahn an und die numerische Exzentrizität e ihre Form. Die Bahnneigung i, der Abstand des Perihels vom aufsteigenden Knoten ω (die Perihellänge) und die Länge des aufsteigenden Knotens Ω legen die Lage der Bahn im Raum fest. Die Perihelzeit T ist der Zeitpunkt, zu dem der Körper sein Perihel P passiert. Üblicherweise beziehen sich die Bahnelemente auf die Ekliptik als Referenzebene. Sie sind mit der Zeit variabel, vor allem, weil weitere Himmelskörper die Bahn des betreffenden Himmelskörpers durch ihre Schwerkraftwirkungen verändern („stören"). Mit Hilfe der Bahnelemente können Vorausberechnungen der Bewegungen von Himmelskörpern durchgeführt werden (Ephemeriden).

> ekliptikale Koordinaten, Ephemeriden, Frühlingspunkt, Knoten, Perihel

BAHNKNOTEN

> *Knoten*

BARYZENTRUM

Schwerpunkt eines Systems. Der Punkt eines einzelnen Körpers oder einer Gruppe von Körpern (z. B. des Systems Erde – Mond, des Sonnensystems oder eines Mehrfachsternsystems), in dem die Gravitationskräfte einander aufheben. Frei fallende Körper bewegen sich in Richtung des Schwerpunktes.

Das Baryzentrum des Systems Erde – Mond liegt noch innerhalb des Erdkörpers, etwa 1700 Kilometer unterhalb des Sublunarpunktes. Dies ist der Ort auf der Erdoberfläche, über dem der Mond genau im Zenit steht. Der Schwerpunkt des Sonnensystems liegt meist noch innerhalb der Sonne.

> *Doppelstern, Gravitation, Mehrfachstern, Zenit*

BEDECKUNG

> *Jupitermonderscheinungen, Sternbedeckung*

BAHNELEMENTE Sechs Bahnelemente bestimmen die Bahn eines Himmelskörpers.

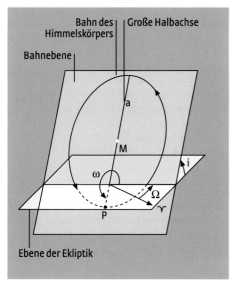

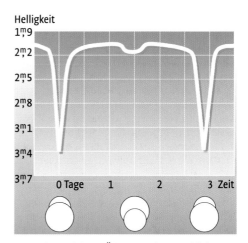

BEDECKUNGSVERÄNDERLICHER Lichtkurve des bedeckungsveränderlichen Sterns Algol im Perseus

BEDECKUNGSVERÄNDERLICHER

Doppelsternsystem, bei dem die Bahnebene fast genau in Richtung der Sichtlinie (des Visionsradius) liegt. Für den irdischen Beobachter bedecken sich die beiden Sterne eines solchen Doppelsternsystems regelmäßig gegenseitig und verursachen dadurch einen periodischen Lichtabfall. Der bekannteste Bedeckungsveränderliche ist der Stern Algol im Sternbild Perseus.

> *Algol, Doppelstern, Lichtkurve*

BOGENMINUTE

Sechzigster Teil eines Grades. Sonne und Mond haben am Himmel einen scheinbaren Durchmesser von etwa 30 Bogenminuten, dies entspricht einem halben Grad. Das Zeichen für eine Bogenminute ist: 1'.

> *Bogensekunde*

BOGENSEKUNDE

Sechzigster Teil einer Bogenminute und 3600. Teil eines Grades. Planeten haben scheinbare Durchmesser von wenigen Bogensekunden bis rund eine Bogenminute. Das Zeichen für eine Bogensekunde ist: 1''.

> *Bogenminute*

15

BOLIDE

Auch Feuerkugel genannt. Besonders heller Meteor (Sternschnuppe), heller als die hellsten Sterne. Es handelt sich oft um spektakuläre Erscheinungen, deren Anblick die Bevölkerung erschrecken kann. Manche Boliden werden so hell wie der Vollmond. Gelegentlich sind auch Explosionsgeräusche zu hören. Feuerkugeln sind mitunter auch am Taghimmel zu sehen.

> *Meteor*

BRAUNER ZWERG

Himmelskörper, dessen Masse zwischen der eines Planeten und der eines Sterns liegt. Die Massen von Braunen Zwergen sind deutlich größer als Planetenmassen, aber zu gering, um Kernverschmelzungsprozesse (insbesondere die Wasserstofffusion) zu zünden. Braune Zwerge glühen aufgrund ihrer thermischen Energie schwach vor sich hin. Sie bestehen hauptsächlich aus Wasserstoff und Helium.

> *Kernfusion, Planet, Stern, Wasserstoffbrennen*

BRENNPUNKT

Auch als Fokus bezeichnet. Der Brennpunkt ist der Punkt, in dem sich achsenparallel einfallende Strahlen treffen, die durch ein Linsen- oder Spiegelobjektiv gebündelt werden. Ferner besitzen geometrische Kurven wie Ellipsen, Parabeln und Hyperbeln Brennpunkte.

> *Objektiv, Teleskop*

BRENNWEITE

Abstand des Brennpunktes bzw. der Brennebene vom abbildenden Objektiv (Einzellinse, Linsensystem oder Hohlspiegel).

> *Brennpunkt, Objektiv, Teleskop*

BÜRGERLICHE ZEIT

Die in den einzelnen Ländern gesetzlich festgelegte Uhrzeit. Sie ist meist eine Zonenzeit, das heißt, sie hat eine Differenz zur Weltzeit (UT = Universal Time) in vollen Stunden. Im deutschsprachigen Gebiet ist

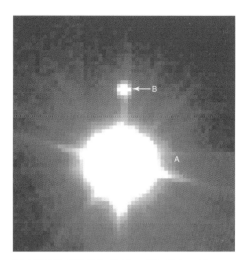

BRAUNER ZWERG Ein Stern (A) mit einem Braunen Zwerg (B) als Begleiter im Sternbild Wasserschlange

die bürgerliche Zeit üblicherweise die Mitteleuropäische Zeit (MEZ), die gegenüber der Weltzeit um eine Stunde vorgeht. Auch die Sommerzeit (Mitteleuropäische Sommerzeit = MESZ) ist eine bürgerliche Zeit. Sie geht gegenüber der Weltzeit um zwei Stunden vor. In Deutschland wird die Sommerzeit durch Rechtsverordnung des Bundesinnenministeriums festgelegt, die Festlegung erfolgt nach Richtlinie der Europäischen Union.

> *Mitteleuropäische Zeit, Sommerzeit, Sonnenuhr, Weltzeit, Zeit*

C

CARRINGTONSCHE SONNENROTATION

Zählweise der Sonnenrotationen nach Richard Christopher Carrington. Die Rotation Nr. 1 begann am 1. Januar 1854 um 12:00 Uhr Weltzeit. Zu diesem Zeitpunkt fiel der Carringtonsche Nullmeridian gerade mit dem Zentralmeridian der Sonne zusammen. Der Beginn jeder neuen Sonnenrotation ist im *Kosmos Himmelsjahr* angegeben.

> *Nullmeridian, Sonnenrotation, Weltzeit, Zentralmeridian*

CCD-KAMERA

Abkürzung für Charge-Coupled-Device, wörtlich: ladungsgekoppeltes Gerät. CCD-Kameras finden auch in der Amateurastronomie vielfältige Anwendung. Es handelt sich wie die handelsüblichen Digitalkameras um elektronische Kameras. Herzstück einer CCD-Kamera ist der so genannte Chip, eine Fläche von zahlreichen lichtempfindlichen Halbleiterelementen, die in Rasterform angeordnet sind (1000 x 1000 und mehr). Diese einzelnen Elemente werden als Pixel bezeichnet (Abkürzung für „picture elements").
Bei einer Aufnahme schlägt das einfallende Licht der Gestirne aus den Halbleiterelementen Elektronen heraus, die durch Anlegen einer Spannung ausgelesen werden. Das entstehende Bild kann unmittelbar auf dem Monitor eines Computers dargestellt und mit Hilfe von Bildverarbeitungssoftware bearbeitet werden (image processing).
CCD-Kameras sind hochempfindlich. Mit ihnen gelingt es, zu recht schwachen Sternen vorzudringen, die bei gleicher Öffnung mit klassischer Fotografie nicht zu erreichen wären. Die Grenzgröße der beobachteten Gestirne wird somit weit herausgeschoben. Die Datenflut ist entsprechend groß und erfordert meist geeignete Hard- und Software zur Speicherung und Bearbeitung. Ein weiterer Vorteil von CCD-Kameras ist, dass sie in einem größeren Spektralbereich empfindlich sind, als die Filme der klassischen Fotografie.

> *elektromagnetische Strahlung, Grenzgröße*

CEPHEÏDEN

> *Delta-Cepheï-Sterne*

CERES

Der erste Kleinplanet (Planetoid), der in der Neujahrsnacht von 1800 auf 1801 von Giuseppe Piazzi entdeckt wurde. Ceres ist mit rund 1000 Kilometern Durchmesser der größte Kleinplanet. Ihre Bahn liegt zwischen der Mars- und der Jupiterbahn. Sie wandert in 4,6 Jahren um die Sonne. Ihre große Bahnhalbachse beträgt 2,77 AE oder 414 Millionen Kilometer. Ceres ist mit einem Amateurteleskop oder gelegentlich schon mit einem Fernglas beobachtbar, ihre

Sichtbarkeiten sowie die von einigen anderen helleren Kleinplaneten stehen im *Kosmos Himmelsjahr*.

> *Planetoid*

CHANDLERSCHE POLHÖHENSCHWANKUNG

Periodische Schwankung der Erdachse mit einer mittleren Dauer von 430 Tagen. Die Pole der Erde wandern dabei auf kreisähnlichen Bahnen in einem quadratischen Feld von etwa 10 mal 10 Metern. Die Ursache für die Polhöhenschwankung ist, dass die Symmetrieachse der Erde nicht exakt mit ihrer Rotationsachse zusammenfällt.

> *Erdachse, Himmelspol, Polhöhe, Präzession*

CHROMOSPHÄRE

Schicht in der Sonnenatmosphäre zwischen der untersten Atmosphärenschicht, der Photosphäre oder Lichtschicht, und der obersten Atmosphärenschicht, der Korona. Das Wort Chromosphäre kommt aus dem Griechischen und bedeutet Farbschicht. Die Chromosphäre hat eine Dicke von etwa 20 000 Kilometern, die Temperatur steigt von 4500 auf über eine Million Grad an der Obergrenze an. In ihr entstehen die Fraunhofer-Linien des Sonnenspektrums, aus de-

CHROMOSPHÄRE **Im Licht der roten Wasserstofflinie H-Alpha sieht man die Chromosphäre der Sonne.**

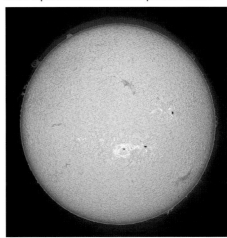

nen sich die chemische Zusammensetzung der Sonne ermitteln lässt.

Die Bezeichnung dieser Atmosphärenschicht kommt daher, dass sie bei einer totalen Sonnenfinsternis, wenn die grelle Lichtschicht der Sonne abgedeckt ist, kurz vor oder kurz nach der Totalität als ein feiner, rosa Farbsaum am Mondrand erscheint. In der Chromosphäre lassen sich mit einem speziellen (monochromatischen) Filter ihre flockige Struktur, Fackeln, Filamente, Protuberanzen sowie Flares beobachten.

> Fackel, Filament, Filter, Flare, Flocculi, Fraunhofer-Linien, Korona, Photosphäre, Protuberanz, Sonnenatmosphäre

DÄMMERUNG

Die Zeit zwischen Sonnenuntergang und Eintreten der Dunkelheit am Abend oder morgens die Zeit zwischen allmählicher Aufhellung des Himmels bis zum Sonnenaufgang. Man unterscheidet zwischen bürgerlicher, nautischer und astronomischer Dämmerung. Die *bürgerliche* Dämmerung endet beziehungsweise beginnt, wenn die Sonne 6° unter dem Horizont steht, die *nautische* bei einer negativen Sonnenhöhe von 12° und die *astronomische* Dämmerung bei einer negativen Sonnenhöhe von 18°. Nach Ende oder vor Beginn der bürgerlichen Dämmerung sind Arbeiten im Freien ohne künstliche Beleuchtung in der Regel nicht möglich. Während der nautischen Dämmerung kann der Seemann noch die Kimm auf dem Meer erkennen (Horizontlinie – scheinbares Zusammentreffen der Himmelskugel mit der Meeresoberfläche). Nach Ende oder vor Beginn der astronomischen Dämmerung sind auch die schwächsten, mit bloßem Auge sichtbaren Sterne (Sterne der Größenklasse 6^m) prinzipiell beobachtbar. Die nautischen Dämmerungszeiten sind im *Kosmos Himmelsjahr* angegeben.

> Aufgang, Größenklasse, Horizont

DATUM

Meist Zeitangabe. Das bürgerliche Datum wird angegeben in Tag, Monat und Jahr. Der Tag wechselt um Mitternacht. In der Astronomie wurde bis zum Jahr 1925 der Datumswechsel um zwölf Uhr mittags durchgeführt.

Für Berechnungen wird in der Astronomie das Julianische Datum benutzt, eine fortlaufende Tageszählung seit dem 1. Januar des Jahres 4713 v. Chr.

> Datumsgrenze, Julianisches Datum, Zeit

DATUMSGRENZE

Gedachte Linie vom Nord- zum Südpol der Erde, die in etwa dem 180. Längengrad folgt. Beim Überschreiten der Datumsgrenze ist ein Datumswechsel vorzunehmen: Bei einer Überschreitung von Ost nach West wird ein Tag übersprungen, bei Überschreitung von West nach Ost hält man das Datum fest, das heißt, der Tag wird doppelt gezählt.

> Datum

DEEP-SKY-OBJEKT

Wörtlich „Tiefer-Himmel"-Objekt. Gemeint sind in erster Linie alle Objekte außerhalb unseres Sonnensystems, vor allem galaktische Nebel, Sternhaufen und Galaxien.

> Galaxie, Nebel, Sternhaufen

DEKLINATION

Eine Koordinate im Äquatorsystem, die den Abstand eines Gestirns vom Himmelsäquator im Winkelmaß angibt (s. Abb. S. 9). Gestirne auf dem Himmelsäquator haben die Deklination 0°. Nach Norden wird die Deklination positiv gezählt, nach Süden negativ. Der Himmelsnordpol hat die Deklination +90°, der Südpol die Deklination –90°. Die Deklinationsangabe auf der Himmelskugel entspricht der geografischen Breite auf der Erdkugel.

> äquatoriale Koordinaten, Himmelsäquator, Himmelskugel, Himmelspol, Poldistanz, Rektaszension

DEKLINATIONSACHSE

Achse einer parallaktischen Fernrohrmontierung, die senkrecht auf der Stundenachse steht (s. Abb. S. 82).

Das Drehen um die Deklinationsachse erlaubt, das Fernrohr auf verschiedene Deklinationen einzustellen, entsprechend den Koordinaten eines Gestirns.

> *Deklination, parallaktische Montierung, Polachse*

DEKLINATIONSKREIS

Parallelkreis zum Himmelsäquator, der alle Gestirne miteinander verbindet, die die gleiche Deklination haben. Er entspricht dem geografischen Breitenkreis auf der Erde.
Als Deklinationskreis wird auch der Ablesekreis (Teilkreis) oder die Ablesemarkierung an einer Teleskopmontierung bezeichnet, die die eingestellte Deklination des Teleskops ablesen lässt.

> *Deklination, Himmelsäquator, Himmelspol, Koordinaten, Montierung, Stundenkreis, Stundenwinkel, Teilkreis*

DELTA-CEPHEÏ-STERN

Auch weniger zutreffend Cepheïd genannt. Delta-Cepheï-Sterne sind physisch regelmäßig veränderliche Sterne mit Perioden von einem bis etwa 150 Tagen. Es handelt sich bei ihnen um pulsierende Sterne, deren Helligkeitsvariation durch das rhythmische Aufblähen der Sterne und die damit verbundene Veränderung der Oberflächentemperatur zustande kommt.
Die Cepheïden gehören zu den absolut hellsten Sternen im Universum. Aus ihrer Periode lässt sich über die für sie typische Perioden-Helligkeits-Beziehung auf ihre wahre Leuchtkraft schließen. Aus der Differenz zwischen beobachteter, scheinbarer Helligkeit und ihrer aus der Perioden-Helligkeits-Beziehung ermittelten wahren Leuchtkraft lässt sich ihre Entfernung bestimmen. Werden Cepheïden in Galaxien gefunden, so kann man die Entfernungen der Galaxien ermitteln. Cepheïden werden daher auch gerne als „Leuchttürme des Kosmos" bezeichnet.
Kurzperiodische Cepheïden mit Blinkperioden unter einem Tag zählen zu den so genannten RR-Lyrae-Sternen.

> *Leuchtkraft, scheinbare Helligkeit, Veränderlicher*

DICHOTOMIE

Halbphase. Erscheint ein Planetenscheibchen halb beleuchtet, was bei den inneren Planeten Merkur und Venus der Fall sein kann, so spricht man von der Dichotomie. Die Dichotomie des Mondes ist erreicht, wenn wir ihn als zunehmenden oder abnehmenden Halbmond sehen.

> *innerer Planet, Mondphasen*

DOBSON-TELESKOP

Bezeichnung für eine einfache, aber stabile Montierung eines Newton-Teleskops, die in der Regel auch preisgünstig ist und im Bereich der Amateurastronomie zur Anwendung kommt. Der Vorteil von Dobson-Montierungen ist, dass sie sehr kompakt und in einer Leichtbauweise mit geringem Gewicht gut zu transportieren sind. Dobson-Montierungen benötigen ferner keine Gegengewichte. „Dobsons" sind azimutal montierte Fernrohre mit gabelähnlicher Aufhängung.

> *Montierung, Newton-Teleskop, Teleskop*

DOPPELSTERN

Die meisten Sterne am Himmel sind keine Einzelsterne, sondern Sternpaare. Zwei Sterne kreisen dabei

DOBSON-TELESKOP Ein „Dobson" ist azimutal montiert und hat eine gabelähnliche Aufhängung.

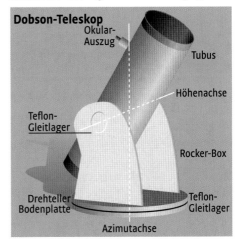

Dobson-Teleskop
Okular-Auszug
Tubus
Höhenachse
Teflon-Gleitlager
Rocker-Box
Drehteller Bodenplatte
Teflon-Gleitlager
Azimutachse

um ihren gemeinsamen Schwerpunkt. Doppelsterne können entweder von Teleskopen in einzelne Lichtpunkte aufgelöst werden (*visuelle* Doppelsterne) oder sie verraten sich durch andere Indizien wie z. B. Veränderungen im Spektrum (periodische Variationen der Spektrallinien infolge des Doppler-Effektes, so genannte *spektroskopische* Veränderliche). Manchmal liegt auch die Sichtlinie des Beobachters in der Bahnebene der Sterne, so dass sie sich für den irdischen Beobachter gegenseitig bedecken und durch eine periodische Helligkeitsveränderung auffallen (*Bedeckungsveränderliche*). Des Weiteren sind Bahnstörungen ein Hinweis auf einen (unsichtbaren) Begleitstern (*astrometrischer* Doppelstern).

Man schätzt, dass zwei Drittel aller Sterne zu einem Doppel- oder sogar Mehrfachsternsystem gehören. Neben den echten (*physischen*) Doppelsternen gibt es allerdings auch noch Sterne, die nur scheinbar nahe beieinander stehen, da sie in der gleichen Richtung zu sehen, tatsächlich aber weit voneinander entfernt sind. Diese Sternpaare nennt man *optische* Doppelsterne.

> *Algol, Auflösungsvermögen, Baryzentrum, Bedeckungsveränderlicher, Doppler-Effekt, Mehrfachsternsystem*

DOPPLER-EFFEKT

Der Physiker Christian Doppler (1803–1853) entdeckte 1845, dass die empfangene Wellenlänge eines Senders abhängig ist von seinem relativen Bewegungszustand zum Beobachter. Nähert sich ein hupendes Auto, so steigt sein Ton an, entfernt es sich, so sinkt die Tonhöhe. In der Optik verschieben sich die Spektrallinien ebenso zu kürzeren Wellenlängen (zum Blauen hin), wenn sich die Quelle (Stern) dem Beobachter nähert. Entfernt sich ein Gestirn vom Beobachter, so sind die Linien zum langwelligeren, roten Ende des Spektrums verschoben (Rotverschiebung). Aus der Beobachtung der Doppler-Verschiebung lässt sich die Radialgeschwindigkeit (Geschwindigkeit in Richtung auf den Beobachter zu oder von ihm weg) einer Quelle bestimmen.

> *elektromagnetische Strahlung, Radialgeschwindigkeit, Rotverschiebung, Spektrallinien*

DRACHENPUNKT

> *Knoten*

DRAKONITISCHER MONAT

Zeitspanne zwischen zwei aufeinander folgenden Durchgängen des Mondes durch denselben Bahnknoten (z. B. Zeitdauer zwischen dem Durchgang des Mondes durch den aufsteigenden Knoten und dem nächsten Monddurchgang durch den aufsteigenden Knoten). Ein drakonitischer Monat dauert 27 Tage, fünf Stunden, fünf Minuten und 36 Sekunden.

> *Knoten, Mond, Mondbahn*

DUNKELNEBEL

> *Dunkelwolke*

DUNKELWOLKE

Die interstellare Materie schattet durch ihre Staubkomponente das Licht fernerer Sterne ab. In der Milchstraße machen sich Dunkelwolken daher durch scheinbar sternleere oder sternarme Gegenden bemerkbar. Hier fehlen aber nicht etwa Sterne, sondern es liegen zwischen dem Beobachter und den ferneren Sternen der Milchstraße riesige Staubwolken, die das Licht der dahinter stehenden Sterne absorbieren (verschlucken beziehungsweise abschatten). Oft sind die Dunkelwolken eingebettet in leuchtende Gaswolken, so genannte Emissions- und Reflexionsnebel.

> *Emissionsnebel, interstellare Materie, Milchstraße, Reflexionsnebel*

DURCHGANG

Auch Transit genannt.

1. Die Bezeichnung bezieht sich zum einen auf die Passage von Gestirnen durch den Meridian. Teleskope, die nur im Meridian beobachten können, sind Passageinstrumente oder Meridiankreise.

2. Außerdem versteht man unter einem Transit den Vorübergang eines Himmelskörpers vor einem anderen. Speziell interessant sind die Vorübergänge von Merkur und Venus vor der Sonne. Als innere Planeten können sie als dunkle Punkte vor der Sonnenscheibe

DUNKELWOLKE **Bei einer interstellaren Dunkelwolke verfinstert der Staub das Sternenlicht.**

vorbeiziehen, wenn sie die Erde überholen. Merkur- und Venustransite sind allerdings seltene Ereignisse: Im 20. Jahrhundert erfolgte überhaupt kein Venustransit, im 21. Jahrhundert lediglich am 8. Juni 2004 und am 5./6. Juni 2012. Merkurtransite sind etwas häufiger, sie ereignen sich 13- bis 14-mal pro Jahrhundert. Der Durchgang eines Jupitermondes vor der Jupiterscheibe ist ein recht häufig zu beobachtendes Transitereignis.

> *innerer Planet, Jupitermonderscheinung, Meridian, Meridiankreis, Merkurtransit, Venustransit*

DURCHMESSER

Den Durchmesser eines Gestirns kann man entweder im linearen Maßstab oder im (entfernungsabhängigen) Winkelmaß angeben. Die *linearen* Durchmesser werden bei Himmelskörpern entweder in Kilometern oder in Einheiten des Erddurchmessers, beziehungsweise bei Fixsternen auch des Sonnendurchmessers angegeben.

Bei der Beobachtung der Gestirne am Himmel werden die so genannten *scheinbaren* Durchmesser vermerkt und zwar im Winkelmaß. Die scheinbaren Durchmesser geben an, unter welchem Winkel uns ein Gestirn am Himmel erscheint. Dieser Durchmesser ist abhängig von der Entfernung des Gestirns.

Sonne und Mond haben scheinbare Durchmesser von etwa einem halben Grad. Bei den Planeten sind die Durchmesser nur etliche Bogensekunden groß. In Bezug auf ein Instrument ist mit dem Durchmesser immer der Objektivdurchmesser gemeint.

> *Bogensekunde*

EIGENBEWEGUNG

Auch die Fixsterne zeigen Verschiebungen relativ zueinander trotz ihres Namens, der vermuten lässt, dass sie immer und ewig am selben Ort verweilen. Wegen ihrer großen Entfernungen sind die Ortsveränderungen der Fixsterne allerdings mit bloßen Augen selbst nach einigen Jahrhunderten kaum zu registrieren. Mit genauen Messungen lassen sie sich jedoch durchaus bestimmen.

Durch Positionsmessungen kann man diese so genannten Eigenbewegungen der Fixsterne ermitteln, gemeint sind hierbei die Verschiebungen tangential zur Himmelskugel, also senkrecht zur Sichtlinie des Beobachters. Sie werden üblicherweise in Bogensekunden pro Jahr oder in Bogensekunden pro Jahrhundert angegeben. Die wirkliche tangentiale, lineare Geschwindigkeit in Kilometer pro Sekunde lässt sich erst ermitteln, wenn auch die Entfernung des Sterns bekannt ist. Die tatsächliche Raumgeschwindigkeit des Sterns setzt sich dann zusammen aus der Eigenbewegungskomponente (senkrecht zur Sichtlinie) und der Radialgeschwindigkeit (in Richtung der Sichtlinie).

> *Astrometrie, Bogensekunde, Entfernungsbestimmung, Radialgeschwindigkeit*

EKLIPTIK

Die scheinbare Sonnenbahn an der Himmelskugel. Die Bezeichnung stammt aus dem Griechischen und bedeutet so viel wie „Finsternislinie". Die Ekliptik ist die Schnittlinie der Erdbahnebene mit der gedachten Himmelskugel. Oder anders ausgedrückt: In der Ekliptik erfolgt die scheinbare Wanderung der Sonne im Lauf eines Jahres als Folge des Erdumlaufs. Die

Ebene der Ekliptik ist um 23,45° zur Äquatorebene geneigt. Die Sternbilder, durch die die Ekliptik verläuft, bilden den so genannten Tierkreis.
Die scheinbaren Bahnen von Mond und Planeten verlaufen allesamt in der Nähe der Ekliptik. Wenn der Mond in Neumondposition kommt und genau in oder nahe der Ekliptik steht, so bedeckt er die Sonne: Es ereignet sich eine Sonnenfinsternis. Wandert der Vollmond in oder ganz nahe der Ekliptik, so tritt er in den Schatten der Erde, und es ereignet sich eine Mondfinsternis.
Die Ekliptik zieht durch 13 Sternbilder. Zu ihnen zählt neben den zwölf bekannten Tierkreissternbildern auch das Sternbild Schlangenträger (Ophiuchus).
> *Himmelsäquator, Himmelskugel, Mondfinsternis, Sonnenbahn, Sonnenfinsternis, Tierkreis*

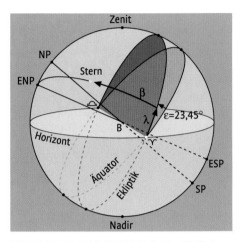

EKLIPTIKALE KOORDINATEN Die ekliptikale Koordinate Länge λ wird längs der Ekliptik gemessen, die Breite β senkrecht dazu.

EKLIPTIKALE KOORDINATEN

Koordinaten, die sich auf die Ekliptik (scheinbare Sonnenbahn) als Referenzkreis beziehen (s. Abb. oben rechts). Die Senkrechte auf der Erdbahnebene durchstößt die scheinbare Himmelskugel im ekliptikalen Nord- und Südpol (ENP und ESP). Die Koordinaten des Ekliptiksystems sind die ekliptikale Länge λ und die ekliptikale Breite β. Punkte auf der Ekliptik haben die ekliptikale Breite = 0°, die Pole haben die ekliptikale Breite +90° und −90°. In der Ekliptikebene wird die ekliptikale Länge in Grad gezählt und zwar vom Frühlingspunkt (♈) aus in Richtung Ost.
> *Ekliptik, Frühlingspunkt, Himmelskugel, Koordinaten*

ELEKTROMAGNETISCHE STRAHLUNG

Strahlung oder Photonen (Lichtteilchen) aller Wellenlängen und damit aller Energiestärken, von der Radio- bis zur Gammastrahlung (s. Abb. rechts). Im sichtbaren Bereich wird sie schlicht Licht genannt. Ihrer Natur nach ist die elektromagnetische Strahlung sowohl eine Teilchen-(Korpuskular-)strahlung mit ruhemasselosen Teilchen (Photonen) als auch eine Wellenstrahlung mit typischen Erscheinungen wie Beugung und Interferenz. Die elektromagnetische Strahlung breitet sich mit Lichtgeschwindigkeit aus. In Abhängigkeit von der Wellenlänge wird sie durch

diverse Medien geschwächt beziehungsweise absorbiert. So kann man von der Erde aus nur im optischen, zum Teil auch infraroten und Radiobereich den Weltraum beobachten. Alle anderen Beobachtungen müssen außerhalb der Erdatmosphäre durch Satelliten und Raumsonden vorgenommen werden.
> *Gamma-, Infrarotastronomie, Lichtgeschwindigkeit, Radioastronomie, Radiofenster, Röntgen-, Ultraviolettastronomie*

ELONGATION

Wörtlich „Ab-" beziehungsweise „Auslenkung". Winkelabstand eines Planeten oder Kometen von der Sonne. Objekte in östlicher Elongation, also in östlichem Winkelabstand von der Sonne, sind abends nach Sonnenuntergang im Westen zu sehen, Gestirne in westlicher Elongation gehen morgens vor der Sonne auf und können am Morgenhimmel beobachtet werden. Die Zeitpunkte der größten Elongationen sind für die inneren Planeten Merkur und Venus in astronomischen Jahrbüchern (z. B. dem *Kosmos Himmelsjahr*) verzeichnet. Dann sind sie am besten beobachtbar.
> *Abendstern, innerer Planet, Komet, Morgenstern*

EMBOLISMUS

Das Einfügen eines Schalttages, -monats oder -jahres in ein Kalendersystem.

> *Jahr, Kalender, Monat, Tag*

EMISSIONSNEBEL

Interstellare Gaswolke, die durch das Licht sehr heißer und sehr intensiv im ultravioletten Licht strahlender Sterne in der Nachbarschaft zum eigenen Leuchten angeregt wird. Meist in Verbindung mit Reflexionsnebel und Dunkelwolken.

> *Dunkelwolke, interstellare Materie, Reflexionsnebel*

ENTFERNUNGSBESTIMMUNG

In der Astronomie ist die Entfernungsbestimmung schwierig, da die Objekte am Himmel keinen unmittelbaren Hinweis darauf liefern, wie nah oder fern sie sind. Meist muss daher auf indirekte Methoden zurückgegriffen werden. Innerhalb des Sonnensystems können Entfernungen noch mit Hilfe der Radartechnik bestimmt werden. Dabei schließt man aus der Laufzeit eines reflektierten Radarsignals auf die Entfernung des entsprechenden Körpers. Die Entfernungen der näheren Sterne können auf trigonometrische Art, durch so genannte Parallaxenmessungen ermittelt werden. Als Basislinie dient dabei der Erdbahndurchmesser (= 2 AE = 300 Millionen Kilometer). Man beobachtet einen Stern von zwei möglichst weit voneinander entfernten Punkten der Erdbahn aus und stellt fest, um welche Strecke er sich aufgrund der Erdbewegung vor den weit entfernten Hintergrundsternen scheinbar verschoben hat. Je näher der Stern ist, umso stärker ist seine Verschiebung. Bei den weiter entfernten Sternen und erst recht bei den Galaxien bestimmt man die Entfernung aus der Differenz zwischen der wahren Leuchtkraft und der

ELEKTROMAGNETISCHE STRAHLUNG Das elektromagnetische Spektrum, von den kürzesten Wellen (Gammastrahlen) bis zu den langwelligen Radiostrahlen. Nur sichtbares Licht und Radiostrahlung dringen durch die Erdatmosphäre bis zu uns vor.

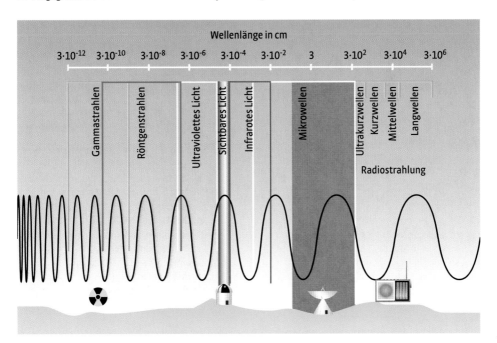

Wellenlänge in cm

$3 \cdot 10^{-12}$ $3 \cdot 10^{-10}$ $3 \cdot 10^{-8}$ $3 \cdot 10^{-6}$ $3 \cdot 10^{-4}$ $3 \cdot 10^{-2}$ 3 $3 \cdot 10^{2}$ $3 \cdot 10^{4}$ $3 \cdot 10^{6}$

Gammastrahlen · Röntgenstrahlen · Ultraviolettes Licht · Sichtbares Licht · Infrarotes Licht · Mikrowellen · Ultrakurzwellen · Kurzwellen · Mittelwellen · Langwellen

Radiostrahlung

scheinbaren Helligkeit der Gestirne (photometrische Parallaxenmessung). Die wahre Leuchtkraft erhält man dabei zum Beispiel aus den Spektren der Sterne oder bei Veränderlichen über ihre Helligkeitsperiode. Bei weit entfernten Galaxien misst man die Entfernung auch anhand ihrer Rotverschiebung. Je stärker das Licht einer Galaxie zum Roten hin verschoben ist, umso entfernter ist sie.

> *Delta-Cepheï-Stern, Leuchtkraft, Parallaxe, Radarastronomie, Rotverschiebung, scheinbare Helligkeit, Supernova*

sion der Erdachse verschiebt sich der Frühlingspunkt, der der Nullpunkt der äquatorialen und ekliptikalen Koordinaten ist, rückläufig um gut 50 Bogensekunden pro Jahr. Daher ist die Angabe von Koordinaten nur zusammen mit der Epoche eindeutig. Die Epoche 2000.0 bedeutet beispielsweise, dass sich das Koordinatensystem auf die Lage des Frühlingspunktes zum Jahresbeginn 2000 bezieht.

> *äquatoriale Koordinaten, Äquinoktium, Bogensekunde, ekliptikale Koordinaten, Frühlingspunkt, Kalender, Präzession*

EPAKTE

Gibt das Mondalter zu Beginn des Kalenderjahres vermindert um eins an. Dies entspricht der Zahl der Tage, die am 31. Dezember eines Jahres seit dem letzten Neumondtermin verflossen sind. Die Epakte spielt eine Rolle bei der Festlegung des Ostertermins. Sie läuft von eins bis 29. Für Neumond am 31. Dezember steht meist ein * statt einer Null.

> *Mondalter, Ostern*

EPHEMERIDEN

Aus dem Griechischen, Bezeichnung für „Tagebuch". Unter Ephemeriden versteht man Tabellen, in denen die Positionen der Gestirne (die so genannten Gestirnsörter) und manchmal auch noch weitere Daten nach Möglichkeit von Tag zu Tag aufgelistet sind. In erster Linie werden Ephemeriden für Sonne, Mond, Planeten, Kleinplaneten und Kometen in astronomischen Jahrbüchern und Zeitschriften veröffentlicht. Mit Hilfe der Ephemeriden kann man Objekte am Himmel auffinden beziehungsweise mit dem Teleskop einstellen.

> *Astrometrie, Bahnelemente, Koordinaten*

EPOCHE

In der Astronomie im Gegensatz zum üblichen Sprachgebrauch ein Zeit*punkt*. Die Epoche eines Kalendersystems gibt den Beginn der Jahres- und Tageszählung an. Die Epoche legt außerdem den Ort des Frühlingspunktes auf der Himmelskugel zu einem bestimmten Zeitpunkt fest. Durch die Präzes-

ERDACHSE

Rotationsachse der Erde. Die Erdachse geht vom Südpol bis zum Nordpol der Erde. Die in Gedanken verlängerte Erdachse durchstößt die scheinbare Himmelskugel in zwei Punkten, den Himmelspolen (Himmelsnordpol und Himmelssüdpol, s. auch Abb. S. 43).

> *Himmelskugel, Himmelspol*

ERDBAHNACHSE

Senkrechte auf der Erdbahnebene (Ekliptikebene). Die Erdbahnachse durchstößt die scheinbare Himmelskugel in den Punkten ekliptikaler Nordpol und ekliptikaler Südpol (ENP und ESP, vgl. Abb S. 22).

> *Ekliptik, ekliptikale Koordinaten, Himmelskugel*

ERDBAHNEBENE

Ekliptikebene. Ebene, die durch den Umlauf der Erde um die Sonne aufgespannt wird, genauer, durch den Umlauf des Schwerpunktes des Systems Erde – Mond um die Sonne.

> *Baryzentrum, Ekliptik*

ERDBAHNKREUZER

Im Sonnensystem gibt es einige hundert Kleinplaneten, die auf lang gestreckten Ellipsenbahnen unser Sonnensystem durchqueren und dabei auch die Planetenbahnen einschließlich der Erdbahn kreuzen. Diese Erdbahnkreuzer können der Erde recht nahe kommen und in mehr oder minder ferner Zukunft mit unserem Planeten kollidieren. Dabei können große Brocken ab zehn Kilometer Durchmesser das gesamte Leben auf der Erde gefährden.

> *Planetoid, Sonnensystem*

ERDE

Von der Sonne aus betrachtet der dritte Planet in unserem Sonnensystem. Die Erde wandert in 365,25 Tagen in einer leicht elliptischen Bahn um die Sonne. Ihre mittlere Entfernung von der Sonne beträgt 149,6 Millionen Kilometer, eine Strecke, die das Sonnenlicht in acht Minuten und zwanzig Sekunden überbrückt. Diese mittlere Sonnendistanz wird als Astronomische Einheit (AE) bezeichnet und als Längeneinheit in der Astronomie verwendet. Anfang Januar passiert die Erde ihr Bahnperihel (sonnennächster Punkt, Sonnendistanz: 147,1 Millionen Kilometer), Anfang Juli geht sie durch das Aphel (sonnenfernster Bahnpunkt, Distanz: 152,1 Millionen Kilometer).

Die Erde ist mit 12 742 Kilometer mittlerem Durchmesser der größte der vier terrestrischen (erdähnlichen) Planeten, zu denen außerdem noch Merkur, Venus und Mars zählen. Ihre Masse entspricht dem 333 000sten Teil der Sonnenmasse. Die Oberfläche der Erde ist zu 71 Prozent von Ozeanen bedeckt, die restlichen 29 Prozent ragen als Landmassen unterschiedlich hoch aus den Ozeanen heraus. Die Atmosphäre besteht zum überwiegenden Teil aus Stickstoff (78 Prozent) und Sauerstoff (21 Prozent), den Rest bilden Spurengase. Die mittlere Temperatur an der Oberfläche liegt bei 15 Grad Celsius, der mittlere Druck beträgt eine Atmosphäre bzw. 1013 Hektopascal.

Die Erde ist keine exakte Kugel, sondern sie ist abgeplattet: Der Poldurchmesser ist um 1/298 kürzer als der Äquatordurchmesser. Der Äquatorumfang misst 40 075 Kilometer, der Umfang über die Pole 40 008 Kilometer. Die Abweichung von der Kugelgestalt ist somit gering: Aus dem Weltall betrachtet erscheint uns die Erde als Kugel.

Die Erde dreht sich in 23 Stunden und 56 Minuten einmal um ihre Achse. Diese Zeitspanne wird Sterntag genannt. Nach einer vollen Erdrotation gehen die gleichen Sterne wieder durch den Meridian. Die Erde

E R D E   **Der Planet Erde – unsere kosmische Heimat**

besitzt einen natürlichen Trabanten, den Erdmond oder kurz Mond.

> *Mond, Planet, Sonnensystem*

ERDFERNE

> *Apogäum*

ERDNÄHE

> *Perigäum*

ERSTES VERTIKAL

Das Erste Vertikal ist der Großkreis an der Himmelskugel, der senkrecht zum Horizont steht und durch Zenit, Westpunkt, Nadir und Ostpunkt geht (s. Abb. S. 62). Das Erste Vertikal ist zum Meridian um einen Viertelkreis gedreht

> *Azimut, Meridian, Nadir, Ostpunkt, Westpunkt, Zenit*

EUKLIDISCHES JAHR

> *Periheldrehung*

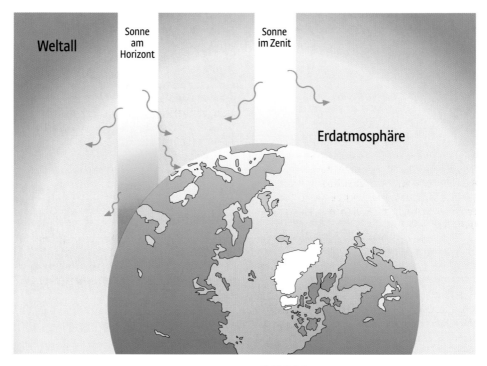

Weltall · Sonne am Horizont · Sonne im Zenit · Erdatmosphäre

EXTINKTION Die Lufthülle der Erde verfärbt das Licht der Sonne und der Sterne.

EXOPLANET

Bezeichnung für einen Planeten um eine fremde Sonne, auch extrasolarer Planet genannt. Bisher konnten Exoplaneten noch nicht direkt beobachtet werden. Sie machen sich jedoch indirekt bemerkbar, wenn sie das Licht eines Sterns bei ihrem Vorübergang leicht dämpfen (um wenige Tausendstel der Gesamthelligkeit) oder indem sie mit dem Stern um einen gemeinsamen Schwerpunkt wandern und der Stern daher leichte Variationen in seiner Radialgeschwindigkeit aufweist.

Die Suche nach Exoplaneten gehört zu den wichtigsten Forschungsschwerpunkten der modernen Astronomie. Inzwischen konnte man über hundert Exoplaneten nachweisen.

> *Durchgang, Planet, Planetensystem, Radialgeschwindigkeit, Sonnensystem*

EXTINKTION

„Auslöschung". Schwächung des Sternlichts durch die irdische Atmosphäre oder den interstellaren Staub. Die an der Extinktion beteiligten Prozesse sind die Absorption (Verschlucken) und Streuung (Richtungsablenkung) des Lichts durch die Atome und Moleküle in der Erdatmosphäre beziehungsweise der interstellaren Materie.

Die atmosphärische Extinktion ist abhängig von der Höhe eines Gestirns über dem Horizont. Je tiefer das Gestirn steht, desto länger muss sein Licht durch die irdische Atmosphäre laufen, um den Beobachter zu erreichen. Dadurch erleidet es eine starke Schwächung. In Horizontnähe beträgt die Extinktion fünf Größenklassen.

Die Dämpfung des Lichts ist wellenlängenabhängig. Blaues (kurzwelliges) Licht wird stärker gestreut als rotes (langwelliges) Licht. Deshalb erscheinen Gestirne in Horizontnähe gerötet und deswegen sehen wir das Streulicht der Sonne als Himmelsblau. Die Extinktion wird in Horizontnähe außerdem noch verstärkt durch Aerosole (Schwebeteilchen, Staub-, Rußpartikel usw.).

> *Größenklasse, Helligkeit, interstellare Materie*

FACKEL

Aufgehelltes Gebiet in der Sonnenatmosphäre (Photosphäre oder Chromosphäre, Abb. siehe zum Beispiel S. 17). Fackeln zeigen sich häufig in den aktiven Zeiten der Sonne im Bereich der Sonnenflecken. Es handelt sich um Gebiete, die heißer sind als ihre Umgebung.

> *Chromosphäre, Photosphäre,*
> *Sonnenatmosphäre, Sonnenflecken*

FADENKREUZ

Kreuz aus dünnen Fäden oder ein auf eine Glasplatte eingeritztes Kreuz, das sich in der Brennebene eines Fernrohrs befindet. Durch das Okular sieht man das Fadenkreuz scharf. Mit Hilfe des Fadenkreuzes lässt sich ein Himmelsobjekt bequem in die Mitte des Gesichtsfeldes positionieren.

Dies ist insbesondere bei Sucherfernrohren von Vorteil, denn wenn der Sucher richtig positioniert ist, findet man das Objekt auch im Gesichtsfeld des Hauptteleskops vor. Fadenkreuze dienen somit zum leichteren Einstellen von Himmelsobjekten mit einem Teleskop.

> *Brennpunkt, Okular, Sucherfernrohr*

FARBEN-HELLIGKEITS-DIAGRAMM

Diagramm (häufig abgekürzt als FHD), auf dessen waagerechter Achse der Farbindex und auf dessen senkrechter Achse die scheinbare Helligkeit von Sternen aufgetragen ist. Die Sternverteilung in einem solchen Diagramm ist nicht zufällig, sondern Ausdruck der Entwicklung von Sternen (siehe auch Hertzsprung-Russell-Diagramm).

> *Farbindex, Hertzsprung-Russell-Diagramm,*
> *scheinbare Helligkeit, Sternentwicklung*

FARBINDEX

Bezeichnet die Differenz zwischen Helligkeiten, die in verschiedenen Wellenlängenbereichen der Strahlung eines Gestirns bestimmt wurden. In der Regel wird der Farbindex bestimmt als Differenz der Helligkeit im kürzeren Wellenlängenbereich minus der Helligkeit im längeren Wellenlängenbereich. Der Farbindex ist negativ bei heißeren und positiv bei kühleren Sternen und steht damit in engem Zusammenhang mit der Oberflächentemperatur der Sterne und deren Spektraltyp.

> *elektromagnetische Strahlung, Farben-Hellig-*
> *keits-Diagramm, Helligkeit, Spektraltyp*

FEINBEWEGUNG

Manueller oder motorischer Antrieb mit geringer Geschwindigkeit für die Positionierung eines Teleskops. Mit Hilfe der Feinbewegung können Objekte genau in den zentralen Bereich des Gesichtsfeldes gebracht werden.

> *Montierung, Teleskop*

FERNGLAS

Auch Feldstecher. Zwei kleine, kompakte, fest miteinander verbundene Linsenfernrohre zum beidäugigen Beobachten. Ferngläser zeigen im Allgemeinen aufrechte und seitenrichtige Bilder (für die terrestrische Beobachtung) im Unterschied zu astronomischen Fernrohren, die die Bilder umkehren (die Bilder stehen Kopf und sind seitenverkehrt). Ferngläser haben meist ein großes Gesichtsfeld und eine hohe Lichtstärke. Sie eignen sich vor allem für die Beobachtung von größeren Himmelsarealen, wie zum Beispiel Gebieten in der Milchstraße oder offenen Sternhaufen.

> *Gesichtsfeld, Teleskop*

FERNROHR

> *Teleskop*

FEUERKUGEL

> *Bolide*

FILAMENT

Lang gezogenes, fadenähnliches Gebilde in der Sonnenatmosphäre (Chromosphäre), das im Kontrast zur tiefer liegenden Lichtschicht (Photosphäre) dunkel erscheint (s. Abb. S. 17). Am Sonnenrand leuchten Filamente gegenüber dem dunklen Hintergrund des Weltalls als so genannte Protuberanzen hell auf. Sie wirken dann wie leuchtende Feuerzungen. Protuberanzen und Filamente lassen sich mit speziellen (monochromatischen) Filtern beobachten.

> *Chromosphäre, Filter, Photosphäre, Protuberanz, Sonnenaktivität, Sonnenatmosphäre*

FILTER

In der Regel Glasplatten, die bestimmte Teile der elektromagnetischen Strahlung abblocken oder dämpfen. Bei der Planetenbeobachtung lassen sich zum Beispiel bestimmte Details mit einem Farbfilter besser erkennen. Mit Hilfe von so genannten Interferenzfiltern (monochromatischen Filtern, z. B. H-Alpha) können recht schmale Spektralbereiche beobachtet werden. Sie werden zur Beobachtung oder Fotografie von Nebeln bzw. der Sonne eingesetzt. Filter aus Glas oder Spezialfolie werden außerdem benutzt, um das grelle Sonnenlicht und teilweise auch das helle Mondlicht bei der Beobachtung so zu dämpfen, dass es nicht zu Augenschäden kommt.

> *elektromagnetische Strahlung*

FINSTERNIS

Ereignis, bei dem ein Himmelskörper verfinstert wird. Dies kann zwei Ursachen haben: Entweder tritt ein Himmelskörper in den Schatten eines anderen und wird dadurch verdunkelt (bis hin zur Unsichtbarkeit) oder ein Himmelskörper verdeckt einen anderen. Bei Mondfinsternissen tritt der Mond in den Schatten der Erde und erscheint viel dunkler als gewöhnlich, bei einer Sonnenfinsternis schiebt sich der Mond vor die Sonne und verdeckt diese. Planetenmonde treten von Zeit zu Zeit in den Schatten ihrer Mutterplaneten oder werden von ihm verdeckt (zum Beispiel die Jupitermonde). Es gibt auch Doppelsterne, die sich für den irdischen Beobachter von Zeit zu Zeit gegenseitig bedecken und dabei einen Helligkeitsabfall (Ver-

finsterung) zeigen, es handelt sich dann um Bedeckungsveränderliche.

> *Bedeckungsveränderlicher, Jupitermonderscheinungen, Mondfinsternis, Sonnenfinsternis*

FIXSTERN

Bezeichnung für alle echten Sterne, also alle selbst leuchtenden, glühend heißen Gasbälle ähnlich unserer Sonne. Die Bezeichnung „Fix"stern kommt daher, weil selbst im Laufe von Jahrhunderten für das bloße Auge Ortsverschiebungen der Sterne gegeneinander nicht zu beobachten sind. Die Fixsterne sind so weit entfernt, dass selbst das Licht, das schnellste Medium (Geschwindigkeit rund 300 000 Kilometer pro *Sekunde*) Jahre benötigt, um von ihnen zur Erde zu gelangen. Genaue Beobachtungen zeigen jedoch, dass sich auch Fixsterne bewegen.

> *Eigenbewegung, Lichtgeschwindigkeit, Radialgeschwindigkeit, Sonne, Stern*

FLARE

Erscheinung auf der Sonnenoberfläche. Flares sind gewaltige Eruptionen auf der Sonne, die in erster Linie im einfarbigen (monochromatischen) Licht beobachtet werden. Es handelt sich um Strahlungsausbrüche in der Chromosphäre („Farbschicht") der Sonnenatmosphäre. Vor allem im Licht der roten Wasserstofflinie H-Alpha sind Flares gut als helle Gebilde zu erkennen. Sie treten in den Aktivitätsgebieten der Sonne auf, häufig in Zusammenhang mit Sonnenflecken. Diese Strahlungsausbrüche sind über das gesamte elektromagnetische Spektrum verteilt, von Gamma- und Röntgenwellen, über Ultraviolett, das sichtbare Licht bis hin zur Strahlung im Radiofrequenzbereich. Besonders intensive Flares sind auch im sichtbaren Licht ohne monochromatischen Filter zu erkennen (so genannte Weißlicht-Flares). Sie sind häufig begleitet von eruptiven (explosionsartigen) Materieausbrüchen. Auch der Sonnenwind wird während einer starken Eruption deutlich verstärkt. Eruptionen auf der Sonne können auch einen Einfluss auf die Erde haben.

> *Chromosphäre, elektromagnetisches Spektrum, Filter, Protuberanz, solar-terrestrische*

*Beziehungen, Sonnenaktivität, Sonnen-
atmosphäre, Sonnenflecken, Sonnenwind*

FLOCCULI

Bezeichnung für die flockigen Strukturen in der Chromosphäre der Sonne (s. Abb. S. 17) bei der Beobachtung mit speziellen (monochromatischen) Filtern. Sie
sind eine Folge starker Turbulenzen.

> *Chromosphäre, Filter, Sonnenatmosphäre*

FLUCHTPUNKT

Auch Apex oder Vertex genannt. Zielpunkt einer Bewegung von einem oder mehreren Himmelskörpern.
So laufen zum Beispiel die Sterne eines offenen
Sternhaufens scheinbar auf ein gemeinsames Ziel
zu (Vertex). Der Apex gibt die momentane Richtung
der Bewegung der Sonne samt den Planeten in Richtung der Sternbilder Herkules/Leier an.

> *Apex*

FOKUS

> *Brennpunkt*

FRAUNHOFER-LINIEN

Dunkle Linien im Sonnenspektrum, beschrieben von
Joseph von Fraunhofer. Sie entstehen in der Sonnenatmosphäre durch Absorption (Verschlucken) be-
stimmter Wellenlängen im elektromagnetischen
Spektrum. Beim Durchtritt der praktisch über alle
Wellenlängen verteilten kontinuierlichen Strahlung
aus dem Sonneninnern durch das kühlere Atmosphä-
rengas absorbieren die darin enthaltenen Atome
ganz bestimmte, für sie charakteristische Wellenlängen. Die Fraunhofer-Linien sind gewissermaßen
die Fingerabdrücke der chemischen Elemente, die in
der Sonnenatmosphäre vorkommen. Mit Hilfe der
Spektralanalyse lässt sich aus den Fraunhofer-Linien
der Sonne und der anderen Sterne die chemische Zusammensetzung an der jeweiligen Sternoberfläche
ermitteln.

> *elektromagnetische Strahlung, Sonne, Sonnen-
atmosphäre, Spektralanalyse, Spektrallinien*

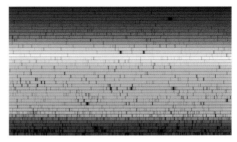

FRAUNHOFER-LINIEN **Dunkle Linien (Absorptionslinien) im Spektrum der Sonne oder eines Sterns
sind die Fingerabdrücke der chemischen Elemente.**

FRÜHLINGSDREIECK

Die hellen Hauptsterne dreier Frühlingssternbilder
bilden das Frühlingsdreieck: Arktur im Sternbild Bootes, Regulus im Löwen und Spica in der Jungfrau. Es
ist an Frühlingsabenden hoch im Süden zu sehen.

> *Herbstviereck, Sommerdreieck, Sternbild,
Wintersechseck*

FRÜHLINGSPUNKT

Schnittpunkt der aufsteigenden, scheinbaren Sonnenbahn (Ekliptik) mit dem Himmelsäquator (s. zum
Beispiel Abb. S. 9 unten). Steht die Sonne im Frühlingspunkt, so beginnt definitionsgemäß der astronomische Frühling auf der Nordhalbkugel der Erde, dies
ist jährlich um den 21. März der Fall.
Der Frühlingspunkt ist auch der Nullpunkt der äquatorialen und der ekliptikalen Koordinaten. Infolge der
Präzession der Erde verschiebt er sich unter den Sternen. Der Frühlingspunkt liegt heute im Sternbild Fische, dennoch spricht man noch vom „Widderpunkt",
da er vor rund 2000 Jahren im Sternbild Widder lag.
Der Frühlingspunkt markiert auch den Beginn des
Tierkreis*zeichens* Widder. Es fällt nicht mit dem
gleichnamigen Tierkreis*sternbild* zusammen.
Infolge der Nutation beschreibt der wahre Frühlingspunkt eine kleine Ellipse um den mittleren Frühlingspunkt. Wenn keine hochgenauen Beobachtungen
durchzuführen sind, kann die Nutation im Allgemeinen unberücksichtigt bleiben.

> *äquatoriale Koordinaten, Äquinoktium,
Ekliptik, ekliptikale Koordinaten, Herbstpunkt,*

Himmelsäquator, Jahreszeiten, Koordinaten,
Nutation, Präzession, Sommerpunkt, Tierkreis,
Tierkreiszeichen, Winterpunkt

G

GALAKTISCHE KOORDINATEN

Koordinaten, die sich auf die Hauptebene unseres
Milchstraßensystems (Galaxis) beziehen. Die Hauptebene wird durch den galaktischen Äquator aufgespannt. Dieser verläuft etwa in der Mitte des Lichtbandes der Milchstraße am irdischen Himmel. Der
galaktische Nordpol hat die galaktische Breite = 90°,
der galaktische Südpol die Breite = −90°.
Die Richtung zum galaktischen Zentrum, das in Richtung des Sternbildes Schütze liegt, definiert den Nullpunkt der galaktischen Längenzählung. Von dort aus
wird die Länge entlang des galaktischen Äquators
nach Osten von 0 bis 360° gezählt. Der galaktische
Äquator ist zum Himmelsäquator um etwa 63° geneigt.

> *Galaxis, Himmelsäquator, Koordinaten*

GALAKTISCHER NEBEL

Bezeichnung für interstellare Staub- und Gaswolke
innerhalb unseres Milchstraßensystems (Galaxis).
Solche interstellaren Wolken sind der Baustoff für
neue Sterne; teilweise sind sie aus Explosionen alter
Sterne hervorgegangen, die damit einen Teil ihrer
Materie wieder an das Universum abgegeben haben.
Die galaktischen Nebel werden sichtbar, wenn sie
das Licht heißer, junger Sterne entweder reflektieren
oder durch diese energiereiche, kurzwellige Ultraviolettstrahlung zum eigenen Leuchten angeregt werden (Reflexions- oder Emissionsnebel).

> *Emissionsnebel, Galaxis, interstellare Materie,*
> *Reflexionsnebel*

GALAKTISCHES ZENTRUM

Kernbereich unserer Milchstraße. Es liegt etwa
26 000 Lichtjahre von uns entfernt in Richtung des
Sternbildes Schütze. Im sichtbaren Licht ist das

GALAKTISCHES ZENTRUM **Das Zentrum unserer**
Milchstraße im Röntgenlicht

galaktische Zentrum nicht zu beobachten, da der
Staub zwischen den Sternen in der Milchstraßenhauptebene das sichtbare Licht abschattet. Das Zentrum lässt sich jedoch in anderen Wellenlängenbereichen beobachten (z. B. im Radiobereich, im Infrarot-
oder im Röntgenlicht). Im Zentrum der Milchstraße
vermutet man ein supermassereiches Schwarzes
Loch mit etwa drei Millionen Sonnenmassen.

> *elektromagnetisches Strahlung, Galaxis,*
> *Schwarzes Loch*

GALAXIE

Galaxien sind riesige Sternsysteme, die Bausteine
des Universums. Große Galaxien bestehen aus bis zu
300 Milliarden Sonnen sowie interstellarem Staub
und Gas. Zwerggalaxien setzen sich immerhin noch
aus einigen Milliarden Sternen zusammen. Unser
Milchstraßensystem ist ebenfalls eine von vielen Galaxien, sie enthält mehr als 100 Milliarden Sterne.
Nach ihren Formen unterscheidet man Spiralgalaxien, Balkenspiralen, elliptische und irreguläre Galaxien (Hubble-Klassifikation nach Edwin P. Hubble, s.
Abb. rechts). Unser Milchstraßensystem wird als *die*
Galaxis bezeichnet.
Zu unseren nächsten Nachbargalaxien gehören die
so genannte Sagittarius-Zwerggalaxie (rund 80 000

Lichtjahre entfernt), die beiden Magellanschen Wolken (in 180 000–200 000 Lichtjahren Entfernung) und die große Andromeda-Galaxie in rund drei Millionen Lichtjahren Entfernung. Mit modernsten Teleskopen hat man inzwischen Milliarden von Galaxien entdeckt.

> *Andromeda-Nebel, Galaxis, Hubble-Galaxienklassifikation, interstellare Materie, Magellansche Wolken*

GALAXIENHAUFEN

Die meisten Galaxien gehören zu noch größeren Gebilden, den Galaxienhaufen (s. auch Abb. S. 135). Kleine Haufen haben einige Dutzend Milchstraßensysteme als Mitglieder, große Haufen mehr als 10 000. Die Galaxienhaufen bilden im Universum noch größere Einheiten, die Superhaufen. Diese wiederum setzen sich aus Dutzenden bis Hunderten von Galaxienhaufen zusammen und haben Durchmesser von einigen 100 Millionen Lichtjahren.

Unser Milchstraßensystem gehört zur Lokalen Gruppe, einem kleinen Galaxienhaufen, zu dem neben etwa 30 kleineren Galaxien auch unser großes Nachbarmilchstraßensystem in drei Millionen Lichtjahren

Entfernung gehört, die Andromeda-Galaxie, sowie der Spiralnebel M 33 im Sternbild Dreieck. Auch die beiden Magellanschen Wolken am Südhimmel zählen dazu.

Die Lokale Gruppe gehört zusammen mit dem benachbarten großen Virgo-Galaxienhaufen und weiteren Galaxienhaufen zum Virgo-Superhaufen.

> *Galaxie, Lokale Gruppe, Superhaufen, Virgo-Haufen*

GALAXIENKLASSIFIKATION

Einteilung der Galaxien nach ihrem Erscheinungsbild (Morphologie), vorgenommen von dem amerikanischen Astronomen Edwin Powell Hubble (1889 – 1953). Nach Hubble unterteilt man die Galaxien in elliptische, Spiralen, Balkenspiralen und irreguläre ein (s. Abb. unten). Je nach dem Grad der Elliptizität beziehungsweise der Öffnung der Spiralen wird die Klassifikation durch eine Unterteilung von E0 bis E7 sowie Sa, Sb, Sc und SBa, SBb, SBc weiter verfeinert.

> *Galaxie*

GALAXIENKLASSIFIKATION **Einteilung der Galaxien nach dem amerikanischen Astronomen E. P. Hubble**

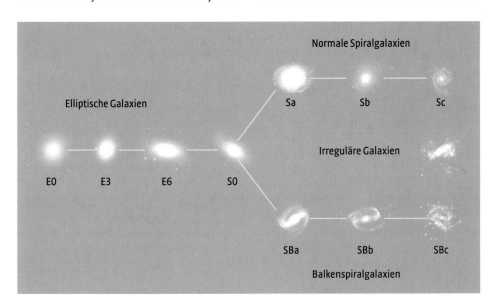

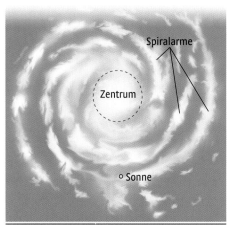

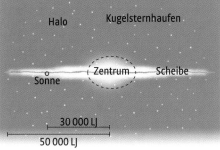

GALAXIS **Schema unserer Milchstraße: Von oben betrachtet erscheint sie als Spiralnebel, von der Seite als Scheibe mit kugelförmigem Zentralbereich.**

GALAXIS

Unser Milchstraßensystem. Die Galaxis zählt zu den großen Spiralgalaxien, sie wird von mehr als 100 Milliarden Sonnen gebildet, die den Raum einer riesigen, flachen Diskusscheibe einnehmen (s. Abb. oben). Der Längsdurchmesser liegt bei 100 000 Lichtjahren. Die Dicke der Milchstraße beträgt etwa 5000 Lichtjahre, nahe des Zentrums etwa 20 000 Lichtjahre. Zusammen mit Staub und Gas bilden die Sterne eine riesige, diskusförmige Scheibe, die von „oben" betrachtet eine Spiralform erkennen lassen würde. Im zentralen Bereich zeigt sie eine kugelförmige Verdickung, von der die Spiralarme ausgehen.

Ein großes, kugelförmiges Gebiet um das Zentrum unserer Milchstraße ist bevölkert von Kugelsternhaufen, die sich nicht wie die meiste andere Materie zur galaktischen Hauptebene (Milchstraßenebene) konzentrieren. Sie befinden sich im galaktischen Halo, der noch umgeben ist von der galaktischen Korona. Sie hat den dreifachen Durchmesser unseres Milchstraßensystems und ist mit einem äußerst dünnen, aber sehr heißen Wasserstoffgas gefüllt. Die galaktische Hauptebene ist die Grundfläche unserer Galaxis, zu der die meisten Sterne und die interstellare Materie konzentriert sind. Sie wird an der Himmelskugel durch den galaktischen Äquator repräsentiert, der etwa in der Mitte des Lichtbandes der Milchstraße am Himmel verläuft. Er ist zum Himmelsäquator um knapp 63° geneigt.

> galaktische Koordinaten, galaktisches Zentrum, Galaxie, Himmelsäquator, Himmelskugel, Milchstraße

GALILEISCHE MONDE

Die vier hellen, großen Monde Io, Europa, Ganymed und Kallisto des Riesenplaneten Jupiter. Sie werden nach ihrem Entdecker Galileo Galilei (1564–1642) bezeichnet. Alle vier sind bereits in einem guten Fernglas, besser jedoch mit einem kleinen Amateurfernrohr erkennbar.
Sehr reizvoll ist die Beobachtung ihrer Bewegung um Jupiter als Zentralkörper. Die Bewegungen und Stellungen der vier Monde sind im *Kosmos Himmelsjahr* von Tag zu Tag angegeben.

> Jupiter, Jupitermonderscheinungen, Monde

GAMMAASTRONOMIE

Gammastrahlung ist eine energiereiche elektromagnetische Strahlung kürzester Wellenlängen (von etwa 10^{-8} bis 10^{-13} Millimeter), noch energiereicher als Röntgenstrahlung. Supernovae, Pulsare oder Neutronensterne und Quasare senden Gammastrahlen aus. Die Gammastrahlung, die aus dem Weltall die Erde erreicht, wird in der Erdatmosphäre absorbiert. Die Erdatmosphäre schützt uns somit vor dieser energiereichen, tödlichen Strahlung. Beobachten kann man die Gammastrahlung mit Hilfe von Satelliten und

Raumsonden, die sich außerhalb der Erdatmosphäre aufhalten.

> *Astronomie, elektromagnetische Strahlung, Neutronenstern, Pulsar, Quasar, Supernova*

GEBUNDENE ROTATION

Dreht sich ein Körper in der gleichen Zeit um die eigene Achse, in der er um einen Zentralkörper läuft, so spricht man von einfach gebundener Rotation. Rotationszeit und Umlaufzeit sind somit gleich groß. Dies ist beispielsweise bei unserem Erdmond der Fall, er wendet bei seinem Umlauf der Erde immer die gleiche Seite zu.

Bei einer doppelt gebundenen Rotation sind sowohl die Rotation des Zentralkörpers als auch die Rotation des umlaufenden Körpers und dessen Umlaufzeit gleich groß. Beide Körper zeigen einander stets die gleiche Seite. Beispiel: Pluto und sein Mond Charon. Beide haben eine Rotationszeit von 6,4 Tagen und die Umlaufzeit von Charon um Pluto beträgt ebenfalls 6,4 Tage.

> *Mond, Pluto*

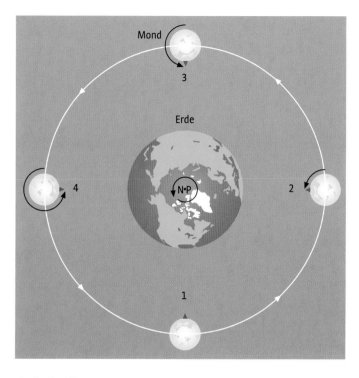

GEBUNDENE ROTATION **Der Mond zeigt der Erde immer dieselbe Seite, denn während eines Laufs um die Erde dreht sich die Mondkugel einmal um ihre eigene Achse. Der rote Pfeil deutet somit immer in Richtung der Erdkugel.**

GEGENSCHEIN

1. Bezeichnung für Oppositionsstellung. Ein Planet steht in Gegenschein oder Opposition zur Sonne, wenn er eine ekliptikale Längendifferenz von 180° zu ihr hat. Sonne und Planet stehen dann von der Erde aus gesehen einander am Himmel gegenüber, der Planet ist die ganze Nacht über am Himmel zu beobachten.

2. Schwache Aufhellung am Himmel mit einem scheinbaren Durchmesser von etwa drei Vollmondgrößen, die der Sonne genau gegenüber liegt. Den Gegenschein sieht man somit um Mitternacht in südlicher Richtung. Hervorgerufen wird er durch Reflexion des Sonnenlichts am interplanetaren Staub. Das Leuchten des Gegenscheins ist so schwach und unauffällig, dass man ihn nur unter außerordentlich günstigen Sichtbedingungen, fernab störender irdischer Lichtquellen sehen kann.

> *ekliptikale Koordinaten, interplanetare Materie, Opposition, Zodiakallicht*

GEMEINJAHR

Das normale Kalenderjahr ohne Schalttag. Im Gregorianischen Kalender hat das Gemeinjahr 365 Tage, während das Schaltjahr einen Tag mehr, also 366 Tage aufweist.

> *Gregorianischer Kalender, Jahr, Schaltjahr*

GEOZENTRISCH

Auf den Erdmittelpunkt bezogen.

> *heliozentrisch, Koordinaten, topozentrisch*

GESICHTSFELD

Der im Teleskop sichtbare Ausschnitt der Himmelskugel. Der Durchmesser dieses so genannten *wahren* Gesichtsfeldes wird üblicherweise im Winkelmaß angegeben.

Ein Fernglas hat ein Gesichtsfeld von etwa 5°. Bei Teleskopen sind die Gesichtsfelder vom verwendeten Okular abhängig. Selbst bei kleineren Fernrohren sind sie meist nicht größer als 0,5° bis 1°, bei größeren Fernrohren mit entsprechend hohen Vergrößerungen kann das wahre Gesichtsfeld bis auf wenige Bogenminuten zusammenschrumpfen. Grundsätzlich gilt: Je höher die Vergrößerung, desto kleiner das Gesichtsfeld. Bei einem Gesichtsfeld von einem halben Grad passen Mond oder Sonne gerade komplett in den Beobachtungsbereich.

Unter dem *scheinbaren* Gesichtsfeld eines Okulars versteht man den Winkel, unter dem der Durchmesser der Gesichtsfeldblende von der Mitte der Austrittspupille aus erscheint. Bei normalen Okularen liegt der Wert zwischen 25° und 45°. Bei Weitwinkelokularen überschreitet er meist 60°.

> *Austrittspupille, Bogenminute, Vergrößerung*

GEZEITEN

Die bekannteste Erscheinung der Gezeiten sind Ebbe und Flut. Hervorgerufen werden sie durch die differenziellen (unterschiedlichen) Anziehungskräfte des Mondes (oder der Sonne) auf verschiedene Punkte des Erdkörpers. Da die dem Mond (bzw. der Sonne) zugekehrte Erdhälfte diesem jeweiligen Himmelskörper näher ist als der Mittelpunkt oder die abgewandte Erdhälfte, treten unterschiedlich starke Schwerebeschleunigungen auf. Auf der dem Mond (oder der Sonne) zugewandten Seite türmt sich das Wasser wegen der größeren Anziehung auf, auf der abgewandten Seite bleibt es gewissermaßen zurück. Somit entstehen auf den Ozeanen zwei Flutberge. Die Gezeiten wirken sich aber auch auf das Festland aus. So heben und senken sich Ozeanoberflächen und der feste Erdboden täglich im Mittel um 30 Zentimeter. Da der Mond der Erde 400-mal näher ist als die Sonne, überwiegen bei der Entstehung der Gezeiten die Gravitationskräfte des Mondes. Der Anteil der Sonne beträgt lediglich 40 Prozent.

Die Gezeiten bewirken auch, dass sich die Erdrotation verlangsamt. Die beiden Flutberge der Erde wirken wie Bremsbacken auf die rotierende Erdkugel. Somit werden die Tage mit der Zeit immer länger. Die Dauer einer Erdrotation nimmt in 100 000 Jahren um 1,6 Sekunden zu. Bei der Berechnung von Sonnen- und Mondfinsternissen zum Beispiel muss dies berücksichtigt werden. Das Eintreten von Ebbe und Flut erfolgt im Mittel alle zwölf Stunden und 50 Minuten.

GEZEITEN **Entstehung von Ebbe und Flut infolge der Anziehung von Mond und Sonne**

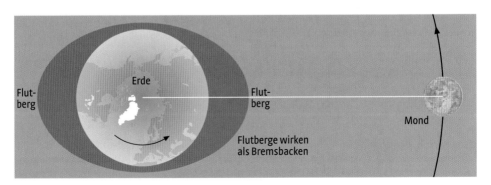

Grundsätzlich gilt: Bewegt sich ein ausgedehnter Körper im Schwerefeld eines anderen, so erfahren die einzelnen Punkte des Körpers je nach ihrer Entfernung vom anderen Körper unterschiedliche Beschleunigungen. Dadurch wird der Körper deformiert. Dies ist auch der Grund, warum ein Mond nicht beliebig nahe seinen Mutterplaneten umkreisen kann, sondern zerstört wird, wenn er ihm zu nahe kommt (Roche-Grenze). Bei einem stellaren Schwarzen Loch werden die Gezeitenkräfte so groß, dass ein in das Schwarze Loch hineinstürzender Astronaut vollständig zerrissen würde.

> *Gravitation, Schwarzes Loch, Schwerebeschleunigung*

GNOMONIK

Lehre von den Sonnenuhren.

> *Sonnenuhr*

GOLDENES TOR DER EKLIPTIK

Zwischen den offenen Sternhaufen der Hyaden und Plejaden im Sternbild Stier verläuft die scheinbare Sonnenbahn (Ekliptik, s. Abb. oben). Somit laufen Sonne, Mond und Planeten gelegentlich zwischen den beiden Sternhaufen hindurch. Sie bilden daher gewissermaßen die Pfeiler eines Tores, des so genannten Goldenen Tores der Ekliptik.

> *Ekliptik, Hyaden, Plejaden*

GOLDENE ZAHL

Auch Mondzirkel genannt. Jahresangabe, die es erlaubt, die Mondphase zu Jahresbeginn zu kalkulieren. Nach dem Metonschen Mondzyklus wiederholt sich die Mondphase zu Jahresbeginn nach jeweils 19 Jahren. Die Goldene Zahl läuft daher von I bis XIX (in römischen Ziffern) und war im Julianischen Kalender bedeutsam für die Berechnung des Osterfestes, das am Sonntag nach dem ersten Frühlingsvollmond stattfindet.
Im Gregorianischen Kalender wurde die Goldene Zahl durch die Epakte ersetzt.

> *Epakte, Gregorianischer Kalender, Julianischer Kalender, Metonscher Zyklus, Ostern*

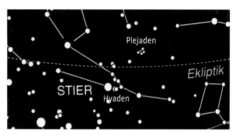

GOLDENES TOR DER EKLIPTIK **Das Goldene Tor der Ekliptik wird von den beiden Sternhaufen Hyaden und Plejaden im Sternbild Stier gebildet.**

GPS

Global Positioning System – System von Erdsatelliten, das es erlaubt, den Ort eines Beobachters auf der Erde außerordentlich präzise zu bestimmen.

GRANULATION

Körnige Struktur der Sonnenoberfläche (s. Abb. S. 64). Sie wird hervorgerufen durch das Brodeln der Gasmassen an der Sonnenoberfläche (Konvektion). Heiße Gaszellen steigen auf, kühlen ab und sinken als kühlere Bereiche wieder in tiefere Schichten der Sonne. Der typische Durchmesser einer Granule (lat., Körnchen) liegt bei 500 bis 1000 Kilometer. Die Aufstiegsgeschwindigkeit der heißen Gaszellen beträgt einige hundert Meter pro Sekunde. Mit einem Fernrohr, das mit einem Sonnenfilter ausreichend vor der Strahlung der Sonne geschützt ist, lässt sich bei ruhiger Luft und hinreichender Vergrößerung die Granulation als körnige Struktur beobachten.

> *Photosphäre, Sonnenatmosphäre*

GRAVITATION

Universelle Massenanziehung, auch Schwerkraft genannt. Sie bestimmt die Bewegungen der Himmelskörper und gilt im gesamten Universum. Die Massenanziehung ist eine universelle Eigenschaft. Im Mikrokosmos (im submikroskopischen Bereich) spielt sie eine untergeordnete Rolle, während sie auf großen Längenskalen dominiert. Die Gravitation bewirkt beispielsweise, dass der Mond an die Erde und die Erde an die Sonne gebunden sind. Die Gravitationstheorie stammt von dem englischen Physiker Isaac Newton (1643–1727). Nach Erkenntnissen von Albert Einstein (1879–1955) in seiner Allgemeinen Relativitätstheorie bewirken Massen auch eine Änderung der Raumgeometrie. Räume werden durch benachbarte Massen gekrümmt.

> *Schwarzes Loch, Schwerebeschleunigung*

GRAVITATIONSKOLLAPS

Massereiche Objekte wie zum Beispiel Sterne mit mehr als drei Sonnenmassen können unter bestimmten Umständen zu Schwarzen Löchern zusammenbrechen (kollabieren). Erde und Sonne sind zu massearm, um einen Gravitationskollaps zu erleiden. Von einem Gravitationskollaps spricht man auch, wenn eine interstellare Materiewolke aufgrund ihrer Schwerkraft kollabiert und dabei neue Sterne bildet.

> *Gravitation, Schwarzes Loch, Sternentstehung, Sternentwicklung*

GRAVITATIONSLINSE

Nach der Allgemeinen Relativitätstheorie von Albert Einstein (1879–1955) können Massen das Licht ablenken und wie optische Linsen wirken. In der Astronomie sind Gravitationslinsen inzwischen mehrfach beobachtet worden. So erscheinen die Bilder mancher Quasare mehrfach (so genannte Einsteinkreuze) oder weit entfernte Galaxien erscheinen verzerrt (Einsteinringe). Ihr Licht wird dann von großen Massen (Galaxien oder Galaxienhaufen), die auf der Sichtlinie von uns aus gesehen vor ihnen liegen, entsprechend abgelenkt.

> *Gravitation, Quasar*

GREGORIANISCHER KALENDER

Heute weltweit akzeptierter Kalender, der auf Anordnung von Papst Gregor XIII. im Jahr 1582 eingeführt wurde. Der Grund für die Einführung war, dass nach dem vorher gültigen Julianischen Kalender (bei dem jedes vierte Jahr ein Schaltjahr war) die Sonne im Lauf der Zeit dem kalendarischen Frühlingsbeginn

GRAVITATIONSLINSE **Massereiche Galaxien wirken wie optische Linsen. Durch ihre Schwerkraft erscheinen die Bilder dahinter liegender Galaxien ringförmig verzerrt.**

vorauslief; 1582 stand sie bereits am 11. statt erst am 21. März im Frühlingspunkt. Um den Kalender mit dem Sonnenstand wieder in Einklang zu bringen, ordnete Papst Gregor XIII. an, dass auf den 4. Oktober 1582 sofort der 15. Oktober zu folgen habe. Es wurden somit 10 Tage aus dem Kalender gestrichen, um den aufgelaufenen Fehler zu korrigieren.

Der Gregorianische Kalender sieht vor, dass alle ohne Rest durch vier teilbaren Jahre Schaltjahre zu 366 Tagen sind. Ausnahme: Restlos durch 100 teilbare Jahre sind keine Schaltjahre, es sei denn, sie sind durch 400 teilbar. So waren 1700, 1800, 1900 keine Schaltjahre, 1600 und 2000 jedoch schon.

Die mittlere Dauer des Gregorianischen Jahres beträgt 365,2425 mittlere Sonnentage. Die Abweichung vom tatsächlichen tropischen Jahr beträgt nur 0,0003 Tage. Dies wird sich erst nach rund 3330 Jahren zu einem ganzen Tag aufsummieren.

> *Julianischer Kalender, Kalender, Schaltjahr, Sonnentag, Jahr*

GRENZGRÖSSE

Gibt an, bis zu welcher Helligkeitsstufe man noch Sterne sehen kann. Die Grenzgröße für das bloße Auge ist unter günstigen Sichtbedingungen (klare Nacht und dunkler Himmel) 6^m. Mit einem guten Fernglas können Sterne bis 9^m gesehen werden, mit einem größeren Teleskop Sterne bis 15^m. Für fotografische Aufnahmen und elektronische Kameras verschiebt sich die Grenzgröße noch zu weit schwächeren Sternen (s. auch Abb. S. 39).

> *Helligkeit*

GRÖSSE

1. Meist kurz für Größenklasse.
2. Die Größe einer Finsternis. Bei einer Mondfinsternis gibt die Größe an, wie tief der Mond in den Kernschatten der Erde eintaucht. Die Angabe erfolgt in Einheiten des Mondscheibendurchmessers. Mondfinsternisse mit einer Größe über eins sind total, wenn sie eine Größe unter eins haben, sind sie partiell.
Bei Sonnenfinsternissen wird der Anteil des Mondes angegeben, der die Sonne verdeckt, ebenfalls in Einheiten des Mondscheibendurchmessers.

> *Größenklasse, Kernschatten, Mondfinsternis, Sonnenfinsternis*

GRÖSSENKLASSE

Helligkeitsangabe von Gestirnen.

> *absolute Helligkeit, Helligkeit, scheinbare Helligkeit*

GROSSER ROTER FLECK

Ein riesiger rötlicher, manchmal aber auch gelblich erscheinender ovaler Fleck in der Atmosphäre des Jupiter. Hierbei handelt es sich um einen gigantischen Wirbelsturm (größter Durchmesser etwa 40 000 Kilometer, dies entspricht der Länge des Erdäquators), der schon seit Jahrhunderten auf Jupiter tobt. Er wurde bereits im 17. Jahrhundert von den ersten Fernrohrbeobachtern entdeckt.
Der Große Rote Fleck lässt sich auch mit Amateurfernrohren beobachten. Man kann mit seiner Hilfe über Stunden die schnelle Rotation des Jupiterglobus verfolgen.

> *Jupiter*

GROSSER ROTER FLECK **Der Große Rote Fleck auf dem Riesenplaneten Jupiter ist ein Wirbelsturm, der schon seit 400 Jahren tobt.**

HALBMOND

Phase, in der der Mond halb beleuchtet erscheint. Steht der Mond 90° östlich der Sonne, so sieht man den zunehmenden Halbmond. Befindet sich der Mond 90° westlich der Sonne, so ist der abnehmende Halbmond zu sehen (s. Abb. S. 73). Der zunehmende Halbmond steht abends hoch am Himmel in südlicher Richtung, der abnehmende Halbmond ist am Morgenhimmel hoch in südlicher Richtung zu erkennen.

> *Mondphasen, Neumond, Vollmond*

HALBSCHATTEN

Bereich, von dem aus eine Lichtquelle teilweise verdeckt erscheint. Bei einer partiellen Sonnenfinsternis befindet sich der Beobachter im Halbschatten des Mondes. Tritt der Mond in den Halbschatten der Erde, so ist dies kaum beobachtbar, da seine Helligkeit sich dann nur geringfügig verändert.

> *Kernschatten, Mondfinsternis, Penumbra, Sonnenfinsternis*

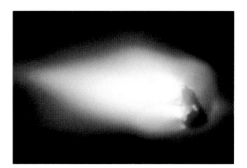

HALLEYSCHER KOMET **Der Kern des Halleyschen Kometen (der dunkle Bereich) sieht aus wie eine Erdnuss. Sein Längsdurchmesser beträgt 15 Kilometer.**

HALLEYSCHER KOMET

Periodischer Komet, benannt nach Edmond Halley (1656–1742), der erstmals die Umlaufbahn dieses Kometen berechnet und seine Wiederkehr vorhergesagt hat. Die mittlere Umlaufzeit des Halleyschen Kometen beträgt 76 Jahre. Der Komet war in den Jahren 1531, 1607, 1682, 1759, 1835, 1910 und im Frühjahr 1986 in Sonnen- und damit auch in Erdnähe. Die nächste Wiederkehr ist für Juli 2061 prognostiziert. Im Frühjahr 1986 flog unter anderem die europäische Raumsonde *Giotto* nahe am Kern des Halleyschen Kometen vorbei, der die Form einer Erdnuss zeigt. Seine Längsausdehnung beträgt etwa 15 Kilometer, sein Gas- und Staubschweif kann in Sonnennähe hingegen mehrere Millionen Kilometer lang werden.
> *Komet*

HALO

Aus dem Griechischen stammende Bezeichnung für „Hof".
1. Lichthof um Sonne oder Mond, hervorgerufen durch Lichtbrechung und -spiegelung an hoch liegenden Eiswolken in der irdischen Atmosphäre.
2. Kugelförmiger Raum um unser diskusförmiges Milchstraßensystem, in dem sich eine große Zahl von Kugelsternhaufen sowie heißes Gas befindet (Milchstraßenhalo).
> *Atmosphäre, Galaxis*

HAUPTREIHE

Linie im Hertzsprung-Russell-Diagramm. Auf der Hauptreihe verbringen die Sterne den größten Teil ihres Lebens und erzeugen ihre Energie, indem sie in ihrem Inneren Wasserstoff zu Helium verbrennen. Hauptreihensterne hießen früher Zwergsterne.
> *Hertzsprung-Russell-Diagramm, Sternentwicklung, Wasserstoffbrennen*

HAUPTSTERN

1. Hellster Stern in einem Sternbild (z.B. Wega im Sternbild Leier oder Arktur im Sternbild Bootes).
2. Bei einem Doppel- oder Mehrfachsternsystem der hellste und damit meist auch massereichste Stern.
> *Doppelstern, Mehrfachsternsystem, Sternbild*

HELIAKISCHER AUFGANG/UNTERGANG

> *Aufgang, Untergang*

HELIOGRAFISCHE KOORDINATEN

Koordinaten, die es erlauben, Oberflächendetails wie zum Beispiel Flecken auf der Sonne zu lokalisieren. Die Sonnenkoordinaten sind die heliografische Länge und die heliografische Breite. Sie entsprechen den irdischen Koordinaten geografische Länge und Breite. Die heliografische Breite gibt den Abstand eines Punktes vom Sonnenäquator in Winkelgraden an. Der Nordpol der Sonne hat +90° heliografische Breite, der Südpol = −90°. Punkte auf dem Sonnenäquator haben die heliografische Breite 0°. Die heliografische Länge bezieht sich auf den Nullmeridian der Sonne (Carringtonscher Nullmeridian), der am 1. Januar 1854, 12h UT (= Weltzeit) mit dem Zentralmeridian (Meridian durch den Sonnenscheibenmittelpunkt) zusammenfiel. Sie wird ebenfalls in Grad angegeben.
> *Carringtonsche Sonnenrotation, Koordinaten, Sonne, Sonnenflecken*

HELIOZENTRISCH

Auf die Sonne bezogen, genauer auf das Zentrum der Sonne.
> *geozentrisch, Koordinaten, topozentrisch*

-30^m ■	
-28^m ■	
-26^m ■	◄Sonne
-24^m ■	
-22^m ■	
-20^m ■	
-18^m ■	
-16^m ■	
-14^m ■	
-12^m ■	◄Vollmond
-10^m ■	◄Halbmond
-8^m ■	
-6^m ■	
-4^m ■	◄Venus (Max.)
-2^m ■	◄Sirius
0^m ■	◄Saturn / ◄Wega
+2^m ■	
+4^m ■	◄Andromeda-Nebel
+6^m ■	◄Grenzgröße bloßes Auge
+8^m ■	
+10^m ■	◄Fernglas
+12^m ■	
+14^m ■	◄15-cm-Teleskop
+16^m ■	
+18^m ■	
+20^m ■	
+22^m ■	
+24^m ■	◄5-m-Palomar-Teleskop
+26^m ■	
+28^m ■	
+30^m ■	Hubble-Weltraum-teleskop
+32^m ■	

HELLIGKEIT

Die Helligkeit der Sterne wird in Größenklassen (oder kurz Größen) angegeben, eine Einteilung, die auf den antiken, griechischen Astronomen Hipparchos von Nikaia zurückgeht. Sterne erster Größe sind sehr hell, Sterne zweiter Größe etwas schwächer, Sterne sechster Größe sind gerade noch mit freiem Auge sichtbar. Es gibt auch Sterne, die noch heller sind als erste Größe, sie kennzeichnet man als nullter Größe beziehungsweise mit negativen Zahlen (s. auch Tabelle „Die 20 hellsten Sterne" auf S. 40). Venus wird beispielsweise bis zu −4^m,7 hell, der Mond hat −13 und die Sonne −26 Größenklassen. Sterne schwächer als 6. Größe sind mit bloßem Auge nicht zu sehen. Abgekürzt wird die Helligkeitseinheit Größenklasse mit ^{m} (für lateinisch magnitudo = Größe).
Eine Helligkeitsdifferenz von fünf Größenklassen entspricht einem Verhältnis von

HELLIGKEIT **Die Helligkeiten verschiedener Himmelsobjekte im Vergleich**

1 : 100 in der Strahlungsintensität. Dies bedeutet, dass erst 100 Sterne sechster Größe auf einen Punkt zusammengenommen die Helligkeit von einem Stern erster Größe ergeben. Die Größenklassenskala ist somit ein logarithmisches Maß für die Helligkeit der Sterne.
Man unterscheidet zwischen *scheinbarer* und *absoluter* Helligkeit. Die scheinbare Helligkeit gibt an, wie hell uns ein Stern am Himmel erscheint. Die absolute Helligkeit hingegen entspricht der scheinbaren Helligkeit, mit der uns ein Stern in einer Normentfernung von 10 Parsec (= 32,6 Lichtjahre) erscheinen würde (Einheit ^{M}). Sind beide Helligkeiten bekannt, so kann man aus der Differenz zwischen der scheinbaren und der absoluten Helligkeit auf die Entfernung eines Gestirns beziehungsweise einer Galaxie schließen.
 > *absolute Helligkeit, Entfernungsbestimmung, scheinbare Helligkeit*

HERBSTPUNKT

Schnittpunkt der absteigenden Sonnenbahn (Ekliptik) mit dem Himmelsäquator. Wenn die Sonne den Herbstpunkt (♎, s. Abb. S. 22) passiert, beginnt auf der Nordhalbkugel der Erde der astronomische Herbst (jährlich um den 23. September). Die Sonne wechselt dann von der Nord- auf die Südhalbkugel des Himmels. Auf der Südhalbkugel der Erde beginnt zu diesem Zeitpunkt der Frühling.
Der Herbstpunkt liegt heute im Sternbild Jungfrau, vor rund 2000 Jahren lag er noch im Sternbild Waage. Er markiert damit den Beginn des Tierkreis*zeichens* Waage (nicht zu verwechslen mit dem Tierkreis*sternbild!*), weshalb er auch gelegentlich als Waagepunkt bezeichnet wird.
 > *Ekliptik, Frühlingspunkt, Himmelsäquator, Jahreszeiten, Sommerpunkt, Tierkreiszeichen, Winterpunkt*

HERBSTVIERECK

Sternenquadrat im Sternbild Pegasus, das an klaren Herbstabenden hoch im Süden zu sehen ist.
 > *Frühlingsdreieck, Sommerdreieck, Sternbild, Wintersechseck*

DIE 20 HELLSTEN STERNE

NR.	STERN	IM STERNBILD	HELLIGKEIT	FARBE	ENTFERNUNG IN LICHTJAHREN
1	Sirius	Großer Hund	−1,5	weißblau	8,6
2	Kanopus	Schiffskiel	−0,7	gelblich weiß	310 s
3	Toliman (Rigil Kent)	Zentaur	−0,3	gelb	4,4 s
4	Arktur	Rinderhirt	0,0 v	orange	3,7
5	Wega	Leier	0,0	weißblau	25
6	Kapella	Fuhrmann	0,1	gelb	42
7	Rigel	Orion	0,1	bläulich	800 :
8	Prokyon	Kleiner Hund	0,4	gelblich	11,4
9	Achernar	Eridanus	0,5	bläulich	144 s
10	Beteigeuze	Orion	0,5 v	rötlich	430 :
11	Agena (Hadar)	Zentaur	0,6	bläulich	160 s
12	Atair	Adler	0,8 v	weiß	16,8
13	Aldebaran	Stier	0,9	orange	65
14	Acrux	Kreuz des Südens	0,9	bläulich	320 s
15	Antares	Skorpion	1,0 v	rötlich	600 :
16	Spica	Jungfrau	1,0	bläulich	260
17	Pollux	Zwillinge	1,2	orange	34
18	Fomalhaut	Südlicher Fisch	1,2	weiß	25
19	Deneb	Schwan	1,3	weiß	3000 :
20	Regulus	Löwe	1,4	bläulich	77

Bemerkungen:

s − Stern steht so weit südlich, dass er in Mitteleuropa nicht aufgeht und unbeobachtbar bleibt.

: − Entfernung nur ungenau bekannt

v − Helligkeit variabel

HERTZSPRUNG-RUSSELL-DIAGRAMM

Ein Diagramm, abgeleitet aus dem Farben-Helligkeits-Diagramm einer Gesamtheit von Sternen (zum Beispiel einem Sternhaufen). Trägt man auf der waagerechten Achse die Oberflächentemperaturen (oder Spektraltypen) und auf der senkrechten Achse die wahren Leuchtkräfte der Sterne auf, so ordnen sich diese im Wesentlichen in einer Linie von links oben nach rechts unten an, der so genannten Hauptreihe. Sie beginnt links oben mit den massereichsten, blauen und hellsten Sternen. In der Mitte der Hauptreihe finden sich die gelben, sonnenähnlichen Sterne, die auch als Zwerge bezeichnet werden und rechts unten sind die massearmen und kühlen Zwergsterne, die Unterzwerge zu finden.

Zusätzlich geht etwa von der Mitte des Diagramms nach rechts oben ein Ast, auf dem die roten Riesensterne beheimatet sind. Hier sitzen die Sterne, die sich bereits zu roten Riesensternen entwickelt haben.

Das Hertzsprung-Russell-Diagramm (abgekürzt: HRD) wird wegen seiner großen Bedeutung für viele astrophysikalische Fragestellungen, insbesondere der Sternentwicklung, als Zentraldiagramm der Astrophysik bezeichnet. Der Name des Diagramms geht auf die beiden Astronomen Ejnar Hertzsprung (1873–1967) und Henry Norris Russell (1877–1957) zurück.

> *Astrophysik, Farben-Helligkeits-Diagramm, Hauptreihe, Leuchtkraft, Leuchtkraftklassen, Riesenstern, Roter Zwerg, Spektraltyp, Sternentwicklung*

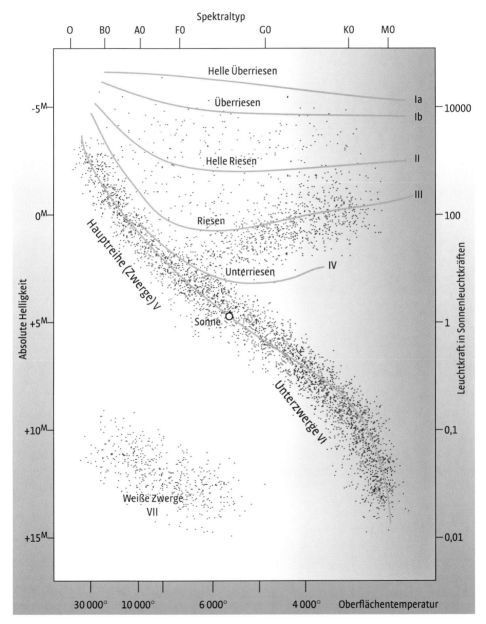

HERTZSPRUNG-RUSSELL-DIAGRAMM **Das Hertzsprung-Russell-Diagramm klassifiziert die Sterne nach Spektraltyp (Oberflächentemperatur) und Leuchtkraft (Helligkeit). Es wird auch als Zentraldiagramm der Astrophysik bezeichnet.**

41

H II-REGION

Heiße, interstellare Gaswolke, die hell leuchtet. Eingebettet in H II-Regionen sind heiße junge, bläulich leuchtende Sterne mit hohen Oberflächentemperaturen, die ein intensives Ultraviolettlicht ausstrahlen und die umgebenden interstellaren Gaswolken so zum eigenen Leuchten anregen (Emissionsnebel). Die Bezeichnung kommt von dem chemischen Zeichen H für Wasserstoff (Hydrogenium). Die römische Ziffer II bedeutet, dass der Wasserstoff ionisiert ist, dass also die Wasserstoffkerne (Protonen) ihrer Elektronen beraubt sind .

> *Emissionsnebel, interstellare Materie*

HIMMELSACHSE

Gedachte Achse, die senkrecht auf der Äquatorebene der Erde steht und die die scheinbare Himmelskugel im Himmelsnord- bzw. -südpol durchstößt. Um die Himmelsachse dreht sich scheinbar (als Spiegelbild der Erdrotation) einmal täglich der gesamte Himmel.

> *Himmelsäquator, Himmelskugel, Himmelspol*

HIMMELSÄQUATOR

Großkreis an der Himmelskugel, der durch den Schnitt der Äquatorebene der Erde mit der gedachten Himmelskugel entsteht (s. Abb. rechts). Mit anderen Worten: Der Himmelsäquator ist der auf die gedachte Himmelskugel projizierte Erdäquator. Der Himmelsäquator teilt die Himmelskugel in eine Nord- und eine Südhälfte. Gestirne, die auf dem Himmelsäquator liegen, haben die Deklination 0°.
Der Himmelsäquator ist an einem bestimmten Ort auf der Erde jeweils so weit aus der Horizontebene herausgekippt, wie es dem Komplementärwinkel der geografischen Breite entspricht (Komplementärwinkel der geografischen Breite = 90° minus geografische Breite). Für Beobachter in einer Breite von 50° ist er um 40° gegenüber dem Horizont gekippt. Für Beobachter an den Polen der Erde fällt der Himmelsäquator mit dem Horizont zusammen. Für einen Beobachter auf dem Erdäquator steigt der Himmelsäquator durch den Ostpunkt gehend senkrecht in die Höhe, zieht durch den Zenit und sinkt senkrecht durch den Westpunkt am Horizont hinab. Verlängert

gedacht geht er als voller Kreis auch durch den Nadir (Fußpunkt, 180° gegenüber vom Zenit).

> *Deklination, Himmelsachse, Himmelskugel,*
> *Himmelspol, Nadir, Ostpunkt, Westpunkt, Zenit*

HIMMELSKUGEL

Die Gestirne am Himmel sind so weit von der Erde entfernt, dass unser räumliches Sehvermögen nicht ausreicht, die wahre dreidimensionale Struktur der Sternenwelt zu erschließen. Ein Beobachter hat daher den Eindruck, dass die Himmelsobjekte an ein riesiges, alles überspannendes Gewölbe projiziert wären, an die Innenseite einer Halbkugel – so wie in einem gigantischen Planetarium. Auf diese scheinbare Himmelskugel beziehen sich alle Positions- und Koordinatenangaben von Gestirnen, die dritte Dimension (die Entfernung) wird dabei außer Acht gelassen.

> *Himmelsachse, Himmelsäquator, Himmelspol*

HIMMELSKUNDE

Deutsche Bezeichnung für Astronomie, die Lehre vom Weltall und seinen Gestirnen.

> *Astronomie*

HIMMELSMECHANIK

Disziplin der Astronomie, die sich mit den Bewegungen der Gestirne, speziell in unserem Sonnensystem, beschäftigt. Die Bewegungen ergeben sich aufgrund der allgemeinen Schwerkraftwirkung (Gravitation) von Massen. Die Himmelsmechanik ist ein klassisches Teilgebiet der Astronomie. Ihre Hauptaufgabe ist die Berechnung der Positionen der Gestirne zu beliebigen Zeiten (Ephemeridenrechnung) sowie die Ableitung der Bahnelemente eines Himmelskörpers aus der Messung seiner Himmelskoordinaten zu verschiedenen Zeiten.

> *Astronomie, Bahnelemente, Ephemeriden,*
> *Gravitation, Himmelskoordinaten*

HIMMELSPOL

Die Himmelspole sind die gedachten Durchstoßpunkte der verlängerten Erdachse durch das Himmels-

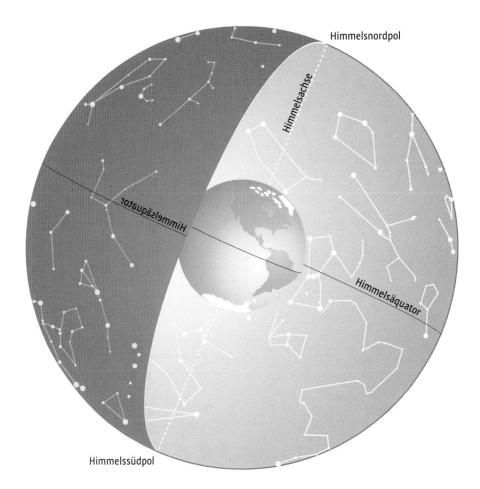

Himmelsnordpol

Himmelsachse

Himmelsäquator

Himmelsäquator

Himmelssüdpol

HIMMELSKUGEL **Sterne und Sternbilder erscheinen von der Erde aus wie an der Innenseite einer Kugel befestigt. Diese scheinbare Kugel nennt man Himmelskugel.**

gewölbe; in Nordrichtung der Himmelsnordpol, in Südrichtung der Himmelssüdpol.

In der Nähe des Himmelsnordpols steht ein Stern zweiter Größe, den man als Polarstern bezeichnet. Während alle anderen Gestirne infolge der Erdrotation im Laufe von rund 24 Stunden konzentrische Kreise um die Himmelspole beschreiben, kreist er wegen seiner Nähe zum Himmelspol kaum. Damit

ist er am Himmel ein guter Orientierungspunkt. Am Südpol steht kein heller Stern dem Pol so nahe. Wegen der Präzession der Erdachse verschieben sich die Himmelspole gegenüber dem Sternenhimmel.

> *Himmelsachse, Himmelsäquator, Himmelskugel, Polarstern, Präzession*

HIMMELSRICHTUNGEN

Die vier ausgezeichneten Hauptrichtungen in der Ebene des Horizonts sind Nord, Ost, Süd und West. In der Südrichtung erreichen alle Gestirne während ihres täglichen Laufes über das Himmelsgewölbe ihre größte Höhe über dem Horizont. Blickt man nach Süden, so ist Osten linker Hand und Westen rechter Hand (s. auch Abb. S. 62). Genau hinter dem Beobachter ist dann Norden.

Man findet die Himmelsrichtungen mit Hilfe eines Kompasses. Die Nordrichtung lässt sich nachts aber auch finden, indem man vom Polarstern aus das Lot senkrecht zum Horizont fällt.

Die Punkte Süd, West, Nord und Ost am Horizont werden Kardinalpunkte genannt. Der Großkreis, der auf dem Horizont senkrecht steht und durch die Punkte Süd, Zenit, Nord und Nadir läuft, wird Meridian oder Mittagslinie genannt. Neben den Haupthimmelsrichtungen gibt es auch die Nebenhimmelsrichtungen (beispielsweise Nordost, abgekürzt NO oder Südwest, abgekürzt SW).

> *Horizont, Meridian, Nadir, Nordpunkt, Ostpunkt, Südpunkt, Westpunkt, Zenit*

HOF

> *Halo*

HÖHE

Winkelabstand eines Gestirns vom Horizont. Gestirne auf der Horizontlinie haben die Höhe 0°, der Zenit oder Scheitelpunkt genau über dem Beobachter hat die Höhe 90°. Hat ein Gestirn eine negative Höhe, so befindet es sich unter dem Horizont. Der Fußpunkt oder Nadir hat eine Höhe von −90°.

> *Azimut, azimutale Koordinaten, Horizont, Nadir, Zenit, Zenitdistanz*

HORIZONT

Großkreis an der Himmelskugel, an der das sichtbare Himmelsgewölbe scheinbar mit der Erdoberfläche zusammenstößt. Der mathematische Horizont ist die Schnittlinie der scheinbaren Himmelskugel mit der Tangentialebene der Erde (Berührungsebene), die als Berührungspunkt den Standort des Beobachters auf der Erde hat. In erster Näherung wird der mathematische Horizont durch die Kimm (Linie der Meeresoberfläche) bestimmt. Gestirne am Horizont haben die Höhe 0°. Der natürliche Horizont wird durch Ob-

jekte in der Landschaft bestimmt (Berge, Bäume, Gebäude etc.).

> *azimutale Koordinaten, Himmelskugel, Höhe*

HOROSKOP

Wörtlich „Stundenschau". Vorhersage der Zukunft über die Vorstellung der Astrologie (Sterndeuterei), dass aus den Positionen der Gestirne – vornehmlich der Planeten relativ zum Beobachter auf der Erde – das Schicksal von Menschen herausgelesen werden kann. Für die Sterndeuter spielt in erster Linie das Geburtshoroskop einzelner Menschen eine Rolle, wobei die Gestirnstellung zum Geburtsdatum und zur Geburtsstunde schicksalhaft sein soll.

Die Astrologie ist keine Wissenschaft, sondern reiner Aberglaube.

> *Astrologie, Astronomie*

HUNDSTAGE

Die heißen Sommertage, so benannt nach dem Hundsstern (volkstümliche Bezeichnung für Sirius im Großen Hund). In früherer Zeit fiel der Beginn der heißen Zeit von Mitte Juli bis Mitte August mit dem heliakischen Aufgang von Sirius zusammen. Infolge der Präzession der Erde erfolgt er in heutiger Zeit aber erst Ende August.

> *Aufgang, Präzession, Sirius*

HYADEN

Offener Sternhaufen im Sternbild Stier (Abb. S. 35 und 45), besonders eindrucksvoll im Fernglas. Mit 150 Lichtjahren Distanz sind die Hyaden einer der nächsten offenen Sternhaufen. Gemeinsam mit den Plejaden bilden sie das Goldene Tor der Ekliptik, durch das gelegentlich der Mond oder ein Planet zieht.

Der rötliche Stern Aldebaran (Hauptstern im Stier) steht zwar – von der Erde aus betrachtet – mitten in den Hyaden, er gehört allerdings nicht zu den Mitgliedssternen dieses Sternhaufens. Aldebaran ist mit 66 Lichtjahren nur halb so weit entfernt wie die Hyaden und somit ein Vordergrundstern.

> *Goldenes Tor der Ekliptik, offener Sternhaufen, Plejaden*

HYADEN **Der offene Sternhaufen der Hyaden im Sternbild Stier**

INFRAROTASTRONOMIE

Modernes Teilgebiet der Astronomie, in dem die Infrarotstrahlung des Weltalls beobachtet und ausgewertet wird. Die Infrarotstrahlung ist der langwellige Teil des elektromagnetischen Spektrums, der auch als Wärmestrahlung bezeichnet wird und dessen Wellenlängen zwischen 800 Nanometer (1 Nanometer = 1 Milliardstel Meter) und 0,1 Millimeter liegen. Längere Wellen bezeichnet man als Submillimeter- und Millimeterstrahlung, zu kürzeren Wellen hin gelangt man in den Bereich des sichtbaren Lichts.
In erster Linie erhalten wir auf der Erde Infrarotstrahlung von kosmischen Objekten vergleichsweise niedriger Temperatur (wie kühleren Sternen sowie von staubreichen Objekten wie entstehenden Planetensystemen, interstellaren Staubwolken, Kernen aktiver Galaxien und dem Zentrum unserer eigenen Galaxis). Um die Infrarotstrahlung zu beobachten, muss man nach Möglichkeit den absorbierenden Wasserdampf in unserer Atmosphäre meiden. Deshalb baut man Infrarotobservatorien in großen Höhen und trockenen Gebieten. Ferner setzt man Infrarotteleskope in hoch fliegende Flugzeuge ein oder beobachtet mit speziellen Satelliten aus dem Weltall.
> *aktive Galaxie, Astronomie, elektromagnetische Strahlung, galaktisches Zentrum, interstellare Materie, Planetensystem*

INKLINATION

Bahnelement, die Neigung einer Umlaufbahn zur Grundebene. Die Grundebene in unserem Sonnensystem ist die Ebene der Ekliptik (Erdumlaufbahn).
> *Bahnelemente, Ekliptik*

INNERER PLANET

Planet, der innerhalb der Erdbahn um die Sonne kreist. Zwei innere Planeten sind bekannt: Merkur und Venus. Sie zeigen Phasengestalten wie der Mond (s. auch Abb S. 46). Niemals können sie in Opposition stehen und daher sind sie in unseren Breiten niemals die ganze Nacht beobachtbar. Ist ihr Winkelabstand von der Sonne (Elongation) groß genug und ihre Position auf der Ekliptik günstig, so kann man sie am Morgen- oder Abendhimmel kurz vor Sonnenaufgang oder kurz nach Sonnenuntergang beobachten. Die Sichtbarkeitszeiten für die inneren Planeten sind im *Kosmos Himmelsjahr* angeben.
> *äußerer Planet, Durchgang, Ekliptik, Elongation, Konjunktion, Opposition, Phase, Planet*

INTERFEROMETRIE

Zusammenschaltung von Teleskopen (Radio- oder optische Teleskope) zur Erhöhung der Auflösung. In der Radioastronomie wird auch die interkontinentale Interferometrie praktiziert, bei der mehrere Radioteleskope über verschiedene Kontinente hinweg zusammen geschaltet werden. Dann gelingt es sogar in der Radioastronomie, punktförmige Radioquellen auf Bruchteile von Bogensekunden genau am Firmament zu orten. Das Auflösungsvermögen eines einzelnen Radioteleskops ist nämlich wegen der längeren Wellenlänge der beobachteten Strahlung erheblich geringer als das eines optischen Teleskops.
> *Auflösungsvermögen, Bogensekunde, Radioastronomie, Radioteleskop, Teleskop*

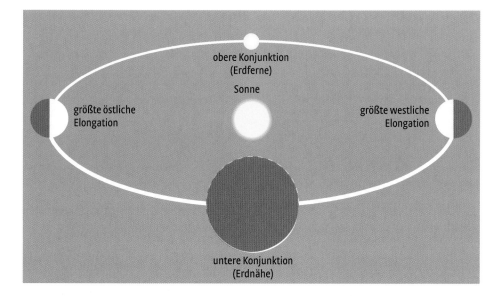

INNERER PLANET Die Konstellationen (Stellungen) der inneren Planeten Merkur und Venus

INTERGALAKTISCHE MATERIE

Zwischen den Galaxien befindliche gas- und staubförmige Materie. Das intergalaktische Gas ist ein außerordentlich heißes Wasserstoffgas (um 100 Millionen Grad), das sich nur schwer beobachten lässt. In einigen Fällen absorbiert die intergalaktische Materie Strahlung aus dem Hintergrund. Entstanden ist sie durch Kollisionen von Galaxien, bei denen interstellare Materie herausgeschleudert wurde, sowie durch Jets bei aktiven Galaxien.
> aktive Galaxie, interstellare Materie

INTERPLANETARE MATERIE

Der Raum zwischen den Planeten ist angefüllt von interplanetarem Gas und Staub. Die Staubkomponente lässt sich durch Reflexion und Streuung des Sonnenlichts mitunter beobachten (Gegenschein, Zodiakallicht). Das interplanetare Gas besteht vor allem aus Wasserstoffkernen, Heliumkernen, einigen wenigen Kernen schwererer Atome sowie Elektronen.

Dabei handelt es sich im Wesentlichen um den Sonnenwind, also die Materie, die ständig von der Sonne abströmt.
> Gegenschein, interstellare Materie, Planetensystem, Sonnenwind, Zodiakallicht

INTERSTELLARE MATERIE

Der Raum zwischen den Sternen ist nicht absolut leer, sondern gefüllt mit Gas- und Staubmassen, die sich teilweise zu mehr oder minder dichten Wolken zusammenfinden. Das interstellare Gas besteht im Wesentlichen aus neutralem Wasserstoff, in den leuchtenden Nebeln auch aus ionisiertem Wasserstoff. Die zweithäufigste Gaskomponente ist Helium. Liegen die Gasnebel in der Nachbarschaft heller Sterne oder liegen die Sterne sogar in ihnen, so erscheinen sie als leuchtende Nebel (Reflexions- oder Emissionsnebel). Der interstellare Staub setzt sich aus kleinen, festen Teilchen zusammen, die in das interstellare Gas eingebettet sind. Dunkelwolken aus Staub versperren die Sicht in dahinter liegende Gebiete.
Einerseits ist die interstellare Materie der Baustoff für neue Sterne, wobei der Hauptanteil Wasserstoff

und Helium ist, andererseits wird sie durch Sternexplosionen wiederum mit schwereren Elementen (von Lithium über Kohlenstoff, Sauerstoff, Stickstoff, Eisen bis hin zu Blei und Uran) angereichert. Sterne, die in ihrem Inneren durch Kernfusion schwerere chemische Elemente aufbauen, detonieren am Ende ihres Lebens und schleudern einen Teil ihrer Materie in das Universum. Dadurch haben jüngere Sterne von Anfang an einen höheren Anteil an schwereren Elementen (vor allem Kohlenstoff, Stickstoff, Sauerstoff und Silizium) als ältere Sterne.

> *Dunkelwolke, Emissionsnebel, H II-Region, Reflexionsnebel, Sternentstehung, Supernova*

JAHR

Zeitmaß, das sich aus dem Umlauf der Erde um die Sonne ergibt. In der Zeitrechnung wird sowohl das Julianische Jahr als auch das Gregorianische Jahr verwendet. Das Julianische Jahr dauert 365,25 mittlere Sonnentage, das Gregorianische Jahr hingegen 365,2425 mittlere Sonnentage. Dies sind festgelegte (definierte) Jahreslängen.

Ein voller Umlauf (Revolution) der Erde um die Sonne vor dem Hintergrund des Fixsternhimmels dauert 365 Tage, sechs Stunden, neun Minuten und neun Sekunden und heißt *siderisches* Jahr (Sternjahr). Ein *tropisches* Jahr (Sonnenjahr) ist die Zeit zwischen zwei aufeinander folgenden Passagen der mittleren Sonne durch den Frühlingspunkt. Da sich der Frühlingspunkt infolge der Präzession der Erdachse unter den Sternen rückläufig bewegt und somit der Sonne ein Stück entgegenkommt (50,2 Bogensekunden pro Jahr), ist das tropische Jahr kürzer als das siderische. Es dauert 365 Tage, fünf Stunden, 48 Minuten und 46 Sekunden. Am längsten ist das *anomalistische* Jahr, die Zeitspanne zwischen zwei aufeinander folgenden Passagen der Erde durch das Perihel ihrer Bahn. Da sich die Erdbahnellipse langsam rechtläufig dreht, ist das anomalistische Jahr ein wenig länger als das siderische Jahr. Es dauert 365 Tage, sechs Stunden, 13 Minuten und 53 Sekunden. Die angegebenen Jahreslängen sind Mittelwerte. Infolge der gravitativen Ein-

flüsse der Planeten fallen die einzelnen Jahreslängen von Mal zu Mal unterschiedlich aus. Das *bürgerliche* Jahr oder Kalenderjahr ist der Zeitabschnitt, der in ganzen Tagen etwa einem Umlauf der Erde um die Sonne entspricht, das heißt 365 oder 366 Tage (in Schaltjahren). Ein *Mondjahr* umfasst zwölf synodische Monate oder 354 Tage.

> *Gregorianischer Kalender, Julianischer Kalender, mittlere Sonne, Perihel, Präzession, Revolution*

JAHRESREGENT

Nach einer alten Tradition des Kalenderwesens steht jedes Jahr unter der Regentschaft eines der klassischen sieben Planeten. Zu ihnen zählen Sonne, Merkur, Venus, Mond, Mars, Jupiter und Saturn. Seine Wurzeln hat der Jahresregent in der Astrologie (Sterndeuterei). Er hat keine tiefere Bedeutung, spielt jedoch in der Münzkunde (Numismatik) eine gewisse Rolle, da Kalendermünzen mit dem Jahresregenten geprägt werden.

> *Astrologie, Kalender*

JAHRESZEITEN

Durch die Schrägstellung der Erdachse (Neigung von 23,5° zur Senkrechten auf der Erdbahnebene = Schiefe der Ekliptik) kommt es zu den vier Jahreszeiten Frühling, Sommer, Herbst und Winter. Sie äußern sich in mittleren geografischen Breiten durch Variation des Klimas, durch Änderung der Tages- bzw. Nachtlänge und der Sonnenhöhe zu Mittag. Im Sommer ist die Nordhalbkugel der Sonne stärker zugeneigt als die Südhalbkugel. Dadurch wird sie von der Sonnenstrahlung steiler getroffen als die Südhalbkugel und erwärmt sich in dieser Zeit stärker: Die Sonne steht hoch am Himmel und mehr als die Hälfte der Nordhalbkugel ist beleuchtet – die Tage sind damit länger als zwölf Stunden. Ein halbes Jahr später ist es genau umgekehrt.

Für die Nordhalbkugel beginnt der astronomische Frühling mit dem Überschreiten des Himmelsäquators durch die Sonne in nördlicher Richtung (Passage des Frühlingspunktes von Süd nach Nord = Frühlingstagundnachtgleiche, ca. 21. März). Sommerbeginn

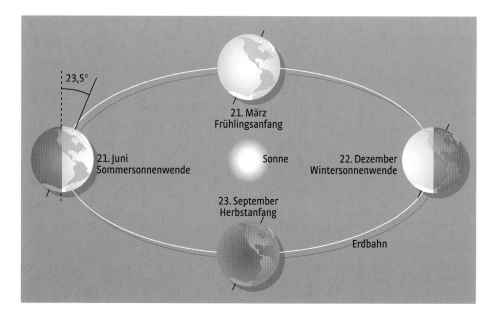

23,5°

21. März
Frühlingsanfang

21. Juni
Sommersonnenwende

Sonne

22. Dezember
Wintersonnenwende

23. September
Herbstanfang

Erdbahn

JAHRESZEITEN **Durch die Schrägstellung der Erde in Bezug auf die Ekliptik entstehen die Jahreszeiten.**

ist, wenn die Sonne ihre maximale Deklination erreicht (maximale Abweichung vom Himmelsäquator in nördlicher Richtung, Sommersonnenwende = Passage des Sommerpunktes, ca. 21. Juni). Der Herbstanfang ist definiert durch das Überschreiten des Himmelsäquators durch die Sonne von Nord nach Süd (Passage des Herbstpunktes = Herbsttagundnachtgleiche, ca. 23. September). Erreicht die Sonne den tiefsten Punkt ihrer Jahresbahn (maximale negative Deklination, maximale südliche Abweichung vom Himmelsäquator, Wintersonnenwende = Passage des Winterpunktes, ca. 21. Dezember), so beginnt der astronomische Winter.

Auf der Südhalbkugel sind die Jahreszeiten um ein halbes Jahr verschoben: Zu Frühlingsanfang auf der Nordhalbkugel beginnt der Herbst auf der Südhalbkugel. Wenn auf der Nordhalbkugel der Sommer beginnt, so ist für die Südhalbkugel Winteranfang. Infolge der elliptischen Bahn der Erde und der damit verbundenen Variation ihrer Umlaufgeschwindigkeit (zweites Keplersches Gesetz der Planetenbewegung)

sind die Jahreszeiten unterschiedlich lang. Der Frühling dauert auf der Nordhalbkugel 92 Tage und 19 Stunden, der Sommer 93 Tage und 15 Stunden, der Herbst 89 Tage und 20 Stunden und der Winter genau 89 Tage.

> *Äquinoktium, Deklination, Frühlingspunkt, Herbstpunkt, Himmelsäquator, Keplersche Gesetze, Schiefe der Ekliptik, Solstitium, Sommerpunkt, Winterpunkt*

JULIANISCHER KALENDER

Von Gaius Julius Caesar im Jahr 46 v. Chr. eingeführter Kalender, der nach ihm benannt wurde. Der Julianische Kalender bezieht sich nur auf den Sonnenlauf und nicht – wie die so genannten Lunisolarkalender – zusätzlich noch auf den Mondlauf.

Nach dem Julianischen Kalender ist jedes restlos durch vier teilbare Jahr ein Schaltjahr mit 366 statt 365 Sonnentagen. Die Idee des Schaltjahres geht auf die alten Ägypter zurück. Bereits im Jahr 238 v. Chr. hatte König Ptolemaios III. Euergetes im Edikt von Kanopus festgelegt, dass im ägyptischen Kalender an jedes vierte Jahr ein Schalttag (ein sechster Epago-

menen) anzuhängen war. In Ägypten setzte sich diese Anordnung jedoch nicht durch. Erst als Caesar bei
seinem Besuch bei Kleopatra in Ägypten von dieser
Schaltung erfuhr, beauftragte er seinen Berater, den
alexandrinischen Mathematiker Sosigenes, für die
römische Kalenderreform die Methode des Schaltjahres zu berücksichtigen.

Im Mittel ergibt sich so im Julianischen Kalender eine
Jahreslänge von 365,25 Tagen. Dies ist aber gegenüber dem tropischen Jahr um rund zwölf Minuten zu
lang, so dass im Laufe der Zeit die Sonne dem kalendarischen Frühlingsbeginn davonlief. Deshalb führte
Papst Gregor XIII. im Jahr 1582 den Gregorianischen
Kalender ein, in dem diese Abweichung bis auf einen
kleinen Rest eliminiert ist.

> *Gregorianischer Kalender, Jahr, Kalender,*
Lunisolarkalender, Schaltjahr

JUPITER **Der Riesenplanet Jupiter mit dem Großen
Roten Fleck (rechts unterhalb der Bildmitte) und dem
Schatten seines Mondes Europa (dunkler Punkt links
unterhalb der Mitte)**

JULIANISCHES DATUM

Fortlaufende Tageszählung ohne Angabe von Jahren,
Monaten, Wochen und Monatstagen. Die Einheit der
Zählung sind Sonnentage und ihre Bruchteile. Das
Julianische Datum beginnt mit der Tageszählung am
1. Januar 4713 v. Chr. um zwölf Uhr Weltzeit. Somit
findet auch jeder Tageswechsel um zwölf Uhr Weltzeit statt, wodurch der nächtliche Datumswechsel
bei astronomischen Beobachtungen entfällt. Eingeführt wurde das Julianische Datum von Joseph Justus
Scaliger und benannt nach dem Vornamen seines Va-
ters Julius.

Das Julianische Datum ermöglicht eine einfache
Berechnung von Zeitintervallen und wird daher bei
langfristigen Beobachtungsreihen in der Astronomie
häufig benutzt. Die Julianischen Tagesnummern sind
im *Kosmos Himmelsjahr* jeweils für den Monatsers-
ten vermerkt.

> *Datum, Sonnentag, Weltzeit*

JUPITER

Der größte und massereichste Planet unseres Sonnensystems. Von der Sonne aus gezählt ist er der
fünfte Planet. Seine Entfernung von der Sonne beträgt im Mittel 780 Millionen Kilometer (= 5,2 AE).
Jupiter braucht für einen vollen Sonnenumlauf knapp

zwölf Jahre. Er hat einen Durchmesser von rund elf
Erddurchmessern und seine Masse ist 318-mal so
groß wie die der Erde.

Jupiter zählt zu den Gas- oder Riesenplaneten. Er
wird von einer dichten Atmosphäre eingehüllt, die im
Wesentlichen aus Wasserstoff und Helium besteht.
Die zahlreichen Muster und Strukturen in seiner Atmosphäre werden durch verschiedene Windsysteme
hervorgerufen. Jupiter zeigt eine differenzielle Rotation, die Äquatorzone rotiert am schnellsten, zu den
Polen hin nimmt die Rotationsdauer zu.

Alle 13 Monate überholt die Erde auf ihrer weiter innen liegenden Bahn im Mittel den Jupiter. Es kommt
zu einer Jupiteropposition – Sonne und Jupiter stehen
sich am Himmel gegenüber. Dann ist die Entfernung
zu Jupiter am geringsten, und der Planet kann die
ganze Nacht über beobachtet werden. Schon mit
einem kleinen Fernrohr sind zahlreiche Einzelheiten
zu erkennen, vor allem seine Wolkenstreifen und
-bänder sowie der berühmte Große Rote Fleck (GRF).
Inzwischen sind über 60 Jupitermonde bekannt, von
denen die vier größten nach ihrem Entdecker Galileische Monde genannt werden. Zwei davon, Ganymed
und Kallisto, sind erheblich größer als unser Erd-

mond, sie haben etwa die Größe des Planeten Merkur. Alle vier hellen Jupitermonde erkennt man bereits in einem Fernglas.

> *Galileische Monde, Großer Roter Fleck, Jupitermonderscheinungen, Opposition, Planet, Sonnensystem*

JUPITERMONDERSCHEINUNGEN

Die vier hellen Jupitermonde Io, Europa, Ganymed und Kallisto, die bereits Galileo Galilei im Jahr 1610 entdeckte, können schon in einem kleinen Fernrohr oder einem Fernglas beobachtet werden. Sie umkreisen Jupiter in seiner Äquatorebene.

Dadurch kommt es zu einer Reihe von Erscheinungen: Von Zeit zu Zeit verschwinden die Monde hinter Jupiter, dann spricht man von einer *Bedeckung*. Außerdem kommt es vor, dass einer der Monde vor der Jupiterscheibe vorbeiläuft. Diese Erscheinung wird *Durchgang* genannt. Wenn ein Mond seinen Schatten auf Jupiter wirft, so spricht man von einem *Schattendurchgang*. Verschwindet ein Jupitermond im Schatten des Riesenplaneten, kommt es also zu einer Jupitermondfinsternis, so nennt man dies *Verfinsterung*. Die Zeitpunkte dieser so genannten Jupitermonderscheinungen sind im *Kosmos Himmelsjahr* verzeichnet. Es ist sehr einfach und reizvoll, sie zu beobachten.

> *Durchgang, Galileische Monde, Jupiter, Monde, Mondfinsternis, Planet*

KALENDER

Zeiteinteilung für den bürgerlichen Gebrauch nach Jahren, Monaten, Wochen und Tagen. Schon im Altertum zog man drei astronomische Vorgänge heran, um den Ablauf der Zeit festzustellen, die Zeit einzuteilen und Kalender aufzustellen: die Erdrotation, den Umlauf des Mondes um die Erde und den Umlauf der Erde um die Sonne. In der Kalenderrechnung werden daher folgende Zeitmaßstäbe benutzt:
Mittlerer Sonnentag: Zeit zwischen zwei aufeinander folgenden Kulminationen der mittleren Sonne.

Monat: Zeitspanne von zwei aufeinander folgenden gleichen Mondphasen, zum Beispiel von Neumond bis zum darauf folgenden Neumond. Diese Zeitspanne wird *synodischer Monat* genannt.

Jahr: Das *tropische Sonnenjahr* ist die Zeitspanne zwischen zwei aufeinander folgenden Durchgängen der Sonne durch den Frühlingspunkt.

Da die Längen aller drei Zeitspannen, mittlerer Sonnentag, synodischer Monat und tropisches Jahr in keinem ganzzahligen Verhältnis stehen, besteht für die Kalendermacher das Problem, durch entsprechende Schaltregeln den Zeitablauf an das tropische Sonnenjahr anzupassen. Der bei uns gültige Kalender ist der Gregorianische Kalender, in früherer Zeit galt der Julianische Kalender. Daneben gibt es so genannte Lunisolarkalender (Mond-Sonnen-Kalender) sowie reine Mondkalender.

> *Gregorianischer Kalender, Jahr, Julianischer Kalender, Lunisolarkalender, Monat, Tag, Woche, Zeit*

KALENDERÄRA

Zeitraum, für den ein Kalendersystem gilt. Der Beginn einer Kalenderära wird als Epoche bezeichnet.

> *Epoche, Kalender*

KALENDERJAHR

Die Zeitspanne vom 1. Januar bis zum 31. Dezember eines jeden Jahres. Kalenderjahre sind entweder Gemeinjahre zu 365 Tagen oder Schaltjahre zu 366 Tagen.

> *Jahr, Kalender, Schaltjahr*

KATADIOPTRISCHES TELESKOP

Fernrohr, das im Unterschied zu reinen Linsen- oder Spiegelteleskopen eine Kombination von Linsen und Spiegeln zur Erzeugung des primären Bildes verwendet.

> *Maksutow-Teleskop, Schmidt-Cassegrain-Teleskop, Teleskop*

KEPLERBAHN

> *Keplersche Gesetze*

KEPLERSCHE GESETZE

Die Grundgesetze der Planetenbewegung, die der Astronom Johannes Kepler (1571–1630) aus Weil der Stadt aufgestellt hat. Sie lauten:

1. Die Bahnen der Planeten sind Ellipsen, in deren einem Brennpunkt die Sonne steht (Keplerbahn).
2. Der Radiusvektor (Verbindungslinie Sonne – Planet) überstreicht in gleichen Zeiten gleiche Flächen (Flächensatz). Daraus folgt, dass ein Planet in Sonnennähe (Perihel) schneller läuft als in Sonnenferne (Aphel).
3. Die Quadrate der Umlaufzeiten der Planeten verhalten sich wie die Kuben (dritten Potenzen) ihrer mittleren Entfernungen von der Sonne.

Die Keplerschen Gesetze gelten universell für so genannte Zentralbewegungen, also auch für die Bahnen von Monden um ihre Planeten oder für die Bewegungen der Kometen und Meteoroide im Sonnensystem. Mit dem dritten Keplerschen Gesetz lässt sich aus der Umlaufzeit eines Himmelskörpers seine mittlere Entfernung vom Zentralkörper errechnen. Die Keplerschen Gesetze folgen aus der Newtonschen Mechanik. Kepler fand seine Gesetze jedoch rein empirisch auf der Grundlage des hervorragenden Datenmaterials des Astronomen Tycho Brahe, ohne das Gravitationsgesetz von Isaac Newton zu kennen.

> *Aphel, Gravitation, Perihel, Planetensystem, Sonnensystem*

KEPLERSCHE SUPERNOVA

Eine Supernova, die im Oktober 1604 im Sternbild Schlangenträger (Ophiuchus) aufflammte und von Johannes Kepler beobachtet und beschrieben wurde. Bis März 1606 konnte man sie mit bloßen Augen sehen. An der Stelle der Supernova befindet sich heute ein schalenförmiger Nebel und eine starke Radioquelle.

> *Radioastronomie, Supernova, Tychonischer Stern*

KEPLERSCHES FERNROHR

Das in der Astronomie gebräuchlich gewordene Prinzip eines Teleskops, das als erster Johannes Kepler beschrieben hat. Es besteht aus einer Sammellinse als Objektiv und einer Sammellinse als Okular. Es zeigt seitenverkehrte Bilder, die auf dem Kopf stehen (astronomischer Himmelsanblick). Man spricht auch vom „astronomischen Fernrohr" im Gegensatz zum „terrestrischen Fernrohr", bei dem die Bilder seitenrichtig und aufrecht stehend dargestellt werden. Dies wird durch ein optisches Umkehrsystem (entweder Prismensatz oder weitere Linsen) erreicht.

> *Fernglas, Objektiv, Teleskop*

KERNFUSION

Verschmelzung von leichteren zu schwereren Atomkernen. In den ersten drei Minuten wurden im Feuerball des Urknalls lediglich Wasserstoff, Helium und Deuterium (schwerer Wasserstoff) gebildet. Alle schwereren Elemente wurden später in massereichen Sternen im Laufe ihres Lebens zusammengebacken. Die Kernfusion spielt bei der Energieerzeugung der Sterne die wesentliche Rolle. Die wichtigste Kernfusion, die den Energiebedarf der Sterne für viele Millionen und Milliarden von Jahren deckt, ist die Verschmelzung von vier Wasserstoffatomkernen (Protonen) zu einem Heliumatomkern (Alpha-Teilchen), das so genannte Wasserstoffbrennen. Kernfusionen finden nur bei sehr hohen Temperaturen und extremen Materiedichten statt. Solche Zustände finden sich im tiefen Inneren der Sterne.

Durch Sternexplosionen werden die schwereren Elemente ins Weltall geschleudert, wo sie die interstellare Materie anreichern. So bestehen wir, die Erde und alle Planetensysteme aus „Sternenstaub", da sich Planetensysteme zusammen mit ihren Sternen aus interstellarer Materie bilden.

> *interstellare Materie, Planetensystem, Sternentstehung, Sternentwicklung, Supernova, Urknall, Wasserstoffbrennen*

KERNSCHATTEN

Wird die Strahlungsquelle, die ein Objekt beleuchtet, vollständig abgeschattet, so dass kein Strahl mehr das Objekt erreicht, so liegt das Objekt im Kernschatten des abschattenden Gegenstandes. Bedeckt der dunkle Neumond bei einer Sonnenfinsternis die Son-

ne vollständig, so liegen die Orte auf der Erde, für die dies der Fall ist, in der Kernschattenzone des Mondes. Wandert der Mond in den Kernschatten der Erde, so erreicht ihn kein Sonnenstrahl mehr direkt. Lediglich die von der Erdatmosphäre in den Kernschattenbereich hinein gebrochenen Sonnenstrahlen hellen den total verfinsterten Mond ein wenig auf.

Im ersten Fall, wenn der Neumond für irgendeinen Ort der Erde die Sonne vollständig abdeckt, spricht man von einer totalen Sonnenfinsternis. Deckt er sie nur teilweise ab, ist die Sonnenfinsternis partiell oder ringförmig. Im zweiten Fall, wenn der Mond vollständig in den Kernschatten der Erde eintaucht, ereignet sich eine totale Mondfinsternis. Tritt nur ein Teil des Vollmondes in den Kernschatten der Erde, nennt man auch hier die Finsternis partiell. Taucht der Mond nur in den Halbschatten der Erde, so ereignet sich eine nicht beobachtbare Halbschattenfinsternis.

> *Halbschatten, Mondfinsternis,*
> *Sonnenfinsternis, Umbra*

KLEINPLANET

> *Planetoid*

KNOTEN

Bahnknoten, Schnittpunkte einer Gestirnsbahn mit der Ekliptikebene (s. Abb. S. 15 unten). Im aufsteigenden Knoten wechselt das Gestirn (Planet, Mond, Komet) von der Süd- auf die Nordseite der Ekliptik, im absteigenden Knoten wandert das Gestirn von der Nordseite kommend auf die Südseite der Erdbahnebene. Die Mondknoten heißen auch Drachenpunkte.

> *Bahnelemente, Ekliptik*

KNOTENLINIE

Verbindungslinie des aufsteigenden Knotens mit dem absteigenden Knoten. In der Regel bleibt die Knotenlinie nicht raumfest, sondern dreht sich mehr oder minder schnell. Bei der Mondbahn dreht sich die Knotenlinie in 18,61 Jahren einmal vollständig herum und zwar in rückläufiger (retrograder) Richtung.

> *Knoten, Mondbahn, rückläufig*

KOMA

1. Gashülle um den Kern eines Kometen. Kern plus Koma bilden den Kometenkopf. Die Koma ist gewissermaßen die sehr ausgedehnte Atmosphäre des Kometenkerns, der selber nur wenige Kilometer Durchmesser hat. Der Durchmesser einer Kometenkoma kann 100 000 Kilometer leicht übersteigen.

2. Abbildungsfehler bei Fernrohren. Bei der Abbildung erscheint statt eines Sternpunktes ein mehr oder minder lang gezogenes Strichbild. Dieser optische Fehler tritt vor allem bei kurzbrennweitigen Spiegelteleskopen auf. Durch geeignete Wahl der Spiegelformen des Teleskopobjektivs kann die Koma jedoch weitgehend beseitigt werden.

> *Abbildungsfehler, Komet, Objektiv,*
> *Spiegelteleskop, Teleskop*

KOMET

Haarstern, nach dem lateinischen Wort „coma" für Haar. Haarsterne oder Kometen wurden so nach ihrer Erscheinungsform benannt. Man spricht auch von Schweifsternen. Im Altertum und Mittelalter wurden sie als Unglücksbringer oder göttliches Zeichen für ein bevorstehendes Strafgericht über die sündige Menschheit angesehen. Später dachte man, Kometen seien atmosphärische Erscheinungen, ähnlich den Wolken. Erst Tycho Brahe (1546–1601) konnte durch Parallaxenmessungen nachweisen, dass Kometen weiter entfernt sind als der Mond.

Kometen sind Mitglieder unseres Sonnensystems, die auf mehr oder minder lang gestreckten Bahnen die Sonne umrunden. Edmond Halley (1656–1742) konnte 1682 nachweisen, dass Kometen wiederkehren können und sich auf Keplerbahnen um die Sonne bewegen. Nach ihm wurde der berühmteste aller Kometen benannt, der Halleysche Komet, dessen Wiederkehr er vorhersagte. Er hat eine mittlere Umlaufzeit von 76 Jahren.

Der Kern eines Kometen hat meist nur einen Durchmesser von wenigen Kilometern und ist unregelmäßig geformt. Nahaufnahmen des Kometenkerns von Halley, die die europäische Raumsonde *Giotto* im März 1986 bei ihrem nahen Vorbeiflug gewonnen hat, zeigen eine erdnussartige Form von etwa 15 Kilometern Länge und sechs Kilometern Dicke.

Kometenkerne werden auch sehr anschaulich als „schmutzige Schneebälle" bezeichnet. Sie stellen ein Konglomerat dar aus gefrorenen Gasen (Wassereis, Methan, Ammoniak und anderen Kohlenwasserstoffen) sowie Einschlüssen von Staub, Geröll und Eisenteilchen.

Bei Annäherung an die Sonne verdampft ein Teil der gefrorenen Kometengase. Es bildet sich somit um den Kern eine riesige Gaswolke, die so genannte Koma. Ihr Durchmesser beträgt einige zigtausend Kilometer. Der Lichtdruck und der Sonnenwind treiben die Gasmoleküle und Staubteilchen vom Kometenkopf weg, wodurch sich ein Schweif ausbildet, der bis zu 300 Millionen Kilometer lang werden kann (dies entspricht dem Durchmesser der Erdbahn). Der Staubschweif ist in der Regel gekrümmt, während der Gas- oder Ionenschweif kerzengerade von der Sonne weg zeigt.

Die Untersuchung von Kometen ist deshalb so interessant, weil sie aus fernen Bezirken des Sonnensystems stammen und bei ihrer erstmaligen Annäherung an die Sonne noch „unverändert" sind. Sie setzen sich aus der ursprünglichen Materie zusammen, aus der sich vor rund 4,6 Milliarden Jahren das Sonnensystem gebildet hat und geben uns damit einen Einblick in die Entstehungsgeschichte des Sonnensystems.

Nach dem holländischen Astronomen Jan Hendrik Oort gibt es eine Wolke, in der Kometenkerne in einem kugelförmigen Bereich um die Sonne milliardenfach vorhanden sind. Der Radius dieser Oortschen Wolke liegt bei 40 000 – 50 000 AE. Ferner scheint es hinter der Neptunbahn ein weiteres Kometenreservoir im so genannten Kuiper-Gürtel zu geben, aus dem Kometenkerne durch äußere Störeinflüsse in das innere Sonnensystem gelenkt werden können.

Periodische Kometen verlieren bei jedem Periheldurchgang Material und lösen sich mit der Zeit auf. Die Lebensdauer von kurzperiodischen Kometen beträgt einige zehntausend Jahre. Als kurzperiodisch werden Kometen mit Umlaufzeiten unter 200 Jahren bezeichnet.

> *Halleyscher Komet, Keplersche Gesetze,*
> *Koma, Kuiper-Gürtel, Oortsche Wolke, Parallaxe,*
> *Perihel, Sonnensystem, Sonnenwind*

K O M E T   **Der Gasschweif (bläulich) und Staubschweif (gelblich) des hellen Kometen Hale-Bopp im Jahr 1997**

KOMETENFAMILIE

Eine Gruppe von Kometen, deren fernste Bahnpunkte (Aphelia) in der Nähe der Bahnen großer Planeten liegen. Durch ihre gewaltige Masse üben die Planeten Störungen auf den Lauf der Kometen aus. Sie können aus langperiodischen Kometen durch Einfangen kurzperiodische werden lassen. Bekannt sind Jupiter-, Saturn-, Uranus- und Neptunfamilien.

> *Komet*

KONJUNKTION

Begegnung von Gestirnen, selten auch als „Gleichschein" bezeichnet. Haben z.B. zwei Wandelsterne (Planeten), zu denen man in diesem Fall auch Sonne und Mond rechnet, die gleiche ekliptikale Länge, so spricht man von Konjunktion. Überholt beispielsweise der schnellere Mars den langsameren Saturn am Himmel, so sagt man „Mars steht in Konjunktion mit Saturn".

Üblicherweise werden die Konjunktionsstellungen der Planeten mit der Sonne angegeben. Steht ein Planet in Konjunktion (Verbindung) mit der Sonne, so hält er sich am Taghimmel auf und bleibt daher nachts unbeobachtbar. Kommt der Mond in Konjunktion mit der Sonne, so haben wir Neumond. Der Neumond wird nur beobachtbar, wenn er als dunkle Scheibe vor die Sonne tritt, bei einer Sonnenfinsternis also.

Bei den inneren Planeten Merkur und Venus unterscheidet man zwischen unterer und oberer Konjunktion (s. Abb. S. 46). Überholen diese Planeten die Erde auf der Innenbahn, so stehen sie in Richtung der Sonne, also in Konjunktion, wobei der Planet sich zwischen Erde und Sonne befindet. Diese Stellung wird untere Konjunktion genannt. In unterer Konjunktion kann es gelegentlich zu einem Durchgang (Transit) eines inneren Planeten vor der Sonne kommen. Steht die Sonne zwischen einem inneren Planeten und der Erde, also in der Reihenfolge Erde – Sonne – Planet, so ist von der Erde aus gesehen der Planet hinter der Sonne zu finden. In diesem Fall spricht man von oberer Konjunktion. Die Bezeichnung „unten" und „oben" geht auf das geozentrische Weltbild zurück, nach dem alle Gestirne „oberhalb" der Erdscheibe zu finden sind.

> *ekliptikale Koordinaten, Durchgang, innerer Planet, Neumond, Opposition, Planet, Sonnenfinsternis*

KONSTELLATION

Das Zusammenstehen von einem oder mehreren Planeten am irdischen Firmament, gegebenenfalls unter Einschluss des Mondes. Steht der zunehmende Mond beispielsweise am Abendhimmel sowie Venus und Jupiter in seiner Nähe, so spricht man von einem Dreigestirn. Solche Konstellationen können recht reizvolle Himmelsanblicke bieten. Sie werden im *Kosmos Himmelsjahr* besonders hervorgehoben.

Gelegentlich wird der Begriff Konstellation mit dem des „Sternbildes" verwechselt. Im Englischen bedeutet „constellation" Sternbild. Die englische Bezeichnung für Konstellation aber ist „configuration". In der Astrologie (Sterndeuterei) spricht man von Aspekten, denn nach Vorstellung der Sterndeuter sollen

die gegenseitigen Planetenpositionen das Schicksal von Menschen bestimmen beziehungsweise beeinflussen.

> *Aspekte, Astrologie, Sternbild*

KOORDINATEN

Koordinaten ermöglichen es, die Positionen von Gestirnen festzulegen, die dabei relativ zu einem Bezugspunkt (Ursprung) angegeben werden. In der Astronomie werden im Prinzip dreidimensionale Polarkoordinaten (Kugelkoordinaten) verwendet: zwei Winkel und die Distanz zum Bezugspunkt. Da aber für den irdischen Beobachter die meisten Gestirne praktisch unendlich weit entfernt sind, lässt man die Entfernung zum Bezugspunkt weg und gibt lediglich zwei Winkel an. Damit beschreibt man die Gestirnspositionen auf der imaginären, unendlich großen Himmelskugel.

Nach dem Bezugspunkt unterscheidet man *topozentrische, geozentrische, baryzentrische* und *heliozentrische* Koordinaten. Erstere beziehen sich auf den Ort des Beobachters, die geozentrischen auf den Mittelpunkt der Erde, die baryzentrischen auf den Schwerpunkt des Systems Erde – Mond und die heliozentrischen auf den Schwerpunkt des Sonnensystems.

Die Koordinatenangaben erfolgen außerdem in Bezug auf einen Grundkreis auf der Himmelskugel. Je nach diesem Grundkreis unterscheidet man ferner zwischen *azimutalen Koordinaten* (Höhe, Azimut), die sich auf den Horizont des Beobachters beziehen (Pole: Zenit, Nadir), *äquatorialen Koordinaten* (Deklination, Stundenwinkel bzw. Rektaszension), die sich auf den Himmelsäquator beziehen (Pole: Himmelsnord- und Himmelssüdpol) und *ekliptikalen Koordinaten* (ekliptikale Breite und Länge), deren Grundkreis die Ekliptik (scheinbare Sonnenbahn) mit den Polen ekliptikaler Nord- und ekliptikaler Südpol ist. Weiterhin gibt es die *galaktischen Koordinaten*, die sich auf den galaktischen Äquator beziehen, der etwa in der Mitte des Lichtbandes der Milchstraße verläuft. Die einzelnen Systeme werden je nach Zweckmäßigkeit verwendet.

> *äquatoriale Koordinaten, azimutale Koordinaten, ekliptikale Koordinaten, galaktische Koordi-*

KORONA **Bei einer totalen Sonnenfinsternis wird die äußerste Gashülle der Sonne sichtbar, die Korona.**

naten, geozentrisch, heliozentrisch, Himmels-kugel, topozentrisch

KORONA

1. Äußerste Gashülle der Sonne. Sie besteht aus einem außerordentlich dünnen, aber sehr heißen Gas (zwischen einer und etwa drei Millionen Grad) und erstreckt sich mehr als eine Million Kilometer in den Weltraum hinein. Die Korona ist nur bei einer totalen Sonnenfinsternis für das bloße Auge sichtbar. Mit Spezialteleskopen, Koronographen genannt, kann man die Korona auch außerhalb von totalen Sonnenfinsternissen beobachten.
2. Milchstraßenkorona. Riesige Gashülle, vornehmlich aus heißem, aber sehr dünnem Wasserstoffgas, der unsere Milchstraße kugelförmig umgibt. Die Milchstraßenkorona hat einen Durchmesser von etwa 300 000 Lichtjahren und ist damit dreimal so groß wie der Durchmesser der Milchstraßenscheibe. Die Korona umgibt den Halo der Milchstraße.

> Galaxis, Halo, Sonnenatmosphäre, Sonnenfinsternis

KOSMOLOGIE

Teilgebiet der Astronomie, das sich mit der Lehre und der Erforschung des Universums im Gesamten be-fasst. Die Kosmologie untersucht den Ursprung des Universums und seine Entwicklung im Großen. Fragen wie „Hat das Universum einen Anfang?", „Wie alt ist das Universum?", „Wie wird sich das Universum in Zukunft weiterentwickeln?", „Wird das Weltall eines Tages in sich zusammenstürzen oder auf ewige Zeit expandieren?", sind zum Beispiel typische Aufgabenstellungen für die kosmologische Forschung.

> Astronomie, Universum

KRABBENNEBEL

Manchmal irreführenderweise auch Krebsnebel genannt, engl.: Crab Nebula. Eine leuchtende Gaswolke im Sternbild Stier, der Überrest einer Supernova-Detonation, die am 4. Juli 1054 von chinesischen Beobachtern registriert wurde. Die Katalogbezeichnung des Objekts lautet M 1. Der Krabbennebel ist auch mit Amateurteleskopen zu beobachten.
Im Jahr 1968 fand man im Krabbennebel den Überrest des explodierten Sterns, einen Pulsar, der alle 33 Millisekunden Strahlungspulse in unsere Richtung schickt.

> Deep-Sky-Objekt, Messier-Katalog, Pulsar, Supernova

KRABBENNEBEL **Der Krabbennebel ist der Überrest einer Supernova, die am 4. Juli 1054 im Sternbild Stier aufleuchtete.**

KUGELSTERNHAUFEN

Kugelsternhaufen erscheinen, wie ihr Name schon sagt, kugelförmig. Die Zahl ihrer Mitgliedssterne geht in die Hunderttausende bis einige Millionen. In den Zentralbereichen sind die Sterne so dicht gedrängt, dass Kugelhaufen als nicht mehr auflösbare diffuse Lichtfleckchen erscheinen. Selbst in großen Teleskopen sind nur die Randpartien in Einzelsterne auflösbar. Die Sterndichte im Zentrum eines Kugelhaufens ist bis zu tausendmal höher als in der Nachbarschaft der Sonne.

Die Sterne in den Kugelhaufen gehören zu den ältesten im Universum, sie sind bis zu 13 Milliarden Jahre alt. Kugelsternhaufen sind nicht zur Milchstraßenhauptebene konzentriert wie die meiste andere Materie in unserer Galaxis, sondern sie nehmen einen kugelförmigen Raum um das Milchstraßenzentrum ein, den so genannten Milchstraßenhalo. Ihre Entfernungen von uns sind daher relativ groß – einige zigtausend Lichtjahre. In unserer Milchstraße sind rund 150 Kugelhaufen bekannt, man schätzt ihre Gesamtzahl auf 800. Der berühmteste Kugelhaufen der Nordhalbkugel ist M 13 im Sternbild Herkules.

> *Galaxis, Halo, offener Sternhaufen, Sternhaufen*

KUGELSTERNHAUFEN Der kugelförmige Sternhaufen M 13 im Sternbild Herkules

KUIPER-GÜRTEL

Von dem Planetenforscher Gerard Peter Kuiper (1905–1973) vermuteter Gürtel von Kleinplaneten (Planetoiden) jenseits der Neptunbahn. Erst 1992 wurde der erste Kleinplanet gefunden, der Mitglied des Kuiper-Gürtels ist. Inzwischen sind über 800 Mitglieder des Kuiper-Gürtels entdeckt worden. Sie werden auch unter der Sammelbezeichnung TNO (Trans-Neptun-Objekte) zusammengefasst.

> *Komet, Oortsche Wolke, Planetoid, Sonnensystem*

KULMINATION

Gipfelstellung eines Gestirns infolge der täglichen Rotation der Erde. Kulminiert ein Gestirn, so passiert es den Meridian. Es erreicht dann seine höchste Stellung über dem Horizont und steht exakt in der Süd-(Nord-) Richtung. Kulminiert die Sonne, so ist es zwölf Uhr Mittag wahrer Sonnenzeit. Alle Schatten

sind dann am kürzesten. Die Höhe eines Gestirns bei der Kulmination über dem Südpunkt am Horizont entspricht: 90° minus geografischer Breite plus Deklination des Gestirns. So hat die Sonne beispielsweise zu Sommerbeginn eine Deklination von +23,5°. Bei 50° geografischer Breite entspricht ihre Kulminationshöhe daher: h = 90° – 50° + 23,5° = 63,5°. Neben der oberen Kulmination, bei der die Gestirne den Meridian im höchsten Punkt im Süden oberhalb des Horizonts passieren, durchlaufen sie ihn bei der unteren Kulmination im Norden unterhalb des Horizonts. Lediglich Gestirne, die in einer bestimmten geografischen Breite zirkumpolar sind und daher nicht untergehen, sind auch bei ihrer unteren Kulmination über dem Horizont zu beobachten.

> *Deklination, Höhe, Meridian, Südpunkt, wahre Sonne*

LEONIDEN

Bezeichnung für den Sternschnuppenstrom (Meteorstrom), dessen Fluchtpunkt (Radiant) im Sternbild Löwe liegt. Die Leoniden treten Mitte November auf. Sie führen ihren Ursprung auf den Kometen 55 P / Tempel-Tuttle zurück. Da die Staubteilchen des Leonidenstroms (noch) nicht gleichmäßig auf der Umlaufbahn ihres Ursprungskometen verteilt sind und die Umlaufzeit des Ursprungskometen bei 33 Jahren liegt, kommt es in einzelnen Jahren zu verstärkter Sternschnuppentätigkeit der Leoniden. So wurden beispielsweise im Jahr 1966 im Maximum am 17. November über 2000 Objekte pro Minute registriert.

> *Meteorstrom, Perseïden, Radiant*

LEUCHTKRAFT

Die tatsächlich von einem Gestirn ausgestrahlte Energie pro Zeiteinheit. Entspricht der wahren Helligkeit eines Gestirns, auch absolute Helligkeit genannt. Die Leuchtkraft wird angegeben in absoluten Größenklassen, in Einheiten der Sonnenleuchtkraft oder in Watt. Definitionsgemäß ist die wahre (absolute) Helligkeit in Größenklassen diejenige scheinbare Helligkeit, mit der ein Stern in einer Normentfernung von 10 Parsec (= 32,6 Lichtjahre) erscheint.

Die Leuchtkraft eines Sterns ist proportional zum Quadrat seines Durchmessers und proportional der vierten Potenz seiner Oberflächentemperatur. Zu den leuchtkräftigsten Sternen zählen daher die heißesten Sterne und die Riesensterne. Die leuchtkräftigsten Sterne erreichen Leuchtkräfte von mehr als dem 100 000fachen der Sonne, die schwächsten wenig mehr als 1/100 000 der Sonnenleuchtkraft.

> *absolute Helligkeit, Helligkeit, Leuchtkraftklassen, Riesenstern, Solarkonstante*

LEUCHTKRAFTKLASSEN

Zur Charakterisierung eines Sterns wird neben dem Spektraltyp oft auch noch die Leuchtkraftklasse angegeben. Dabei werden die Sterne nach ihren wirklichen Helligkeiten eingeteilt. Üblicherweise benutzt man sieben Leuchtkraftklassen (MKK-System nach Morgan, Keenan und Kellman des Harvard-Observatoriums, s. auch Abb. S. 41):

Ia   Helle Überriesen
Ib   Überriesen
II   Helle Riesen

III   Gewöhnliche Riesen
IV   Unterriesen
V   Hauptreihensterne (auch Zwerge genannt)
VI   Unterzwerge
VII   Weiße Zwerge

> *Hauptreihe, Hertzsprung-Russell-Diagramm, Leuchtkraft, Riesenstern, Roter Zwerg, Spektraltyp, Überriese, Weißer Zwerg*

LIBRATION

Schwankung. Obwohl der Mond der Erde stets dieselbe Seite zukehrt (gebundene Rotation), kann man dennoch mehr als die Hälfte seiner Oberfläche von der Erde aus beobachten (etwa 59 %). Dies ist möglich durch die Erscheinung der Libration.
Libration in Länge: Die Rotation des Mondes erfolgt gleichförmig, während sein Umlauf um die Erde gemäß dem 2. Keplerschen Gesetz mit unterschiedlicher Geschwindigkeit erfolgt. In Erdnähe läuft der Mond schneller als in Erdferne. Deshalb sehen wir einmal ein wenig über den West-, einen halben Monat später über den Ostrand des Mondes hinaus. Der Mond scheint den Kopf zu schütteln und „nein, nein" zu sagen (Libration Ost/West).
Libration in Breite: Die Mondbahn ist um 5° zur Erdbahnebene geneigt. Befindet sich der Mond nördlich der Erdbahnebene, so sehen wir ein wenig mehr von seiner Südkalotte, im anderen Fall zeigt er uns einen größeren Teil seiner Nordkalotte. Wir sehen dem Mond einmal gewissermaßen unter das Kinn, das andere Mal über die Stirn. Der Mond scheint zu nicken und „ja, ja" zu sagen (größte Süd-/Nordbreite).
Das Datum der Libration Ost/West und der größten Süd- bzw. Nordbreite sind im *Kosmos Himmelsjahr* für jeden Monat zu finden.

> *gebundene Rotation, Keplersche Gesetze, Mondbahn, Nordbreite*

LICHTGESCHWINDIGKEIT

Geschwindigkeit des Lichts im Vakuum. Sie ist unabhängig von der Bewegung eines Beobachters in Bezug auf die Lichtquelle immer gleich groß und beträgt stets c = 299 792 km/s, also rund 300 000 Kilometer pro Sekunde. Sie gilt übrigens nicht nur für das sichtbare Licht, sondern auch für alle anderen Bereiche der elektromagnetischen Strahlung wie Röntgenstrahlung, Radiowellen etc. Die Lichtgeschwindigkeit ist die größtmögliche Geschwindigkeit für irgendeine Strahlung oder einen Energietransport. Massebehaftete Körper können die Lichtgeschwindigkeit nach der speziellen Relativitätstheorie von Albert Einstein niemals erreichen.

> *elektromagnetische Strahlung, Lichtjahr, Lichtzeit*

LICHTJAHR

Populäres und anschauliches Entfernungsmaß in der Astronomie, Abk. LJ. Ein Lichtjahr ist die Strecke, die ein Lichtstrahl im Vakuum in einem Jahr zurücklegt, dies sind 9,46 Billionen Kilometer. Analog dazu werden auch die Begriffe Lichtstunde, Lichtminute und Lichtsekunde verwendet. Der nächste Nachbarstern der Sonne ist bereits über vier Lichtjahre entfernt. In der professionellen Astronomie wird als messtechnische Entfernungseinheit das noch größere Parsec (von Parallaxensekunde) verwendet. Ein Lichtjahr entspricht 0,307 Parsec.

> *Entfernungsbestimmung, Lichtzeit, Parsec*

LICHTKURVE

Darstellung der Helligkeitsvariation eines veränderlichen Sterns in grafischer Form. Aufgetragen wird dabei auf der x-Achse die Zeit und auf der y-Achse die Helligkeit (s. Abb. rechts oben).

> *Helligkeit, Veränderlicher*

LICHTSMOG

Durch die Zunahme der künstlichen Beleuchtung (Straßenbeleuchtung, Autoscheinwerfer, Lichtreklame, angestrahlte Gebäude) sowie von Staub- und Rußpartikeln in der Erdatmosphäre durch Industrie und Verkehr, die das irdische Licht reflektieren und streuen, ist der Himmel über unseren Siedlungsgebieten (aber auch global) inzwischen so aufgehellt, dass schwächere Sterne oder Phänomene wie die Milchstraße praktisch nicht mehr zu sehen sind. In Städten sind selbst die hellsten Sterne oft nur noch

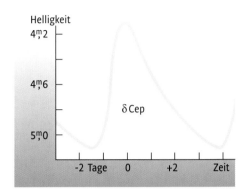

LICHTKURVE **Lichtkurve des pulsierenden Sterns Delta im Sternbild Kepheus (Delta Cephei)**

mit Mühe zu erkennen. Internationale und nationale Organisationen versuchen, dieser übermäßigen und teilweise sinnlosen Aufhellung des Himmels entgegenzutreten durch Vorschläge für sinnvolle Straßenbeleuchtung und nationale Regelungen oder Gesetze (z. B. die Initiative Dark Sky).

LICHTZEIT

Zeit, die ein Lichtstrahl benötigt, um eine bestimmte Strecke zurückzulegen. Die Lichtzeit für eine Astronomische Einheit AE (mittlere Entfernung Erde – Sonne = 149,6 Millionen Kilometer) beträgt acht Minuten und 20 Sekunden.

> *Lichtgeschwindigkeit, Lichtjahr*

LINSENTELESKOP

Refraktor. Teleskop, das als Objektiv eine Sammellinse oder eine Kombination von Linsen zur Licht sammelnden Wirkung benutzt. Das Objektiv entwirft in der Brennebene des Instruments ein Bild des beobachteten Objekts, das mit einem Okular wie mit einer Lupe betrachtet werden kann. Besonders gut eignen sich Linsenteleskope z. B. zur Beobachtung von Mond und Planeten, da sie im Vergleich zu Spiegelteleskopen gleicher Öffnung eine höhere Bildschärfe und bessere Kontraste bieten. Spiegelteleskope gleicher Öffnung sind jedoch im Allgemeinen preisgünstiger. Das größte Linsenteleskop der Erde befindet sich im

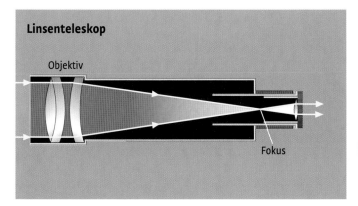

Linsenteleskop

Objektiv

Fokus

LINSENTELESKOP **Funktionsschema eines Refraktors. Dieses Linsenfernrohr besitzt ein dreilinsiges Objektiv.**

Yerkes-Observatorium in Williams Bay nahe Chicago, Illinois (USA). Sein Objektivdurchmesser beträgt 102 Zentimeter und seine Brennweite 18 Meter.

> *Objektiv, Okular, Spiegelteleskop, Teleskop*

LOKALE GRUPPE

Ein vergleichsweise kleiner Galaxienhaufen, zu dem auch unsere Milchstraße (Galaxis) gehört. Die Lokale Gruppe umfasst drei Dutzend kleiner Galaxien (darunter auch die Magellanschen Wolken) und vier große Spiralgalaxien: unsere Galaxis – die Milchstraße, den Andromeda-Nebel (M 31), den Spiralnebel im Sternbild Dreieck (M 33) und die Galaxie Maffei 1. Der Durchmesser der Lokalen Gruppe beträgt etwa 4 Millionen Lichtjahre. Die Lokale Gruppe gehört mit weiteren Galaxienhaufen (unter anderem dem benachbarten großen Virgo-Galaxienhaufen mit rund 2500 Galaxien) zu einem noch größeren System, dem Virgo-Superhaufen.

> *Andromeda-Nebel, Galaxie, Galaxienhaufen, Galaxis, Magellansche Wolken, Superhaufen, Virgo-Haufen, Virgo-Superhaufen*

LUFTUNRUHE

Turbulente Bewegungen sowie starke Luftströmungen in der Erdatmosphäre. Sie wirken sich störend

auf astronomische Beobachtungen aus, die Sterne flackern, flimmern und tanzen im Okular eines Teleskops hin und her. Diese Erscheinung wird auch Szintillation genannt.

> *aktive Optik, Seeing*

LUNAR

Zum Mond gehörig, auf den Mond bezogen.

> *Mond, terrestrisch*

LUNATION

Die Zeitspanne, die der Mond benötigt, um alle Phasen einmal zu durchlaufen, also von einem Neumond zum nächsten (= Dauer eines synodischen Monats). Seit dem Neumond vom 16. Januar 1923 werden die Lunationen durchnummeriert. Die Lunation Nr. 1000 begann mit dem Neumond am 25. Oktober 2003.

> *Monat, Mondphasen, synodischer Monat*

LUNISOLARKALENDER

Ein Kalender, bei dem sowohl der Mondlauf als auch der scheinbare Lauf der Sonne berücksichtigt wird. Es wird hierbei eine Koinzidenz zwischen einem reinem Mondjahr (zwölf synodische Monate) und dem Sonnenjahr von $365\frac{1}{4}$ Tagen herbeigeführt. Ein Mondjahr zu zwölf synodischen Monaten dauert 354 Tage, es ist somit um elf Tage kürzer als ein Sonnenjahr. Daher wird im Lunisolarkalender ein Zyklus von 19 Jahren eingehalten. Nach 19 Jahren wiederholen sich die Mondphasen im Sonnenjahr, sie fallen dann wieder auf die gleichen Monatstage (Metonscher Zyklus).
Der jüdische Kalender folgt diesem Zyklus, während der islamische Kalender ein reiner Mondkalender ist. Deshalb verfrüht sich der Jahresbeginn des islamischen Kalenders jedes Jahr um elf Tage (oder zehn beim islamischen Schaltjahr zu 355 Tagen) und wandert so durch alle Jahreszeiten.

> *Jahr, Kalender, Metonscher Zyklus, Monat*

MAGELLANSCHE WOLKEN

Zwei Galaxien am Südhimmel, die bereits mit bloßem Auge gut zu erkennen sind; von Mitteleuropa aus sind sie jedoch nicht sichtbar. Ihren Namen verdanken sie ihrem Entdecker, dem Seefahrer und Weltumsegler Fernão de Magellan (1480–1521).
Die Große Magellansche Wolke liegt im Sternbild Schwertfisch, die Kleine Magellansche Wolke im Sternbild Tukan. Die Magellanschen Wolken sind kleine Begleitsternsysteme unserer Milchstraße. Ihre Entfernungen liegen bei rund 180 000 bzw. 200 000 Lichtjahren. Die Große Magellansche Wolke enthält rund 25 Milliarden Sterne, die Kleine Magellansche Wolke etwa vier Milliarden. Beide Sternsysteme zählen zu den irregulären Galaxien und gehören wie unsere Milchstraße zum Galaxienhaufen der Lokalen Gruppe.

> *Galaxie, Galaxis, Lokale Gruppe, Südhimmel*

MAGELLANSCHE WOLKEN Die Kleine (links) und die Große Magellansche Wolke (rechts). Die beiden Zwerggalaxien sind Begleitsternsysteme unserer Milchstraße.

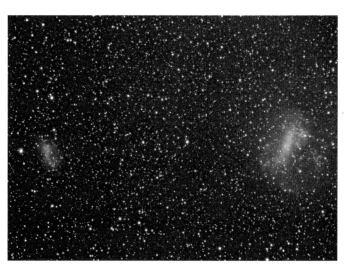

MAGNITUDO

> *Größenklasse*

MAKSUTOW-TELESKOP

Ein Spiegelteleskop, dessen Haupt- oder Primärspiegel kugelförmig geschliffen ist. Zusätzlich besitzen Maksutow-Teleskope eine besonders geschliffene Linse (Meniskus-Linse), um die Abbildungsfehler des optischen Systems zu korrigieren. Auf der Innenseite der Linse befindet sich der kleinere Sekundärspiegel, der das Licht in das Okular wirft. Man bezeichnet Teleskope, die sowohl Linsen als auch Spiegel im primären Strahlengang verwenden, als katadioptrische Systeme.
In den letzten Jahren hat das Maksutow-Teleskop mit Erfolg Einzug in den Kreis der Amateurteleskope gehalten. Ähnlich wie ein Schmidt-Cassegrain-Teleskop ist es kompakt gebaut und bietet gute Beobachtungsbedingungen sowohl für Planeten als auch für lichtschwache Objekte.

> *Abbildungsfehler, Okular, Schmidt-Cassegrain-Teleskop, Spiegelteleskop, Teleskop*

MARE

Mehrzahl „Maria", Bezeichnung für Tiefebene auf dem Erdmond. Der lateinische Name „Mare" bedeutet soviel wie „Meer". In der frühen Zeit der Mondforschung dachten die ersten Fernrohrbeobachter, die dunklen Flecke auf dem Mond seien Meere wie die Ozeane auf der Erde. Doch auf dem Mond gibt es keine freien Wasserflächen, Wasser würde sofort verdampfen. Die Mondmeere sind vielmehr mit erstarrter Lava gefüllte Tiefebenen. Sie bildeten sich nach Einschlägen großer Körper auf dem Mond.

> *Mond, Terra*

M A R E Die dunklen Flecken auf dem Mond sind Tiefebenen, die man als Maria (Einzahl: Mare) bezeichnet.
Die hellen Hochländer nennt man Terrae (Einzahl: Terra).

M A R S Aufnahme des Planeten Mars, dem äußeren
Nachbarplaneten unserer Erde. In der unteren Bildhälfte
erkennt man das riesige Canyon-System Valles Marineris.

MARS

Der äußere Nachbarplanet der Erde, wegen seiner
orangeroten Farbe auch als roter Planet bezeichnet.
Er ist der vierte Planet von der Sonne aus gerechnet.
Seine Entfernung von der Sonne beträgt das 1,5fache
der mittleren Distanz Erde – Sonne, rund 228 Millionen Kilometer (= 1,5 AE). Mars läuft in knapp zwei
Jahren einmal um die Sonne. Der Marsdurchmesser
beträgt nur etwa die Hälfte des Erddurchmessers,
seine Masse nur ein Zehntel der Erdmasse.
Mars zählt zu den erdähnlichen Planeten. Die rötliche Farbe stammt von Eisenoxiden auf seiner Oberfläche – Mars ist ein rostiger Planet. Er besitzt nur
eine dünne Atmosphäre mit einem Hundertstel des
irdischen Atmosphärendrucks. Raumsonden zeigten
neben Einschlagkratern gewaltige Canyons und riesige Schildvulkane.
Alle zwei Jahre, zwei Monate und drei Wochen überholt die Erde im Mittel den Mars. Es kommt zu einer
Marsopposition. Dann ist unsere Entfernung von
Mars am geringsten und der Planet kann besonders
gut beobachtet werden. Durch seine stark elliptische
Bahn kommt es zu sehr unterschiedlichen Opposi-
tionsentfernungen von 56–101 Millionen Kilometern; entsprechend variieren auch seine Oppositions-
helligkeiten (s. Tab. unten). Mars zeigt im Fernrohr
eine Reihe von Einzelheiten: Die auffälligsten Details
sind die Polkappen sowie helle und dunkle Gebiete.
Mars wird von zwei winzigen Monden umrundet, die
passend zum Namen des Kriegsgottes Mars Phobos

JAHR	OPPOSITION	ERDNÄHE	ENTFERNUNG IN MIO KM	HELLIG-KEIT IN ^{m}	DURCHM. IN ''	DEKLI-NATION
2005	7. November	30. Oktober	69,4	−2,3	20,2	+15,9
2007	24. Dezember	18. Dezember	88,2	−1,7	15,9	+26,8
2010	29. Januar	27. Januar	99,3	−1,3	14,1	+22,2
2012	3. März	5. März	100,8	−1,2	13,9	+10,3
2014	8. April	14. April	92,4	−1,5	15,2	− 5,1

MARSOPPOSITIONEN 2005 BIS 2015

(= Furcht) und Deimos (= Schrecken) heißen. Mit Amateurteleskopen mittlerer Größe sind sie nicht zu beobachten.

> *Monde, Opposition, Planet, Sonnensystem*

MARSKANÄLE

Früher vermutetes Liniennetz über der Marsoberfläche, entdeckt von dem Direktor der Mailänder Sternwarte Giovanni Schiaparelli im August 1877. Manche glaubten, dass die Marskanäle künstliche Wasserstraßen seien, die von einer hochtechnisierten Marszivilisation („kleine grüne Männchen") gebaut wurden. Die Kanäle haben sich inzwischen jedoch schon lange als optische Täuschung erwiesen.

> *Mars*

MAUNDER-MINIMUM

Zeitraum von etwa 1645 bis 1715, in dem kaum Sonnenflecken auftraten. Die Sonnenaktivität legte eine

Pause ein. Diese Zeit ging einher mit einer erheblichen Abkühlung des Erdklimas („kleine Eiszeit"). Dieses Minimum der Sonnenaktivität ist benannt nach E. M. Maunder, der es 1890 beim Studium alter Sonnenbeobachtungen entdeckt hat.

> *Sonnenaktivität, Sonnenflecken*

MEHRFACHSTERNSYSTEM

Mehrfachsternsysteme bestehen aus mehreren, durch die Schwerkraft (Gravitation) aneinander gebundenen Einzelsternen. Neben Doppelsternsystemen gibt es auch Sternsysteme mit drei, vier und noch mehr Komponenten. Bekannt ist beispielsweise der Vierfachstern Epsilon Lyrae im Sternbild Leier oder der Sechsfachstern Kastor im Sternbild der Zwillinge.

> *Doppelstern, Gravitation*

MERIDIAN

In der Astronomie meist Himmelsmeridian. Großkreis an der Himmelskugel, der senkrecht auf dem Horizont steht und durch die Punkte Südpunkt am Horizont – Zenit – (Himmelsnordpol –) Nordpunkt am

M E R I D I A N **Die Windrose mit den Kardinalpunkten (Nord-, Ost-, Süd-, Westpunkt) und den beiden Vertikalkreisen Meridian und Erstes Vertikal**

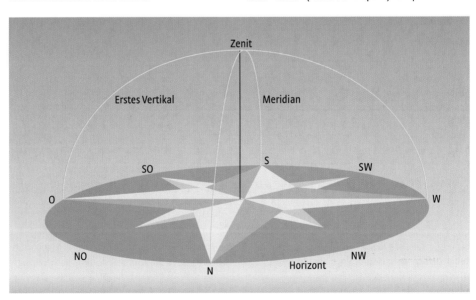

Horizont – Nadir (– Himmelssüdpol) und zurück zum Südpunkt am Horizont geht. Alle Gestirne passieren im täglichen Himmelsumschwung zweimal den Meridian und zwar, wenn sie ihre höchste und tiefste Stellung erreichen (obere und untere Kulmination). Die Gestirne kulminieren an Orten verschiedener geografischer Länge zu verschiedenen Uhrzeiten. Meridiane (Längenkreise) sind auch auf der Erde, Sonne, Mond und auf den Planeten definiert.

> *Himmelskugel, Himmelspol, Horizont, Kulmination, Nadir, Nordpunkt, Nullmeridian, Südpunkt, Zenit, Zentralmeridian, Zirkumpolarstern*

MERIDIANKREIS

Fernrohr, das sich nur um eine Achse drehen lässt und mit dem man nur Gestirne in unmittelbarer Nähe des Meridians beobachten kann. Man kann allerdings die unterschiedlichen Höhen der Gestirne über dem Südpunkt einstellen. Aus einer Höhenmessung im Meridian lassen sich bei Kenntnis der Sternzeit die beiden äquatorialen Koordinaten Rektaszension und Deklination eines Gestirns bestimmen. Die Deklination erhält man über: Höhe – 90° + geografische Breite = Deklination des Gestirns. Die Rektaszension eines Gestirns im Meridian ist gleich der Sternzeit.

> *äquatoriale Koordinaten, Deklination, Höhe, Meridian, Rektaszension, Sternzeit*

MERKUR

Sonnennächster Planet, mit rund 4900 Kilometern Durchmesser nach Pluto der zweitkleinste Planet. Seine Masse beträgt das 0,055fache der Erdmasse. Die mittlere Entfernung von der Sonne liegt bei 58 Millionen Kilometer (= 0,38 AE), die Umlaufzeit um die Sonne beträgt knapp vier Monate (88 Tage). Merkur zählt zu den so genannten terrestrischen (erdähnlichen) Planeten. Er ist eine tote Gesteinskugel ohne schützende Atmosphäre. Seine Oberfläche ist von zahlreichen Einschlagkratern übersät. Diese sind allerdings auch in großen Teleskopen von der Erde aus nicht sichtbar, sondern wurden erst Mitte der 70er-Jahre von Raumsonden entdeckt. Merkur ist der Planet mit der größten Temperaturdifferenz. Am Tag steigt die Oberflächentemperatur auf über

MERKUR **Die kraterübersäte Oberfläche des atmosphärelosen Planeten Merkur**

400 Grad Celsius, in der Nacht sinkt sie auf unter −180 Grad Celsius ab. Abgesehen von Pluto beschreibt Merkur die am stärksten elliptische Bahn aller Planeten. Merkur besitzt keinen Mond. Wegen seiner Sonnennähe ist Merkur schwierig zu beobachten. Man sieht ihn nur an wenigen Tagen im Jahr am Abendhimmel (um seine größte östliche Elongation) kurz nach Sonnenuntergang tief im Westen oder kurz vor Sonnenaufgang tief im Osten (um die größte westliche Elongation).

> *Elongation, Phase, Planet, Sonnensystem*

MERKURTRANSIT

Vorbeiwandern des Planeten Merkur als schwarzes Scheibchen vor der Sonnenscheibe. Ein Merkurtransit ist ein seltenes Ereignis, das nur 13- bis 14-mal pro Jahrhundert stattfindet, denn die Merkurbahn ist um 7° zur Erdbahnebene geneigt, so dass der sonnennahe Planet in unterer Konjunktion (wenn er also von uns aus gesehen die Sonne überholt) in der Regel nördlich oder südlich an der Sonnenscheibe vorbeiläuft. Nur wenn er sich in unterer Konjunktion gleichzeitig im aufsteigenden oder absteigenden Knoten seiner Bahn befindet, tritt er als dunkler Punkt vor die Sonnenscheibe. Ein Merkurtransit ist ohne Fernglas

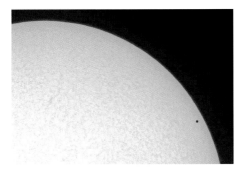

MERKURTRANSIT Merkur vor der Sonnenscheibe. Der Planet ist als dunkler Punkt rechts knapp neben dem Sonnenrand zu erkennen.

oder Fernrohr (unbedingt mit Sonnenfilter!!) nicht zu sehen, da das Merkurscheibchen rund 200-mal kleiner als der Sonnendurchmesser ist. Merkurtransite finden in unserem Jahrhundert entweder im Mai oder im November statt. Der nächste Transit, der in Mitteleuropa zu beobachten ist, findet am 9. Mai 2016 statt.

> *Durchgang, Knoten, Konjunktion, Merkur, schwarzer Tropfen, Venustransit*

MESSIER-KATALOG

Katalog von 110 „nebelhaften Objekten" (gemeint sind Galaxien, offene und kugelförmige Sternhaufen, galaktische Gas- und Staubnebel), zusammengestellt von dem französischen Astronomen Charles Messier (1730–1817). Messier war ein eifriger Kometensucher, der alle nebelhaften Objekte katalogisierte, die einem Kometen ähnlich sehen und ihn bei der Suche irritieren könnten.

Die Objekte in seinem Katalog tragen als Bezeichnung ein „M" und eine fortlaufende Katalognummer. So trägt die Andromeda-Galaxie die Bezeichnung M 31, der Kugelsternhaufen im Herkules ist M 13, der offene Sternhaufen der Plejaden M 45 oder der große Orion-Nebel M 42.

Da Amateurteleskope inzwischen eine immer bessere Qualität erreichen, zählen die Objekte des Messier-Kataloges mittlerweile zu den beliebtesten Beobachtungsobjekten für Hobby-Astronomen.

> *Galaxie, Komet, Nebel, NGC, Sternhaufen*

METEOR

Der Meteor, in der Fachsprache das Meteor; aus dem Griechischen für „Himmelserscheinung". Meteore sind Leuchterscheinungen am Himmel, die üblicherweise auch als Sternschnuppen bezeichnet werden. Hervorgerufen werden diese Leuchterscheinungen, die oft nur wenige Sekunden oder Sekundenbruchteile dauern, von schnell in die Erdatmosphäre eindringenden Kleinstkörpern (Meteoroiden). Diese Meteoroide sind meist nur wenige Millimeter groß. Ein Meteoroid von Tennisballgröße ruft schon eine gewaltige Leuchterscheinung hervor. Bei sehr hellen Meteoren spricht man von Boliden oder Feuerkugeln, sie können so hell wie der Vollmond werden. Häufig wird bei ihnen auch ein Nachleuchten der Bahn beobachtet. Gelegentlich sind sie sogar mit Geräuschen verbunden (Zischen, Knallen, Donnern).

Die sichtbare Leuchterscheinung wird in erster Linie durch den vom Meteor durchstoßenen Luftkanal erzeugt, dessen Atome und Moleküle dadurch zum Leuchten angeregt werden. Meist leuchten Meteore in Höhen von 100 bis 120 Kilometern auf und verglühen bei 30 bis 40 Kilometer Höhe über der Erdoberfläche. Größere Objekte verglühen nicht vollständig in der Erdatmosphäre, sondern schlagen auf den festen Erdboden auf beziehungsweise stürzen ins Meer. Werden die Objekte gefunden, so nennt man sie Meteorite.

Meteore sind sporadisch in jeder Nacht zu beobachten, es gibt aber auch bestimmte Zeiten im Jahr, zu denen regelmäßig besonders viele Meteore zu sehen sind (so genannte Meteorströme); wenn nämlich die Erde auf ihrer Umlaufbahn um die Sonne auf Trümmerwolken trifft, die zum Beispiel Kometen dort bei ihrem Umlauf hinterlassen haben.

> *Bolide, Meteorit, Meteoroid, Meteorstrom*

METEORIT

Aus dem interplanetaren Raum stammender, kosmischer Körper, der auf der Erdoberfläche oder ins Meer einschlägt. Meteorite stammen mitunter auch vom Mond oder Mars. Man unterteilt sie je nach ihrer Zusammensetzung in Stein- und Eisenmeteorite.

Am 6. April 2002 gab es über Süddeutschland einen spektakulären Meteoritenfall – bei einer gezielten

METEORIT **Ein Steinmeteorit, der 2002 über Süddeutschland niederging (Neuschwanstein-Meteorit)**

Suche wurde der entsprechende Steinmeteorit später in der Nähe von Neuschwanstein gefunden.

> *interplanetare Materie, Meteor*

METEOROID

Meteoroide sind Kleinkörper von Bruchteilen eines Millimeters bis Blockgröße von etlichen Metern, die auf Keplerbahnen (Ellipsenbahnen) im Planetensystem um die Sonne laufen. Einen Meteoroiden, der mit der Erde kollidiert und nicht vollständig in der Atmosphäre verglüht, sondern auf dem Erdboden aufschlägt, nennt man einen Meteoriten. In die Erdatmosphäre eindringende Meteoroide sind die Ursache von Meteoren.

> *Meteor, Meteorit, Planetensystem*

METEORSTROM

Regelmäßig im Jahr sieht man zu bestimmten Zeiten am Himmel besonders viele Meteore. Dann kreuzt die Erde auf ihrer Bahn eine interplanetare Trümmerwolke, wie sie zum Beispiel Kometen auf ihren Bahnen um die Sonne hinterlassen. Viele Meteore scheinen dann einem gemeinsamen Gebiet zu entströmen: Verfolgt man die Spuren der Meteore am Himmel nach hinten, so treffen sie sich in einem eng begrenzten Himmelsareal. Dieser „Treffpunkt" wird

Radiant oder Ausstrahlungspunkt genannt. Meist werden die Meteorströme nach dem Sternbild benannt, in dem ihr Radiant liegt. Gelegentlich werden sie aber auch nach ihrem Ursprungskometen benannt.

Die wichtigsten regelmäßigen Meteorströme sind in der Tabelle „Meteorströme" auf S. 66 zusammengestellt. Am bekanntesten sind die Perseïden im August und die Leoniden im November.

> *interplanetare Materie, Komet, Leoniden, Meteor, Perseïden, Radiant, Sternbild*

METONSCHER ZYKLUS

Benannt nach dem griechischen Astronomen Meton, der die Erkenntnis der alten Babylonier übernahm, dass nach 19 tropischen Jahren die Mondphasen wieder auf den gleichen Tag fallen (mit einer kleinen Abweichung von rund drei Stunden). Kalender, die Mond- und Sonnenlauf aufeinander abstimmen (Lunisolarkalender), verfahren nach dem Metonschen Zyklus: In 19 Jahren gibt es danach zwölf Jahre mit jeweils zwölf synodischen Mondmonaten und sieben Jahre mit 13 synodischen Mondmonaten.

> *Jahr, Lunisolarkalender, Monat*

MESZ

Abk. für Mitteleuropäische Sommerzeit.

> *Mitteleuropäische Zeit, Sommerzeit*

MEZ

Abk. für Mitteleuropäische Zeit.

> *Mitteleuropäische Zeit*

MILCHSTRASSE

Diffuses, nebliges Band am Nachthimmel, hervorgerufen durch zahlreiche, zur Hauptebene unserer Galaxis konzentrierte Sterne, die das Auge nicht mehr in einzelne Punkte auflösen kann. Durch die immer weiter zunehmende Lichtverschmutzung lässt sich das Phänomen der Milchstraße in unseren dicht besiedelten Gebieten immer seltener beobachten. Bei wirklich dunklem, mondlosem Nachthimmel ohne

METEORSTRÖME (STERNSCHNUPPENSCHWÄRME)

NAME	RADIANT (LAT. ABK.)	ERSTES AUFTRETEN	MAXIMUM	LETZTES AUFTRETEN	FREQUENZ PRO STUNDE	MITTLERE GESCHW. KM/S	URSPRUNG
Quadrantiden (Bootiden)	Boo	1. Jan.	3. Jan.	6. Jan.	100–200	40	planetarisch*
Alpha-Aurigiden	Aur	6. Feb.	–	9. Feb.	gering	langsam	
Delta-Leoniden	Leo	5. Feb.	26. Feb.	19. März	schwach	23	ekliptikal*
Virginiden	Vir	28. Feb.	3. April	10. Mai	schwach		ekliptikal*
Hydraïden	Hya	15. März	–	5. April	gering	langsam	
Sigma-Leoniden	Leo	21. März	17. April	13. Mai	schwach	20	ekliptikal*
Lyriden	Lyr	12. April	22. April	24. April	10–20	48	kometarisch Thatcher
Eta-Aquariden (Mai Aquariden)	Aqr	1. Mai	**4. Mai**	8. Mai	35–60	65	kometarisch Halley
Tau-Herkuliden	Her	19. Mai	3. Juni	14. Juni	schwach	15	
Scorpius-Sagittarius-Strom	Sco-Sgr	30. Mai	14. Juni	30. Juni		26	ekliptikal*
Libriden	Lib	8. Juni	–	9. Juni			
Juni-Lyriden	Lyr	10. Juni	–	20. Juni			
Corviden	Crv	25. Juni	27. Juni	2. Juli			
Juni-Draconiden	Dra		28. Juni				kometarisch Pons-Winnecke
Delta-Aquariden (Juli-Aquariden)	Aqr	20. Juli	**29. Juli**	10. Aug.	30	41	ekliptikal*
Alpha-Capricorniden	Cap	15. Juli	30. Juli	10. Aug.	12	23	kometarisch Honda-Mrkoš-Pajdusakova
Perseïden	Per	20. Juli	**12. Aug.**	20. Aug.	70	65	kometarisch Swift-Tuttle
Kappa-Cygniden	Cyg	9. Aug.	18. Aug.	6. Okt.	5–10	25	kometarisch
Cepheïden	Cep	–	18. Aug.	–	10		
Pisciden	Psc	31. Aug.	20. Sept.	31. Okt.	15	30	ekliptikal*
Tauriden	Tau	19. Sept.	13. Nov.	1. Dez.	10–20	29	kometarisch Encke
Delta-Draconiden (Oktober-Draconiden, Giacobiniden)	Dra	7. Okt.	–	11. Okt.			kometarisch Giacobini-Zinner
Andromediden (Biëliden)	And	25. Sept.	3. Okt.	12. Nov.		21	kometarisch Biëla
Orioniden	Ori	14. Okt.	**21. Okt.**	28. Okt.	30–40	60	kometarisch Halley
Leoniden	Leo	15. Nov.	**17. Nov.**	19. Nov.	15	70	kometarisch Tempel-Tuttle
Geminiden	Gem	6. Dez.	13. Dez.	17. Dez.	60	40	ekliptikal*
Ursiden	UMi	17. Dez.	22. Dez.	24. Dez.	20	35	kometarisch Tuttle
Coma Bereniciden	Com	12. Dez.	–	23. Jan.		65	

*Planetarische Ströme sind nicht auf Kometen zurückzuführen, sondern werden aus der interplanetaren Materie gespeist. Liegt ihr Radiant im Tier-

MILCHSTRASSE Sternengewimmel in der Milchstraße im Sternbild Schwan

störende irdische Lichtquellen, kann man jedoch deutlich sehen, wie sich das zart schimmernde Band der Milchstraße in großem Bogen über das gesamte Firmament spannt.

Schon Demokrit von Abdera hat im dritten vorchristlichen Jahrhundert vermutet, dass die Milchstraße von vielen, weit entfernten Sternen erzeugt wird. Aber erst Galileo Galilei und andere Fernrohrbeobachter konnten sich von der Richtigkeit dieser Hypothese überzeugen. Bereits in einem guten Fernglas löst sich die Milchstraße in Abertausende einzelner Lichtpunkte auf.

Die Bezeichnung Milchstraße steht auch für das gesamte, riesige Sternsystem, zu dem unsere Sonne samt ihren Planeten gehört, unsere Galaxis. Alle Sterne, die wir am Himmel sehen, zählen zu unserer Milchstraße.

> *Galaxis, Lichtsmog*

MILCHSTRASSENSYSTEM

Allgemein ein großes Sternensystem. Unsere eigene Galaxie bezeichnet man als Galaxis oder Milchstraße. Fremde Galaxien werden auch als extragalaktische Sternsysteme oder Milchstraßensysteme bezeichnet.
> *Galaxie, Galaxis, Milchstraße*

MIRA

Stern im Sternbild Walfisch, mit vollem Namen Mira Ceti oder Omikron Ceti, wörtlich „wundersamer Stern im Walfisch". Mira ist der Prototyp einer ganzen Klasse von langperiodischen veränderlichen Sternen. Mira selbst wurde von dem ostfriesischen Landpfarrer David Fabricius im Jahr 1596 als veränderlicher Stern entdeckt. Fabricius wunderte sich, dass dieser Stern gelegentlich zu sehen war, nämlich dann, wenn er seinem Maximum zwischen der zweiten und dritten Größenklasse nahe war, und dann wieder für einige Monate unbeobachtbar blieb. Im Minimum sinkt die Mira-Helligkeit auf die zehnte Größenklasse ab. Die mittlere Periode seines Lichtwechsels beträgt etwa 330 Tage. Mira ist ein tiefroter Riesenstern. Seine Helligkeitsveränderung kommt durch Pulsation zustande. Mirasterne zu beobachten, ist heute noch eine lohnenswerte Aufgabe für Amateurastronomen und Sternfreunde.
> *Helligkeit, Roter Riese, Veränderlicher*

MIRA Der Stern Mira Ceti im Sternbild Walfisch. Das grüne Symbol bezeichnet den Frühlingspunkt.

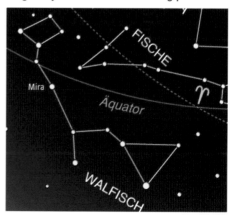

MITTAG

Zeitpunkt der Kulmination (Meridianpassage) der Sonne, Zeitpunkt des höchsten Sonnenstandes. Steht die Sonne im Meridian, so ist es zwölf Uhr wahrer Sonnenzeit. Unsere Uhrzeit bezieht sich aber auf eine fiktive, mittlere Sonne, die im Lauf des Jahres mal mehr und mal weniger von der wahren Sonne abweicht. Außerdem zeigt eine Uhr nicht die jeweils individuelle Ortszeit an, sondern die Zonenzeit für Mitteleuropa (mitteleuropäische Zeit). Daher ist es auf der Uhr beim höchsten Sonnenstand am Himmel nicht genau zwölf Uhr Mittag, sondern bei 10° geografischer Länge zum Beispiel bis zu einer halben Stunde später. Während der Gültigkeit der Sommerzeit ist es beim höchsten Sonnenstand sogar schon nach 13 Uhr.

> *Analemma, Kulmination, Meridian, Mitteleuropäische Zeit, mittlere Sonne, Sommerzeit, wahre Sonne, Zeit*

MITTAGSHÖHE

Kulminationshöhe der Sonne (oder eines beliebigen anderen Gestirns) über dem Südpunkt am Horizont (auf der Südhalbkugel analog über dem Nordpunkt am Horizont).

> *Kulmination, Nordpunkt, Südpunkt*

MITTAGSLINIE

> *Meridian*

MITTELEUROPÄISCHE ZEIT

Die Mitteleuropäische Zeit ist die Zonenzeit für Mitteleuropa, abgekürzt MEZ. Sie ist die mittlere Sonnenzeit (Ortszeit) des Meridians 15° östlich von Greenwich, der durch die Städte Görlitz und Gmünd in Niederösterreich geht.

Im Zeitalter des Verkehrs ist es unpraktisch, wenn jeder Standort seine eigene individuelle Ortszeit verwendet. Deshalb hat man Ende des 19. Jahrhunderts in vielen Staaten Zonenzeiten eingeführt. Sie gelten jeweils für eine Zone von 15 Längengrad Breite.

Die Zeitzone für die Westeuropäische Zeit entspricht der Weltzeit, das ist die Ortszeit des Meridians, der durch die alte Sternwarte von Greenwich bei London geht (= Nullmeridian der Erde). Die Mitteleuropäische Zeit geht somit gegenüber der Weltzeit (WZ oder UT = Universal Time) um eine Stunde vor. Ist es in Greenwich zwölf Uhr Mittag, so ist es nach Mitteleuropäischer Zeit bereits ein Uhr Nachmittag (= 13 Uhr). Die Osteuropäische Zeit geht um zwei Stunden gegenüber der Weltzeit vor: OEZ = UT + 2^h. Die Sommerzeit geht im Vergleich zur entsprechenden Zonenzeit jeweils um eine Stunde vor.

> *bürgerliche Zeit, Kulmination, Meridian, Mittag, mittlere Sonne, Nullmeridian, Ortszeit Sommerzeit, wahre Sonne, Weltzeit, Zeit*

MITTLERE SONNE

Erreicht die Sonne mittags ihren höchsten Stand am Himmel, so ist es zwölf Uhr wahrer Ortszeit. Die wahre Sonne eignet sich aber als Grundlage für die Zeitrechnung nicht. Sie wandert längs der Ekliptik, die um 23,5° gegen den Himmelsäquator geneigt ist. Gleich lange Strecken auf der Ekliptik, die auf den Himmelsäquator projiziert werden, entsprechen dort ungleich langen Abschnitten. Hinzu kommt die ungleichförmige Bewegung der Sonne entlang der Ekliptik infolge der Elliptizität der Erdbahn.

Daher wird für die Zeitrechnung eine fiktive, mittlere Sonne eingeführt. Die mittlere Sonne bewegt sich gleichförmig und zwar nicht auf der Ekliptik, sondern auf dem Himmelsäquator. Die Differenz zwischen wahrer Sonnenzeit und mittlerer Sonnenzeit wird Zeitgleichung genannt.

> *Analemma, Aphel, Ekliptik, Himmelsäquator, Keplersche Gesetze, Mitteleuropäische Zeit, Perihel, wahre Sonne, Zeit, Zeitgleichung*

MONAT

Zeitraum von etwa vier Wochen, abgeleitet aus dem Umlauf des Mondes um die Erde. Es gibt verschiedene Monatslängen, je nachdem, auf welche Punkte der Mondumlauf bezogen wird.

Für die Kalenderrechnung maßgebend ist der *synodische* Monat, der die Zeitspanne zwischen zwei aufeinander folgenden gleichen Mondphasen (z. B. von Neumond bis zum nachfolgenden Neumond) angibt.

Im Mittel dauert ein synodischer Monat 29 Tage, zwölf Stunden, 44 Minuten und drei Sekunden.
Der *siderische* Monat bezieht sich auf den Umlauf des Mondes um die Erde bezogen auf die Fixsterne. Steht der Mond relativ zum Fixsternhimmel zweimal hintereinander in gleicher Position, so ist in der Zwischenzeit ein siderischer Monat vergangen. Er dauert 27 Tage und knapp acht Stunden.
Der *drakonitische* Monat wiederum bezieht sich auf den Zeitraum zwischen zwei aufeinander folgenden Durchgängen des Mondes durch den auf- beziehungsweise absteigenden Knoten. Er ist wichtig für die Berechnung von Sonnen- und Mondfinsternissen und dauert im Mittel 27 Tage, fünf Stunden, fünf Minuten und 36 Sekunden.

> *drakonitischer Monat, Jahr, Kalender, Knoten, siderischer Monat, synodischer Monat, Woche*

MOND

Der einzige natürliche Trabant der Erde, der uns in 27 Tagen und knapp acht Stunden umkreist. Mit 3476 Kilometern ist der Monddurchmesser nur ein Viertel so groß wie der der Erde. Die Mondmasse beträgt 1/81 der Erdmasse, die mittlere Mondentfernung misst 384 401 Kilometer. Der Mond, auch als *Erdmond* im Gegensatz zu den Monden der anderen Planeten bezeichnet, beschreibt eine elliptische Bahn um unseren Planeten. Er kann bis auf 356 400 Kilometer an die Erde herankommen (Erdnähe, Perigäum). Seine maximale Distanz von uns beträgt 406 700 Kilometer (Erdferne, Apogäum).

Die Phasen (Lichtgestalten) des Mondes eignen sich als natürliche Zeitanzeiger. Der Monat ist aus dem Lauf des Mondes abgeleitet. Von Neumond bis zum nächstfolgenden Neumond vergehen im Mittel 29 Tage, zwölf Stunden und 44 Minuten (= volle Lunation oder synodischer Monat). Ein Viertel eines synodischen Monats ist eine Woche. Es folgen aufeinander: Neumond – Erstes Viertel (zunehmender Halbmond) – Vollmond – Letztes Viertel (abnehmender Halbmond) – Neumond.

Der Mond dreht sich in derselben Zeit um die eigene Achse, in der er um die Erde läuft (gebundene Rotation). Somit kehrt er uns immer die gleiche Seite zu. Durch die Erscheinung der Libration kann man jedoch von der Erde 59 Prozent der Mondoberfläche, also etwas mehr als die halbe Mondkugel sehen. Die Mon-

DER MOND

Mittlere Entfernung von der Erde:	384 401 Kilometer
Kleinste Entfernung von der Erde:	356 400 Kilometer
Größte Entfernung von der Erde:	406 700 Kilometer
Mittlere Dauer des Umlaufs um die Erde (siderischer Monat):	27 Tage, 7 Stunden, 43 Minuten
Mittlere Dauer zwischen zwei aufeinanderfolgenden Neumonden (synodischer Monat):	29 Tage, 12 Stunden, 44 Minuten

Eine Eigendrehung (Rotation) des Mondglobus erfolgt in der gleichen Zeit wie ein Umlauf um die Erde (= *gebundene* Rotation).
Die Mondbahn ist um 5° zur Erdbahnebene (= Ekliptik) geneigt.

Wahrer Durchmesser:	3476 Kilometer ≙ 27 % des Erddurchmessers
Volumen:	22 Milliarden Kubikkilometer = 17 % des Erdvolumens
Masse:	73,5 Trillionen Tonnen = $1/_{81}$ der Erdmasse
Mittlere Dichte:	3,3 Kilogramm pro Kubikdezimeter (Liter)
Schwerebeschleunigung auf der Mondoberfläche:	17 % der irdischen Schwerebeschleunigung (auf dem Mond wiegt jeder Gegenstand nur ein Sechstel des irdischen Gewichtes).
Entweichgeschwindigkeit:	2,38 Kilometer pro Sekunde, dies sind 21 % der Entweichgeschwindigkeit auf der Erdoberfläche.
Bodentemperatur:	Tag: +120 °C/Nacht: −130 °C

drückseite ist nur mit Raumfahrzeugen zu beobachten, die den Mond umrunden. Sie wurde erstmals von der sowjetischen Mondsonde *Luna 3* im Oktober 1959 fotografiert.

Schon mit bloßen Augen sieht man helle und dunkle Gebiete auf dem Mond. Im Fernglas oder besser im Teleskop erkennt man zahlreiche Krater und Ringwälle, alles stumme Zeugen gewaltiger kosmischer Einschläge. Die dunklen Flächen sind mit Lava gefüllte Tiefebenen, die man als Maria (lat., Meere, Einzahl: Mare) bezeichnet. Früher dachte man nämlich, auf dem Mond gäbe es Ozeane. Am besten sind die Mondformationen in der Nähe der Lichtgrenze (Terminator) zu beobachten, da dort durch das flach einfallende Sonnenlicht alle Erhebungen lange, tiefschwarze Schatten werfen und die Mondlandschaft recht plastisch wirkt. Wegen der fehlenden Lufthülle auf dem Mond erscheinen alle Schatten scharf begrenzt. Die Krater und Ringwälle wurden nach berühmten Persönlichkeiten benannt wie Aristarch, Archimedes, Plato, Kepler, Kopernikus usw. Die Maria erhielten fantasievolle Namen wie Mare Imbrium, Regenmeer, oder Oceanus Procellarum, Ozean der Stürme. Da der Mond atmosphärelos ist, heizt sich das Mondgestein im Sonnenlicht bis auf +120 Grad Celsius auf. In der vierzehntägigen Mondnacht sinkt die Bodentemperatur bis zu −130 Grad ab.

> *Apogäum, Erde, gebundene Rotation, Kalender, Libration, Mare, Monat, Monde, Perigäum, Phasen, Sonnensystem, Terminator, Terra, Woche*

MONDALTER

Zahl der Tage, die seit dem letzten Neumond vergangen sind. Bei einem Mondalter von sieben Tagen sehen wir abends den zunehmenden Halbmond am Himmel, bei 14 Tagen die ganze Nacht über den Vollmond und ein 21 Tage alter Mond ist am Morgenhimmel als abnehmender Halbmond zu sehen. Der Neumond mit einem Alter von null Tagen ist – außer bei einer Sonnenfinsternis, bei der er vor die Sonnenscheibe tritt – unbeobachtbar.

Interessant für Beobachter ist besonders die Beobachtung der schmalen zunehmenden Mondsichel am Abendhimmel kurz nach Neumond.

> *Mondphasen, Neulicht*

MONDBAHN

Der natürliche Trabant der Erde, unser Erdmond, beschreibt eine elliptische Bahn um den Schwerpunkt des Systems Erde – Mond, auch Keplerbahn genannt. Seine mittlere Entfernung von der Erde beträgt 384 401 Kilometer. In Erdnähe (Perigäum) kommt er bis auf fast 356 000 Kilometer an die Erde heran, in Erdferne (Apogäum) trennen ihn knapp 407 000 Kilometer von uns.

Die Mondbahn ist um rund 5° zur Erdbahnebene (Ekliptik) geneigt. Die Schnittpunkte der Mondbahn mit der Ekliptik heißen Knoten oder Drachenpunkte. Die Bezeichnung Drachenpunkte geht auf die alten Chinesen zurück, die glaubten, dass bei einer Sonnen- oder Mondfinsternis ein Drache die Sonne beziehungsweise den Mond kurzzeitig verschlingt. Denn Finsternisse können nur eintreten, wenn sich der Neu- bzw. Vollmond in oder nahe einem der beiden Knoten befindet.

Gemeinsam mit der Erde wandert der Mond in einem Jahr um die Sonne. Die Mondbahn ist dabei aber keine Schlangenlinie, wie man leicht meinen könnte. Vielmehr ist die konkave Seite der Mondbahn stets zur Sonne gerichtet, das heißt, die Mondbahn ist stets von der Sonne weg gewölbt, da der Abstand Erde – Mond verglichen zu dem von Erde – Sonne sehr klein ist. Er beträgt nur 1 : 400.

Die Mondbahn bleibt nicht raumfest. Die Apsidenlinie (Verbindungslinie Perigäum – Apogäum) dreht sich rechtläufig in knapp neun Jahren einmal vollständig herum. Die Bahnknoten wiederum bewegen sich rückläufig in einem Zeitraum von 18,61 Jahren durch die gesamte Ekliptik.

> *Apogäum, Apsiden, Bahnelemente, Baryzentrum, Ekliptik, Keplersche Gesetze, Knoten, Perigäum*

MONDE

Natürliche Begleiter der Planeten auf ihrem Weg um die Sonne. Meist ist unser Erdmond gemeint. Die Monde der Planeten werden auch als Satelliten oder Trabanten bezeichnet. Die terrestrischen (erdähnlichen) Planeten sind mondarm. Merkur und Venus besitzen überhaupt keinen Mond, die Erde einen, Mars zwei winzige Möndchen und Pluto einen Mond.

Die Riesenplaneten (Gasplaneten) Jupiter, Saturn, Uranus und Neptun haben jedoch Dutzende Monde. Berühmt sind die vier hellen und großen Jupitermonde Io, Europa, Ganymed und Kallisto, die bereits von Galileo Galilei entdeckt wurden. Sie werden auch Galileische Monde genannt und sind bereits in einem Fernglas als vermeintliche Sternchen zu erkennen. Dabei ist Ganymed der größte Mond in unserem Sonnensystem und übertrifft mit 5250 Kilometern Durchmesser den Planeten Merkur deutlich. Saturn besitzt den zweitgrößten Mond unseres Sonnensystems: Titan weist einen Durchmesser von 5150 Kilometern auf. Er ist der einzige Mond in unserem Sonnensystem, der von einer dichten Atmosphäre umgeben wird.

Die Oberflächen der Monde zeigen in der Regel zahlreiche Spuren von kosmischen Einschlägen (Krater und Ringwälle).

> *Galileische Monde, Jupitermonderscheinungen, Mond, Planet, Planetensystem*

MONDFINSTERNIS

Tritt der Mond in den Schatten der Erde, so verfinstert er sich, denn der Mond sendet kein eigenes Licht aus, sondern er wird von der Sonne beleuchtet. Zu einer Mondfinsternis kann es nur kommen, wenn der Mond von der Erde aus gesehen der Sonne genau gegenübersteht, also die drei Himmelskörper Sonne – Erde – Mond in einer Linie stehen. Dies ist nur bei Voll-

mond der Fall. Da die Mondbahn jedoch um 5° zur Erdbahnebene geneigt ist, tritt der Mond nicht bei jedem Vollmond in den Schatten der Erde. Zusätzlich muss er noch in oder nahe der Erdbahnebene, also in der Nähe eines seiner beiden Knoten stehen. Wandert der Mond vollständig durch den Kernschatten der Erde, so spricht man von einer *totalen* Mondfinsternis. Meist erscheint er dann in einem kupferroten Licht. Es ist Sonnenlicht, das durch die Erdatmosphäre auf ihn gelenkt wird. Tritt der Mond nur teilweise in den Kernschatten der Erde, so erlebt man eine *partielle* Mondfinsternis. Tritt der Mond lediglich in den Halbschatten der Erde, so nennt man dies eine *Halbschattenfinsternis*. Halbschattenfinsternisse sind so unauffällig, dass sie in den meisten Kalendern nicht aufgeführt sind. Nur wenn der Mond mindestens mit 70 Prozent seines Durchmessers in den Halbschatten der Erde eintritt, kann man die Finsternis als solche durch eine leichte, graue Verfärbung einer Mondkalotte erkennen.

Eine totale Mondfinsternis nimmt folgenden Verlauf: Sie beginnt mit dem Eintritt des Mondes in den Halbschatten (erster Kontakt, s. Abb. unten), der grundsätzlich unbeobachtbar ist. Danach tritt der Mond in den Kernschatten (zweiter Kontakt). Dann erfolgt der dritte Kontakt, der Mond ist vollständig in den Kern-

MONDFINSTERNIS **Der Verlauf einer totalen Mondfinsternis. Der dunkelgraue Kegel zeigt den Kernschatten der Erde, der hellgraue ihren Halbschatten (weitere Erklärung siehe Text).**

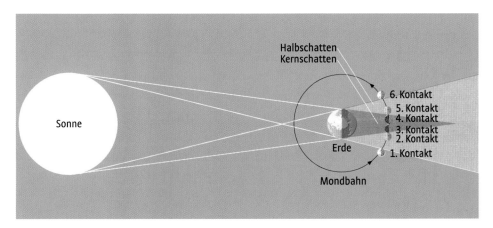

schatten der Erde eingedrungen, die Totalität beginnt. Sie kann maximal eine Stunde und 40 Minuten dauern. Zur Mitte der Finsternis steht der Mond am tiefsten im Kernschatten. Anschließend folgt der vierte Kontakt, die Totalität ist zu Ende, der Mond beginnt sich aus dem Kernschatten der Erde herauszuschieben. Schließlich verlässt der Mond den Kernschatten ganz, dieser Austritt aus dem Kernschatten wird als fünfter Kontakt bezeichnet. Die Finsternis endet mit dem Austritt des Mondes aus dem Halbschatten der Erde. Dieser sechste Kontakt bleibt ebenfalls wie der erste grundsätzlich unbeobachtbar. Eine Mondfinsternis ist von allen Punkten der Erde aus zu beobachten, für die der Mond über dem Horizont steht. Die Daten für die aktuellen Finsternisse entnehme man der Tabelle unten oder einem astronomischen Jahrbuch wie zum Beispiel dem *Kosmos Himmelsjahr*.

Die Größe einer Finsternis gibt die Eindringtiefe des Mondes in den Kernschatten der Erde in Einheiten des Monddurchmessers an.

> *Größe, Halbschatten, Kernschatten, Knoten, Mondbahn, Sonnenfinsternis, Vollmond*

MONDMEERE

> *Mare*

MONDPHASEN

Lichtgestalten des Mondes. Sie entstehen dadurch, dass die Seite des Mondes, die der Erde zugekehrt ist,

MONDFINSTERNISSE 2005 BIS 2015

DATUM	ART	EIN-TRITT	BEGINN	MITTE TOTALITÄT	ENDE	AUS-TRITT	GRÖSSE
24. Apr. 2005	Halbsch.	(8^h $49^m\!6$)	– –	10^h $54^m\!8$	– –	(12^h $59^m\!6$)	(0,890) S
17. Okt. 2005	partiell	12 34,0	– –	13 03,2	– –	13 31,7	0,068 N
14./15. März 2006	Halbsch.	(22 21,6)	– –	0 47,4	– –	(3 13,7)	(1,057) N
7. Sept. 2006	partiell	19 05,3	– –	19 51,2	– –	20 37,7	0,190 S
3./4. März 2007	total	22 29,9	23^h $43^m\!9$	0 20,8	0^h $58^m\!1$	2 11,8	1,238 N
28. Aug. 2007	total	9 50,8	10 51,9	11 37,2	12 22,8	13 23,9	1,482 S
21. Feb. 2008	total	2 42,6	4 0,3	4 25,9	4 51,0	6 08,9	1,111 S
16. Aug. 2008	partiell	20 35,4	– –	22 10,0	– –	23 44,4	0,812 N
9. Feb. 2009	Halbsch.	(13 36,5)	– –	15 38,1	– –	(17 39,4)	(0,924) S
7. Juli 2009	Halbsch.	(9 33,1)	– –	10 38,5	– –	(11 44,2)	(0,183) S
6. Aug. 2009	Halbsch.	(0 0,8)	– –	1 39,0	– –	(3 16,9)	(0,428) N
31. Dez. 2009	partiell	19 51,9	– –	20 22,5	– –	20 53,5	0,082 N
26. Juni 2010	partiell	11 16,4	– –	12 38,3	– –	14 0,3	0,542 S
21. Dez. 2010	total	7 32,0	8 40,2	9 16,8	9 53,5	11 01,7	1,261 N
15. Juni 2011	total	19 22,3	20 21,9	21 12,5	22 03,1	23 02,6	1,705 N
10. Dez. 2011	total	13 45,1	15 05,6	15 31,6	15 57,7	17 18,3	1,111 S
4. Juni 2012	partiell	10 59,3	– –	12 03,1	– –	13 06,9	0,376 N
28. Nov. 2012	Halbsch.	(13 12,4)	– –	15 32,8	– –	(17 53,3)	(0,942) S
25. Apr. 2013	partiell	20 52,4	– –	21 07,4	– –	21 22,3	0,021 S
25. Mai 2013	Halbsch.	(3 43,8)	– –	5 09,9	– –	(5 36,3)	(0,040) N
18./19. Okt. 2013	Halbsch.	(22 48,0)	– –	0 50,1	– –	(2 52,8)	(0,791) N
15. Apr. 2014	total	6 57,6	8 06,0	8 45,5	9 24,8	10 33,3	1,296 S
8. Okt. 2014	total	10 14,1	11 24,3	11 54,4	12 24,1	13 34,6	1,172 N
4. Apr. 2015	total	11 15,3	12 56,0	13 0,1	13 04,6	14 45,2	1,005 N
28. Sept. 2015	total	2 06,6	3 10,7	3 47,0	4 23,5	5 27,5	1,282 S

Bei Halbschattenfinsternissen ist der Eintritt, Austritt und die Eindringtiefe des Mondes in den Halbschatten (Größe) gemeint.

MONDFINSTERNIS Bei einer totalen Mondfinsternis leuchtet der Erdtrabant kupferrot (Bild links).

MONDPHASEN Die Entstehung der Mondphasen (unten): 1 – Neumond, 3 – zunehmender Halbmond, 5 – Vollmond, 7 – abnehmender Halbmond

mal vollständig von der Sonne beleuchtet wird, mal gar nicht und oft teilweise – je nach relativer Stellung von Sonne, Mond und Erde. Die Hauptphasen sind Neumond, Erstes Viertel, Vollmond, Letztes Viertel. Steht der Mond in Richtung Sonne, so blicken wir auf die unbeleuchtete Seite des Mondes. Es ist Neumond (Stellung 1 in der Abb. unten). Der Neumond steht mit der Sonne am Taghimmel und ist unbeobachtbar. Hat der Mond 90° östlichen Winkelabstand von der Sonne, so sieht man ihn als zunehmenden Halbmond in der ersten Nachthälfte (3). Man spricht auch vom Ersten Viertel, da der Mond ein Viertel seiner Bahn nach seiner Neumondposition zurückgelegt hat. Zwei Wochen nach Neumond steht der Mond der Sonne von der Erde aus gesehen gegenüber. Man blickt auf die voll beleuchtete Hälfte des Mondglobus. Diese Position wird Vollmond genannt (5). Nach einer weiteren Woche hat der Mond 90° westlichen Win-

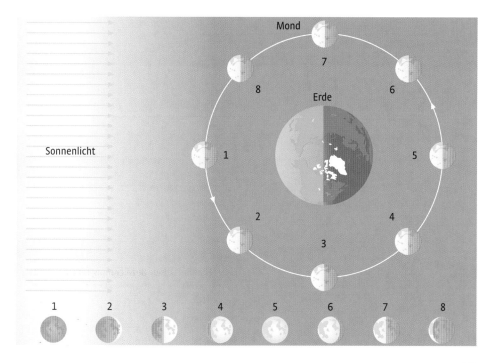

kelabstand von der Sonne, man erblickt die abnehmende Hälfte des Mondes in der zweiten Nachthälfte oder am Morgenhimmel. Die Phase heißt abnehmender Halbmond oder Letztes Viertel (7). Der Mond hat nun drei Viertel seiner Bahn zurückgelegt und muss nur noch ein Viertel seiner Bahn bis zum nächsten Neumond durchlaufen. Zwischen den Hauptphasen nimmt der Mond kontinuierlich zu oder ab.

> *Halbmond, Lunation, Monat, Mondbahn, Neumond, Phasen, Terminator, Vollmond, Woche*

MONTIERUNG

Mechanisches Gerüst, mit dem man ein Teleskop stabil auf jeden beliebigen Punkt des Himmels ausrichten kann (s. zum Beispiel Abb. S. 82). Dazu ist es erforderlich, das Teleskop in zwei Achsen beweglich zu halten. Außerdem erlaubt eine Montierung, die tägliche Himmelsdrehung durch die Erdrotation auszugleichen (Nachführung), damit ein Objekt längere Zeit im Fernrohr sichtbar bleibt.

Man unterscheidet zwei Grundtypen von Montierungen: die azimutale und die parallaktische Montierung. Bei ersterer stehen die beiden Drehachsen senkrecht beziehungsweise parallel zur Horizontebene. Bei der parallaktischen Montierung ist eine Achse (= Polachse) parallel zur Erdachse ausgerichtet, die andere steht senkrecht dazu.

> *azimutale Montierung, Nachführung, parallaktische Montierung*

MORGENSTERN

Der Planet Venus, wenn er am Morgenhimmel zu sehen ist. Steht die Venus westlich der Sonne, so geht sie vor ihr auf und ist am Morgenhimmel als helles Gestirn unübersehbar.

> *Abendstern, Venus*

NACHFÜHRUNG

Um ein einmal eingestelltes Objekt im Gesichtsfeld zu behalten, muss ein Teleskop bei astronomischen Beobachtungen der täglichen Umdrehung des Himmelsgewölbes, verursacht durch die Rotation der Erde um sich selbst, nachgeführt werden. Dies geschieht bei einem parallaktisch aufgestellten Fernrohr, indem man es mit gleichförmiger Winkelgeschwindigkeit in 23 Stunden und 56 Minuten (Dauer eines Sterntages) einmal um die Stundenachse (Polachse) dreht. Moderne Teleskope werden durch einen elektrischen Antrieb nachgeführt.

Bei großen Instrumenten erfolgt die Nachführung in zwei Achsen, wenn sie azimutal montiert sind. Die eine Achse steht dann senkrecht zur Horizontebene, die andere Achse (Höhenachse) parallel zur Horizontebene. Das Fernrohr muss um beide Achsen mit unterschiedlicher Winkelgeschwindigkeit gedreht werden, um die tägliche Himmelsdrehung zu kompensieren. Außerdem ist hierbei die Rotation des Bildfeldes auszugleichen.

> *azimutale Montierung, Himmelskugel, parallaktische Montierung, Polachse, Sterntag*

NADIR

Fußpunkt. Errichtet man in Gedanken eine Senkrechte auf der Horizontebene des Beobachters auf der Erde, so durchstößt diese über dem Beobachter die Himmelskugel im Zenit (Scheitelpunkt) und unter dem Beobachter im Nadir (Fußpunkt). Der Nadir hat somit eine Zenitdistanz von 180° oder eine Höhe von −90°. Anders ausgedrückt: Verlängert man die Lotrichtung durch den Erdboden hindurch, so durchstößt sie den unsichtbaren Teil der Himmelskugel im Fußpunkt oder Nadir. Das Wort „Nadir" kommt aus dem Arabischen und bedeutet „gegenüberliegend" (nämlich dem Scheitelpunkt oder Zenit).

> *Himmelskugel, Höhe, Horizont, Zenit, Zenitdistanz*

NEBEL

In der Himmelskunde Bezeichnung für ein flächenhaftes, leuchtendes Objekt. Diese nicht sternförmigen Objekte sind sehr unterschiedlicher Natur. Zum einen gibt es Gas- und Staubnebel, so genannte interstellare Wolken (Emissionsnebel, Reflexionsnebel, Dunkelwolken), aus denen sich heute noch neue

Sterne bilden, oder Gasnebel, die Reste von alten Sternen sind (Planetarische Nebel und Supernova-Überreste).

Ferner erscheinen bei der Beobachtung aber auch Kugelsternhaufen als flächenhafte Gebilde, ebenso sehen Galaxien flächenhaft neblig aus. Hierbei handelt es sich jedoch nicht um wirkliche Nebel, sondern um kugelförmige Haufen von Sternen beziehungsweise um riesige Sternsysteme außerhalb unserer Milchstraße.

> *Dunkelwolke, Emissionsnebel, Galaxie, Kugel-*
> *sternhaufen, Milchstraße, Planetarischer Nebel,*
> *Reflexionsnebel, Supernova*

NEPTUN

Von der Sonne aus gezählt ist er der achte Planet unseres Sonnensystems. Neptun wandert in einer Entfernung von 30 AE (= 4,5 Milliarden Kilometer) in rund 165 Jahren einmal um die Sonne. Mit knapp 50 000 Kilometern Durchmesser ist Neptun fast viermal so groß wie die Erde. Seine Masse entspricht der von 17 Erdkugeln.

Neptun gehört zu den so genannten Riesen- oder Gasplaneten. Somit besitzt auch er eine dichte und ausgedehnte Atmosphäre aus Wasserstoff und Helium sowie Anteilen von Methan und Ammoniak. Die Raumsonde *Voyager 2* zeigte eine blaue Atmosphäre mit hellen, weißen Zirren sowie dunklen Strukturen. Besonders auffällig war der Große Dunkle Fleck (GDF), der in seiner Form sehr ähnlich ist wie der Große Rote Fleck auf Jupiter. Der GDF konnte allerdings später mit dem *Hubble*-Weltraumteleskop nicht mehr nachgewiesen werden.

Alle zwölf Monate und zwei Tage überholt die Erde auf ihrer weiter innen liegenden Bahn den Neptun. Es kommt zu einer Neptunopposition. Dann ist die Entfernung zu Neptun am geringsten und der Planet die ganze Nacht über beobachtbar. Mit 8^m Helligkeit ist er mit bloßem Auge allerdings nicht zu sehen. Neptun wurde am 23. September 1846 von Johann Gottfried Galle und Heinrich D'Arrest entdeckt, nachdem seine Position aufgrund von Störungen der Uranusbewegung durch den Franzosen Urbain Jean Joseph Leverrier und den Engländer John Couch Adams vorausberechnet wurde. Noch im gleichen Jahr wur-

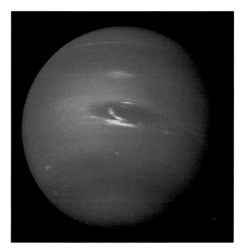

NEPTUN **Aufnahme des bläulichen Planeten Neptun. In der Bildmitte erkennt man den Großen Dunklen Fleck.**

de der größte Neptunmond Triton gefunden. Neptun besitzt mindestens elf Monde.

> *Großer Roter Fleck, Helligkeit, Monde,*
> *Opposition, Planet*

NEULICHT

Erstes Auftauchen der schmalen Sichel des zunehmenden Mondes nach der Neumondphase. Angaben zur Position und Lage der schmalen Neulichtsichel zum Westhorizont kurz nach Sonnenuntergang findet man für jeden Monat des Jahres im astronomischen Jahrbuch *Kosmos Himmelsjahr*.

> *Mondalter, Mondphasen*

NEUMOND

Mondphase. Der Mond steht zu diesem Zeitpunkt von der Erde aus gesehen in Richtung der Sonne, also in Konjunktion mit ihr. Der Neumond hält sich somit am Taghimmel auf, die unbeleuchtete Seite ist der Erde zugekehrt. Er ist daher im Allgemeinen nicht beobachtbar, sondern nur dann, wenn die dunkle Neumondscheibe vor die Sonne tritt und uns damit eine Sonnenfinsternis beschert. Da die Mondbahn um 5° zur Erdbahnebene geneigt ist, wandert der

Neumond aber meist nördlich oder südlich an der Sonne vorbei und bedeckt sie nicht.

> *Halbmond, Konjunktion, Mondbahn, Mondphase, Sonnenfinsternis, Vollmond*

NEUTRONENSTERN

Rest eines massereichen Sterns, der nach einer Supernova-Explosion übrig bleibt. Neutronensterne haben nur wenige Kilometer Durchmesser und eine außerordentlich hohe Dichte: In einer Kugel von im Schnitt nur 20–30 Kilometer Durchmesser finden sich etwa 1,5 bis drei Sonnenmassen. Ein Kubikzentimeter Materie eines Neutronensterns wöge auf der Erde einige Millionen Tonnen.

Neutronensterne bestehen hauptsächlich aus Neutronen, da beim vorangehenden Gravitationskollaps die negativ geladenen Elektronen in die positiv geladenen Atomkerne hineingepresst werden und ungeladene (neutrale) Neutronen bilden. Beim Kollaps des Sternrestes beschleunigt sich seine Rotation wie bei einer Eisläuferin, die bei einer Pirouette ihre Arme anzieht. Neutronensterne rotieren daher extrem schnell (einmal in einigen Millisekunden bis wenigen Sekunden). Einige von ihnen machen sich als Pulsare bemerkbar und schleudern Radioimpulse, Lichtblitze und Röntgenstrahlung ins Weltall. Sie wirken wie der sich drehende Lichtfinger eines Leuchtturms.

Der erste Neutronenstern (bzw. Pulsar) wurde im Jahr 1967 durch Susan Jocelyn Bell entdeckt. Inzwischen sind einige tausend Neutronensterne in unserer Milchstraße bekannt. Einer der bekanntesten findet sich im Zentrum des Krabbennebels im Sternbild Stier, er wurde 1968 gefunden. Neutronensterne verfügen über ein extrem starkes Magnetfeld und werden gelegentlich von einer Akkretionsscheibe umgeben.

> *Akkretionsscheibe, Gravitationskollaps,*

Krabbennebel, Pulsar, Sternentwicklung, Supernova

NEW GENERAL CATALOGUE

> *NGC*

NEWTON-TELESKOP

Ein Newton-Teleskop ist ein Spiegelfernrohr mit einem konkaven Hauptspiegel und einem ebenen zweiten Spiegel (Sekundär- oder Fangspiegel), der unter 45° zur optischen Achse angebracht ist. Er lenkt das Licht aus dem Tubus des Teleskops zum Okular an der Seite heraus (s. Abb. unten). Newton-Teleskope haben daher einen seitlichen Einblick. Sie werden mitunter preisgünstig von Kaufhäusern angeboten. In der Amateurastronomie kommen sie auch häufig auf Dobson-Montierungen zum Einsatz.

> *Dobson-Teleskop, Spiegelteleskop, Teleskop*

NGC

New General Catalogue of Nebulae and Clusters of Stars – Katalog von galaktischen Nebeln, Sternhau-

NEWTON-TELESKOP **Der Strahlengang in einem Newton-Teleskop**

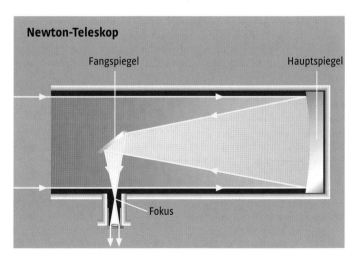

Newton-Teleskop

Fangspiegel Hauptspiegel

Fokus

fen und Galaxien, aufgestellt von John L. E. Dreyer im Jahr 1888. Der Katalog wurde später durch den so genannten Index Catalogue erweitert.
Der überarbeitete NGC heißt Revised New General Catalogue of Nebulae and Clusters of Stars, abgekürzt RNGC. Die NGC- und RNGC-Nummern sind identisch. Viele von Amateurastronomen beobachtbare Objekte tragen eine NGC-Nummer, fast alle Objekte des Messier-Kataloges haben zum Beispiel auch eine NGC-Nummer.
> *galaktischer Nebel, Galaxie, Messier-Katalog, Sternhaufen*

NOMOGRAMM

Eine grafische Darstellung, die den Zusammenhang zwischen bestimmten physikalischen oder astronomischen Größen erkennen lässt. Ein Nomogramm erspart häufig Umrechnungen, man kann eine Größe wählen und die dazugehörige Größe schnell ablesen. Das Nomogramm zur Bestimmung der Auf- und Untergangszeiten, wie es z.B. im astronomischen Jahrbuch *Kosmos Himmelsjahr* zu finden ist, erlaubt es, diese Zeiten für einen bestimmten Beobachtungsort gegenüber den genormten Kalenderangaben (für 50° Breite und 10° Länge) zu korrigieren.
> *Aufgang, Untergang*

NORDBREITE

Die Nordbreite oder Südbreite eines Gestirns (meist für Mond, Planeten und Kleinplaneten angegeben) ist die Abweichung von der Ekliptik (scheinbare Sonnenbahn) im Winkelmaß. Die Nordbreite entspricht somit der positiven ekliptikalen Breite, die Südbreite der negativen ekliptikalen Breite des Gestirns.
In den Mondlauftabellen der Jahrbücher werden meist die Termine der größten Nord- und größten Südbreite des Mondes angegeben. So hat beispielsweise der Mond eine größte Nordbreite von 5°. Er steht dann 5° nördlich der Ekliptik. Dasselbe gilt für die größte Südbreite: Sie ist die maximale Abweichung von der Ekliptik in südlicher Richtung, angegeben im Winkelmaß (ebenfalls 5°).
> *Ekliptik, ekliptikale Koordinaten, Libration, Mondbahn*

NORDHIMMEL
> *Südhimmel*

NORDLICHT

Polarlicht auf der Nordhalbkugel.
> *Polarlicht*

NORDPUNKT

Schnittpunkt des Himmelsmeridians mit der Horizontebene in der Nordrichtung.
> *Horizont, Meridian, Ostpunkt, Südpunkt, Westpunkt*

NORDSTERN

Andere Bezeichnung für Polarstern.
> *Polarstern*

NOVA

Abkürzung für Nova Stella. Das Aufleuchten eines Sterns am Himmel, das über ein paar Tage bis einige Wochen zu sehen ist. Früher dachte man, es tauche am Himmel ganz plötzlich ein neuer Stern auf, daher der Name. Heute weiß man, dass lediglich ein bereits vorhandener Stern beziehungsweise ein Doppelsternsystem einen Helligkeitsausbruch erleidet. Gegenüber dem Ursprungszustand flammt der Stern am Himmel bis zum Zehntausendfachen seiner ursprünglichen Leuchtkraft auf. Während des Ausbruchs werden Gaswolken mit hoher Geschwindigkeit ausgestoßen. Nach wenigen Tagen oder Wochen sinkt die Helligkeit des Sterns wieder auf den ursprünglichen Wert ab. Bei gewöhnlichen Novae stürzt von einem Doppelstern auf seinen Begleiter Materie herab, wobei die Fallenergie beim Aufprall augenblicklich in Wärme umgewandelt wird. Auf diese Weise werden Temperaturen von einigen Millionen Grad erreicht, was zur Zündung von Kernfusionsprozessen führt und die starke Helligkeitszunahme verursacht. Dies kann sich gelegentlich wiederholen, dann handelt es sich um eine rekurrierende Nova. Manchmal werden Sterne jedoch sogar um einige hundert Millionen Mal heller als im ursprünglichen

N O V A   **Ein alternder Stern im Sternbild Einhorn schleuderte bei einem Novaausbruch eine Gaswolke ab.**

Zustand. Eine solche Erscheinung nennt man Supernova. Solche Sternexplosionen bedeuten das Ende eines massereichen Sterns.

> *Doppelstern, Helligkeit, Kernfusion,*
> *Leuchtkraft, Sternentwicklung, Supernova,*
> *Veränderlicher*

NULLMERIDIAN

Allgemein der Meridian (Längengrad), der als Ausgangsmeridian für die Zählung der Länge verwendet wird. Auf der Erde ist dies der Meridian, der durch die alte Sternwarte in Greenwich bei London geht. Er ist der Ausgangspunkt der geografischen Längenzählung mit der Länge 0°. Seit 1984 wird auf Beschluss der Internationalen Astronomischen Union (IAU) die Länge in Richtung Ost positiv gezählt. Entweder zählt man dabei von 0 bis 360° oder aber von 0 bis 180° und die westlichen Längen von 0 bis –180°. Auch auf den Planeten Merkur, Venus und Mars sowie auf Mond und Sonne sind Nullmeridiane definiert.

> *Meridian, Zentralmeridian*

NUTATION

Von lat. „Schwankung". Gemeint ist die Schwankung der Erdachse, die der Präzessionsbewegung überlagert ist. Die Nutation bewirkt ein Pendeln der Erdachse, so dass die wahren Himmelspole eine kleine Ellipsenbahn um die mittleren Pole beschreiben. Aus der Nutation resultiert auch ein leichtes Schwanken der Ekliptik. Die Nutation ist eine Folge der retrograden Drehung der Mondbahnknoten, die unterschiedliche Extremwerte in der Monddeklination bewirkt. Die Ellipse, die die wahren um die mittleren Himmelspole beschreiben, ist winzig klein. Ihre große Halbachse misst lediglich neun Bogensekunden. Die kleine Halbachse der Schwankung beträgt knapp sieben Bogensekunden. Infolge der Nutation beschreibt auch der wahre Frühlingspunkt eine kleine Ellipse um den mittleren Frühlingspunkt. Wenn keine hochgenauen Beobachtungen durchzuführen sind, kann die Nutation im Allgemeinen unberücksichtigt bleiben.

> *Bogensekunde, Deklination, Ekliptik, Erdachse,*
> *Frühlingspunkt, Himmelspol, Knoten, Präzession,*
> *retrograd*

OBJEKTIV

Das Objektiv eines Teleskops sammelt das Licht, es ist die Hauptkomponente eines Fernrohrs. Es erzeugt in der Brennebene ein reelles (wirkliches) Bild des beobachteten Gegenstandes. Das Objektiv kann entweder aus einer Sammellinse bestehen (bei Linsenteleskopen, dann sitzt es am vorderen Ende des Tubus) oder aus einem Hohlspiegel (bei Spiegelteleskopen, dann sitzt es am hinteren Tubusende). Linsenobjektive bestehen in der Regel aus zwei oder drei Linsen (Duplett und Triplett genannt, s. auch Abb. S. 59) zur Korrektur von Abbildungsfehlern. Bei Spiegelteleskopen ist der Hauptspiegel entweder kugelförmig (sphärisch) oder parabolisch geschliffen (Abb. S. 76 und 103). Hochwertige Spiegelobjektive haben auch Formen gemäß Kurven höherer Ordnung, die ein größeres Gesichtsfeld ohne Abbildungsfehler liefern. Die Größe (der Durchmesser) eines Objektivs bestimmt die Leistungsfähigkeit eines Teleskops. Je größer der Durchmesser, desto höher die Auflösung und umso größer die Licht sammelnde Wirkung. Deshalb können mit Hilfe eines Teleskops von einem Gegen-

stand mehr Details gesehen werden sowie licht-
schwächere Objekte als mit bloßem Auge. Die Licht
sammelnde Wirkung steigt mit dem Quadrat des Objektivdurchmessers, die Auflösung hingegen ist einfach proportional zum Objektivdurchmesser.
Die Objektivbrennweite bestimmt den Abbildungs-
maßstab. Als grobe Richtschnur gilt: Pro Meter Objektivbrennweite wird ein halbes Grad am Himmel in
der Brennebene mit einem Zentimeter Länge abge-
bildet. Dies bedeutet, dass das Bild der Sonne oder
des Mondes bei einem Meter Brennweite auf einem
Film mit einem Durchmesser von einem Zentimeter
erscheint, bei zehn Metern Brennweite hingegen mit
zehn Zentimetern Durchmesser. Durch das Objektiv
ist auch die Lichtstärke bzw. das Öffnungsverhältnis
des Fernrohrs festgelegt: Es ist gleich dem Verhältnis
von Objektivdurchmesser zu Objektivbrennweite. Je
lichtstärker ein Fernrohr ist, umso schwächere Objekte kann man beobachten oder fotografieren. Die
Vergrößerung eines Fernrohrs ergibt sich aus dem
Verhältnis von Objektivbrennweite zu Okularbrennweite. Sie ist damit variabel.

> *Abbildungsfehler, Auflösungsvermögen,*
> *Brennpunkt, Linsenteleskop, Öffnungsverhältnis,*
> *Okular, Spiegelteleskop, Teleskop, Vergrößerung*

OBSERVATORIUM

> *Sternwarte*

OFFENER STERNHAUFEN

Ein Sternhaufen, bei dem die Sterne mit freiem Auge
oder im Teleskop einzeln abgezählt werden können,
wird als offener Sternhaufen bezeichnet. Seltener ist
die Bezeichnung „galaktischer Sternhaufen". Offene
Sternhaufen haben ein Dutzend bis einige hundert
Mitgliedssterne. Sie sind zur galaktischen Hauptebene konzentriert und häufig in interstellare Materiewolken eingebettet.
Offene Sternhaufen sind verhältnismäßig junge Gebilde, etwa zwischen einigen Millionen und einigen
hundert Millionen Jahren alt. Die Sterne entstehen in
Haufen und verstreuen sich allmählich in der Galaxis
– offene Haufen lösen sich somit im Laufe der Zeit
auf.

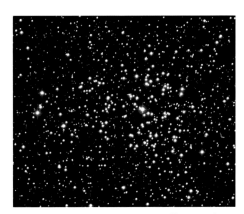

OFFENER STERNHAUFEN Der offene Sternhaufen M 37 im Sternbild Fuhrmann

Unsere Milchstraße enthält vermutlich knapp 20 000
offene Sternhaufen. Klassische Beispiele für offene
Sternhaufen sind die Hyaden und Plejaden im Sternbild Stier (s. Abb. S. 45 bzw. 89) sowie die Krippe
(Praesepe, Abb. S. 92) im Sternbild Krebs. Sie kommen
besonders gut im Fernglas zur Geltung.

> *Galaxis, Hyaden, interstellare Materie, Kugel-*
> *sternhaufen, Plejaden, Praesepe, Sternhaufen*

ÖFFNUNGSVERHÄLTNIS

Auch als relative Öffnung oder „Lichtstärke" bezeichnet. Gibt das Verhältnis von Objektivdurchmesser
eines Teleskops zu seiner Objektivbrennweite (= Pri-
märbrennweite) an. Ein Öffnungsverhältnis von
1 : 15 bedeutet zum Beispiel, dass die Brennweite
des Objektivs 15-mal größer ist als der Objektivdurchmesser. Je größer das Öffnungsverhältnis ist,
das heißt, je kleiner die Brennweite im Vergleich zum
Objektivdurchmesser ist, umso lichtstärker ist das
Teleskop. Typische Öffnungsverhältnisse sind z.B.
1:8 bis 1:15 bei Linsenteleskopen und 1:4 bis 1:1 bei
Spiegelfernrohren.

> *Brennweite, Objektiv, Teleskop*

OKULAR

Wörtlich „Augenlinse". Eine Sammellinse, die als Lupe
wirkt und mit der das reelle Bild, das das Objektiv

vom betrachteten Gegenstand in der Brennebene des Teleskops entwirft, betrachtet werden kann. Ein Okular wird ans hintere Ende eines Teleskops eingesteckt. In der Regel bestehen Okulare aus einer Kombination von Linsen, um Bildfehler auszugleichen. Die Brennweite des verwendeten Okulars bestimmt in Kombination mit der Objektivbrennweite die Vergrößerung eines Fernrohrs. Es gilt: Vergrößerung = Objektivbrennweite geteilt durch Okularbrennweite. Durch den Einsatz von Okularen verschiedener Brennweite kann man die Vergrößerung des Fernrohrs variieren. Okulare gibt es jede Menge verschiedener Typen, meist reicht ein Sortiment von drei bis fünf Okularen für die Beobachtung aus.

> *Brennebene, Brennweite, Objektiv, Vergrößerung*

OORTSCHE WOLKE

Eine riesige, kugelförmige Wolke mit einem mittleren Radius von 50 000 Astronomischen Einheiten um unsere Sonne als Zentrum. Postuliert wurde sie von dem niederländischen Astronomen Jan Hendrik Oort (1900–1992). In der Oortschen Wolke finden sich Milliarden von Kometenkernen. Durch gravitative Störungen können sie auf lang gestreckten Ellipsenbahnen in die Nähe unserer Sonne gelangen, wo sie sich gelegentlich zu hellen Kometenerscheinungen entwickeln.

> *Komet, Kuiper-Gürtel, Sonnensystem*

OPPOSITION

Gegenschein. Zwei Himmelskörper stehen in Opposition zueinander, wenn sie am Himmel einander gegenüberstehen. Dann haben sie eine ekliptikale Längendifferenz von 180°. Steht der Mond in Opposition zur Sonne, dann haben wir Vollmond. Bei Untergang der Sonne im Westen geht ihr gegenüber der voll beleuchtete Mond im Osten auf. Um Mitternacht steht der Vollmond in Südrichtung in höchster Position (Meridiandurchgang oder Kulmination). Morgens geht er im Westen unter, wenn die Sonne im Osten aufgeht.

Bei Planeten bezieht sich die Bezeichnung Opposition in der Regel auf die Opposition zum Tagesgestirn

Sonne. In Opposition können nur äußere Planeten gelangen (von Mars bis Pluto). Steht ein Planet in Opposition, so erreicht er seine geringste Entfernung von der Erde, seine größte Helligkeit und seinen größten scheinbaren Durchmesser. Außerdem ist er die ganze Nacht über beobachtbar. Er geht abends im Osten auf, kulminiert um Mitternacht und geht morgens im Westen unter. Dies ist die beste Zeit, um einen Planeten zu beobachten. Die Oppositionstermine sind in astronomischen Jahrbüchern (z.B. dem *Kosmos Himmelsjahr*) angegeben.

> *äußerer Planet, Durchmesser, ekliptikale Koordinaten, Konjunktion, Kulmination, Meridian, Vollmond*

OPPOSITIONSPERIODE

Dauer der Rückläufigkeit eines äußeren Planeten um die Wochen seiner Opposition. Sie ist somit die Zeitspanne zwischen dem ersten Stillstand mit Beginn der Rückläufigkeit und dem zweiten Stillstand, nach dem der Planet wieder rechtläufig wird. In dieser Zeit überholt die Erde den Planeten auf ihrer weiter innen liegenden Bahn.

> *äußerer Planet, Opposition, Planetenschleife, rechtläufig, rückläufig*

OPPOSITIONSSCHLEIFE

> *Planetenschleife*

ORION-NEBEL

Bekannteste interstellare Gas- und Staubansammlung im Sternbild Orion, Katalogbezeichnung M 42. Der Orion-Nebel liegt knapp südlich der drei Gürtelsterne des bekannten Sternbildes. Bei guten Sichtverhältnissen ohne Störung durch irdische Lichtquellen ist er bereits mit bloßem Auge sichtbar. Im Fernglas ist der Nebel leicht zu erkennen, besonders eindrucksvoll ist er in lichtstarken Teleskopen bei geringer Vergrößerung.

Der Orion-Nebel ist ein Sternentstehungsnest. Eingebettet in die leuchtenden Gaswolken sind junge, heiße Sterne, deren Alter erst wenige Millionen Jahre beträgt. Im Vergleich dazu ist unsere Sonne etwa

ORION-NEBEL Der Große Orion-Nebel ist eine interstellare Gas- und Staubwolke, in der sich auch heute noch neue Sterne bilden.

tausendmal älter (Alter der Sonne: knapp fünf Milliarden Jahre).

> *Emissionsnebel, interstellare Materie, Sternentstehung*

ORT (EINES GESTIRNS)

Ort eines Gestirns an der Himmelskugel, wobei die Ortsangabe in der Regel in äquatorialen oder ekliptikalen Koordinaten erfolgt. Bei interstellaren oder extragalaktischen Objekten erfolgt die Positionsangabe oft auch in galaktischen Koordinaten. In der Antike beschrieb man die Positionen der Gestirne anhand der Lage in einem Sternbild. So hatte der Polarstern bei Ptolemäus die Bezeichnung „der Stern am Ende des Schwanzes des Kleinen Bären".
In der Mehrzahl (Plural) werden die Positionen der Gestirne als „Örter" bezeichnet.

> *äquatoriale Koordinaten, ekliptikale Koordinaten, galaktische Koordinaten, Himmelskugel, Koordinaten, Sternbild*

ORTSZEIT

Die auf den Meridian des Beobachters bezogene Sonnenzeit, der Stundenwinkel der Sonne plus zwölf Stunden am Ort des Beobachters. Die Ortszeit differiert entsprechend der geografischen Längendifferenz zu der Zonenzeit, die zur Weltzeit in Abständen von ganzen Stunden festgelegt ist. Oftmals werden Orts- und Zonenzeit miteinander verwechselt. Wenn die Sonne mittags im Süden steht und ihren höchsten Stand erreicht (Kulmination, Mittag), ist es zwölf Uhr wahrer Ortszeit. Zum gleichen Zeitpunkt steht die Sonne weiter östlich aber schon westlich des Meridians – es ist also schon nach zwölf Uhr wahrer Ortszeit –, während die Sonne weiter westlich den Meridian noch nicht passiert hat. Hier lässt der wahre Mittag noch auf sich warten. Da der Meridian vom Beobachtungsort abhängt, bezieht sich die Ortszeit stets auf den Ort des Beobachters. Man spricht daher von Ortszeit. Die Ortszeit verändert sich pro Grad um vier Minuten und pro 15° um eine Stunde. Da die Bewegung der wahren Sonne im Lauf des Jahres ungleichmäßig ist, wird für die Zeitrechnung eine mittlere Sonne und damit auch eine mittlere Ortszeit verwendet.

> *Kulmination, Meridian, Mittag, Mitteleuropäische Zeit, mittlere Sonne, wahre Sonne, Weltzeit, Zeit*

OSTERN

Auferstehungsfest in den christlichen Religionen. Nach dem Konzil von Nicäa (325 n. Chr.) festgelegt auf den Sonntag, der dem ersten Vollmond nach Frühlingsbeginn folgt.

> *Äquinoktium, Epakte, Vollmond*

OSTERN 2005 BIS 2015			
JAHR	OSTER-SONNTAG	OSTER-SONNTAG	JAHR
2005	27. März	5. April	2015
2006	16. April	27. März	2016
2007	8. April	16. April	2017
2008	23. März	1. April	2018
2009	12. April	21. April	2019
2010	4. April	12. April	2020
2011	24. April	4. April	2021
2012	8. April	17. April	2022
2013	31. März	9. April	2023
2014	20. April	31. März	2024

OSTPUNKT

Schnittpunkt des Ersten Vertikals mit dem Horizont in östlicher Richtung.

> *Erstes Vertikal, Horizont, Nordpunkt, Südpunkt, Westpunkt*

PARALLAKTISCHE MONTIERUNG

Konstruktion zur Aufstellung von Fernrohren, bei der eine Achse parallel zur Erdachse steht und auf den Himmelsnordpol (analog auf der Südhalbkugel der Erde auf den Himmelssüdpol) zeigt. Diese Achse wird Stundenachse (oder Polachse) genannt. Das Schwenken um diese Achse bewegt das Fernrohr im Stundenwinkel. Dazu senkrecht lässt sich das Teleskop um eine zweite Achse schwenken, die Deklinationsachse heißt. Bei einer parallaktischen Montierung kann ein Fernrohr somit nach den äquatorialen Koordinaten eines Gestirns eingestellt und der täglichen Himmelsumdrehung durch eine gleichförmige Rotation um die Stundenachse nachgeführt werden.

> *äquatoriale Koordinaten, azimutale Montierung, Deklination, Deklinationsachse, Montierung, Nachführung, Polachse, Rektaszension*

PARALLAXE

Verschiebung eines Objektes (in der Regel eines punktförmigen Sterns) gegenüber dem entfernten Hintergrund infolge eines Ortswechsels des Beobachters. Da ein Beobachter seinen Standpunkt infolge der Wanderung der Erde um die Sonne im Laufe des Jahres im Weltraum verändert (Durchmesser der Erdbahn rund 300 Millionen Kilometer), zeigen die näheren Fixsterne gegenüber dem Hintergrund der fernen Sterne kleine Verschiebungen, sie beschreiben im Laufe des Jahres winzige Ellipsen als Spiegelbild der Erdbewegung (s. Abb. S. 83). Die genaue Messung des Parallaxenwinkels π erlaubt es, die Entfernung des Sterns zu bestimmen.

Die erste Fixsternparallaxe wurde im Jahr 1838 von Friedrich Wilhelm Bessel, dem Direktor der Sternwarte Königsberg, am Stern 61 Cygni (Nr. 61 im Sternbild

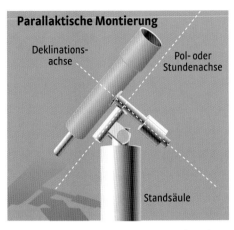

Parallaktische Montierung

Deklinationsachse

Pol- oder Stundenachse

Standsäule

PARALLAKTISCHE MONTIERUNG **Eine Achse ist parallel zur Erdachse ausgerichtet (Stundenachse). Die dazu senkrechte Achse heißt Deklinationsachse.**

Schwan) gemessen. 61 Cygni ist zehn Lichtjahre von uns entfernt. Sein Parallaxenwinkel beträgt lediglich 0,31 Bogensekunden.

Die Parallaxe bildet auch die Grundlage für das in der professionellen Astronomie gängige Entfernungsmaß, das Parsec. Erscheint die große Halbachse der Erdbahn (mittlere Entfernung Erde – Sonne = 1 AE) von einem Stern aus unter einem Parallaxenwinkel von einer Bogensekunde, dann beträgt seine Entfernung 3,26 Lichtjahre (= 1 Parsec) oder rund 30 Billionen Kilometer. Selbst die allernächsten Sterne sind so weit entfernt, dass ihr Parallaxenwinkel stets kleiner als eine Bogensekunde ausfällt.

> *Bogensekunde, Entfernungsbestimmung, Parsec*

PARSEC

Abkürzung für Parallaxensekunde, Entfernungseinheit. Ein Parsec ist diejenige Entfernung, bei der der Erdbahnradius (eine Astronomische Einheit) unter einem Winkel von einer Bogensekunde erscheint. Dies entspricht einer Entfernung von 3,26 Lichtjahren oder 30 Billionen Kilometer. Der nächste Fixstern ist bereits über vier Lichtjahre entfernt. Das Parsec ist daher die astronomische Entfernungseinheit in der Welt der Fixsterne. Die Abkürzung ist pc. Ein Kilo-

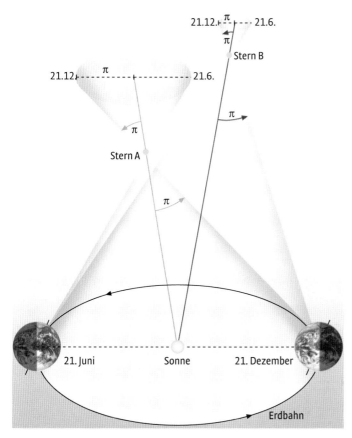

21.12. π 21.6.

Stern B

21.12. π 21.6.

π

Stern A

π

π

21. Juni   Sonne   21. Dezember

Erdbahn

PARALLAXE **Infolge der Wanderung der Erde um die Sonne zeigen die Nachbarsterne der Sonne kleine elliptische Verschiebungen im Laufe eines Jahres vor dem Hintergrund der fernen Sterne. Die Größe der Parallaxenellipse ist ein Maß für die Entfernung des Sterns.**

parsec (kpc) = 1000 Parsec, ein Megaparsec (Mpc) = eine Million Parsec.

> *Entfernungsbestimmung, Parallaxe*

PENUMBRA

Lat., Halbschatten. Der Ausdruck wird verwendet für den Halbschatten des Mondes oder der Erde bei Finsterniserscheinungen.

Auch der äußere Teil von Sonnenflecken, der nicht vollkommen dunkel, sondern gräulich gefasert erscheint, wird als Penumbra bezeichnet (s. Abb. S. 113).
> *Mondfinsternis, Sonnenfinsternis, Sonnenflecken, Umbra*

PERIASTRON

Der Bahnpunkt, an dem die beiden Komponenten eines Doppelsternsystems den geringsten Abstand voneinander haben.
Das *scheinbare* Periastron ist jener Punkt in der Bahn eines Doppelsterns, bei dem beide Komponenten einander am nächsten zu stehen scheinen. Von der Erde aus beobachtet haben beide Sterne dann die geringste Winkeldistanz voneinander. Das *wahre* Periastron bezeichnet den Punkt der Bahn eines Doppelsterns, der dem Schwerpunkt des Systems am nächsten liegt.
> *Doppelstern, Perigäum, Perihel*

PERIGÄUM

Erdnähe. Der erdnächste Punkt der Mondbahn oder eines künstlichen Satelliten. Im Perigäum kann der Mond bis auf 356 000 Kilometer an die Erde herankommen. Seine mittlere Entfernung beträgt rund 384 000 Kilometer.
> *Apogäum, Mondbahn, Perihel*

PERIHEL

Der sonnennächste Punkt einer Planeten- oder Kometenbahn (s. auch Abb. S. 15). Im Perihel erreicht

83

der Planet oder Komet seine geringste Entfernung
von der Sonne. Während die mittlere Entfernung
Erde – Sonne 149,6 Millionen Kilometer beträgt, ist
die Erde im Perihel, das sie Anfang Januar durchläuft,
nur 147,1 Millionen Kilometer von unserem Zentralgestirn entfernt.

> *Aphel, Bahnelemente, Perigäum*

PERIHELDREHUNG

Die Lage des Perihels bleibt bei einer Mond-, Plane-
ten- oder sonstigen Bahn eines Himmelskörpers
nicht ortsfest. So wandert das Erdbahnperihel beispielsweise in rund 111 000 Jahren einmal durch
den gesamten Tierkreis. Die Erdbahnellipse dreht
sich in diesem Zeitraum einmal ganz herum.
Dieser Zeitraum wird auch ein Euklidisches Jahr
genannt.

> *Bahnelemente, Perihel, Tierkreis*

PERIODEN-HELLIGKEITS-BEZIEHUNG

Bei bestimmten Pulsationsveränderlichen (zum Beispiel Delta-Cepheï-Sternen) ist die Periodendauer
der Helligkeitsschwankung ein Maß für die wahre
Leuchtkraft dieser Sterne im Maximum. Je länger die
Blinkperiode, desto leuchtkräftiger sind die Sterne.
Somit sind diese veränderlichen Sterne gewissermaßen Leuchttürme im Kosmos, die es gestatten,
ihre Entfernung durch die Messung ihrer scheinbaren
Helligkeit zu bestimmen. Denn aus der Differenz der
scheinbaren Helligkeit und der wahren Leuchtkraft
lässt sich ihre Entfernung bestimmen.

> *Entfernungsbestimmung, Helligkeit,*
> *Leuchtkraft, Veränderlicher*

PERSEÏDEN

Ein Sternschnuppenstrom (Meteorstrom), der jedes
Jahr Mitte August in Erscheinung tritt und pro Stunde
bis zu hundert Meteore liefert (s. Tab. „Meteorströme" auf S. 66 und Abb. S. 96). Sein Radiant liegt
im Sternbild Perseus, daher hat er seinen Namen.
Seinen Ursprung führt er auf den Kometen 109 P /
Swift-Tuttle zurück.

> *Leoniden, Meteorstrom, Radiant*

PHASEN

Lichtgestalten eines Himmelskörpers. Der Mond
zeigt Phasen, ebenso die inneren Planeten Merkur
und Venus. Mond, Merkur und Venus zeigen manchmal Sichelgestalt, dann erscheinen sie wieder halb
beleuchtet oder noch voller. Beim Mond sieht man
bei Vollmond seine ganze beleuchtete Seite, Venus
und Merkur befinden sich dann von uns aus gesehen
hinter der Sonne und sind unsichtbar.

> *Merkur, Mondphasen, Venus*

PHASENWINKEL

Der Winkel, unter dem von einem Planeten aus Erde
und Sonne erscheinen. Aus dem Phasenwinkel ergibt
sich, welcher Teil der beleuchteten Halbkugel des
Planeten von der Erde aus sichtbar ist. Beträgt der
Phasenwinkel 0°, so erscheint der Planet oder der
Mond von der Erde aus betrachtet voll beleuchtet
(Vollmond). Phasenwinkel 90° bedeutet, man sieht
den Planeten halb beleuchtet, bei einem Phasenwinkel von 180° ist die unbeleuchtete Seite der Erde zugekehrt (zum Beispiel Neumondposition oder Venus
beziehungsweise Merkur in unterer Konjunktion).

> *Konjunktion, Mondphasen, Phasen*

PHOTOMETER

Messgerät zur Bestimmung der scheinbaren Helligkeit eines Gestirns. Es gibt verschiedene Typen von
Photometern wie Irisblendenphotometer oder licht-
elektrische Zellen.

> *scheinbare Helligkeit*

PHOTOMETRIE

Helligkeitsmessung an Gestirnen.

> *Helligkeit*

PHOTOSPHÄRE

Lichtschicht der Sonne (s. Abb. S. 64 und 108), die
unterste Atmosphärenschicht, aus der über 99 Prozent des sichtbaren Sonnenlichts stammen. Die Photosphäre ist eine äußerst dünne Schicht von lediglich
400 Kilometer Dicke. Ihre mittlere Temperatur be-

trägt 5500 Grad Celsius. In der Photosphäre werden Erscheinungen wie die Granulation, die Sonnenflecken und die Randverdunkelung beobachtet. Überraschenderweise erscheint die Sonne mit einem scharfen Rand und nicht diffus, wie man es eigentlich von einem Gasball erwarten würde. Der Grund dafür ist, dass die Photosphäre am Sonnenrand von der Erde aus gesehen lediglich unter einem Winkel von einer halben Bogensekunde erscheint.

> *Bogensekunde, Granulation, Randverdunkelung, Sonnenatmosphäre, Sonnenflecken*

PLANET

Wandelstern. Himmelskörper, der um eine Sonne (einen Stern) kreist. Unsere Sonne besitzt neun große Planeten und weit über hunderttausend Kleinplaneten. Die neun großen Planeten heißen in der Reihenfolge ihres Abstandes von der Sonne: Merkur, Venus, Erde, Mars, Jupiter, Saturn, Uranus, Neptun und Pluto. Planeten senden kein eigenes Licht aus, sondern sie reflektieren das Sonnenlicht. Sie laufen auf Keplerbahnen (Ellipsen) um die Sonne. Die meisten Planetenbahnen sind dabei nahezu kreisförmig. Als *innere* Planeten bezeichnet man Merkur und Venus, die innerhalb der Erdbahn um die Sonne kreisen. Alle Planeten außerhalb der Erdbahn zählen zu den *äußeren* Planeten.

Merkur, Venus, Erde und Mars bilden die Gruppe der *erdähnlichen* (*terrestrischen*) Planeten, das innere Planetensystem. Sie bestehen hauptsächlich aus Gestein und Metall und besitzen eine feste Oberfläche, die entweder direkt dem freien Weltraum ausgesetzt oder von einer vergleichsweise dünnen atmosphärischen Hülle umgeben ist. Sie rotieren relativ langsam und werden nur von wenigen oder gar keinen Monden umkreist. Jupiter, Saturn, Uranus und Neptun zählen zu den *Gasriesen*. Sie enthalten leichte Elemente wie Wasserstoff und Helium, während der Anteil an Gestein und Metallen relativ gering ist. Sie haben riesenhafte Ausmaße, rotieren vergleichsweise schnell, werden von zahlreichen Monden umkreist und verfügen darüber hinaus über ein System von Eis- und Staubringen.

Pluto ist ein Sonderfall, er dürfte das größte Objekt des Kuiper-Gürtels sein, in dem zahlreiche *Kleinpla-*

DIE PLANETEN

Planet	Zeichen	Mittlere Entfernung von der Sonne Mio. km	AE	Lichtlaufzeit	Umlaufzeit d-Tage a-Jahre	Entfernung von der Erde in Mio km kleinste	größte	Mittlere Bahngeschwindigkeit (km/s)	Durchmesser in km	Erde = 1	Masse Erde = 1	Mittlere Dichte kg/dm³	Rotationsdauer d-Tage, h-Stunden, m-Minuten	Neigung der Rotationsachse zur Senkrechten auf der Bahnebene
Merkur	☿	58	0,387	$3{,}2^m$	88,0 d	80	220	47,9	4 878	0,38	0,055	5,43	$58^d15^h30^m$	2°
Venus	♀	108	0,723	$6{,}0^m$	224,7 d	39	261	35,0	12 104	0,95	0,815	5,25	$243^d\ 0^h36^m$	177°
Erde	♁, ⊕	149,6	1,000	$8{,}3^m$	365,256 d	–	–	29,8	12 756	1,00	1,000	5,52	23^h56^m	23,°4
Mars	♂	228	1,523	$12{,}7^m$	687 d	56	400	24,1	6 794	0,53	0,107	3,93	24^h37^m	24°
Jupiter	♃	779	5,205	43^m	11,87 a	588	967	13,1	142 796	11,2	317,8	1,3	9^h55^m	3°
Saturn	♄	1 432	9,576	1^h20^m	29,46 a	1 191	1 665	9,7	120 000	9,4	95,1	0,7	10^h40^m	27°
Uranus	⛢	2 884	19,281	2^h40^m	84,67 a	2 582	3 158	6,8	51 118	4,0	14,5	1,3	17^h14^m	98°
Neptun	♆	4 509	30,142	4^h10^m	165,5 a	4 308	4 683	5,4	49 424	3,9	17,2	1,7	16^h03^m	30°
Pluto	♇	5 966	39,880	5^h31^m	247,7 a	4 275	7 525	3,6	2 300	0,18	0,003	2,2	$6^d\ 9^h18^m$	120°

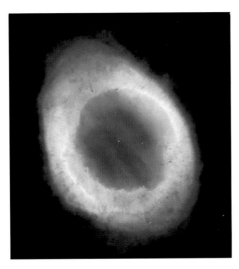

PLANETARISCHER NEBEL

PLANETARISCHER NEBEL **Der Ringnebel im Sternbild Leier ist einer der bekanntesten Planetarischen Nebel.**

neten (so genannte Trans-Neptun-Objekte, TNO) die Sonne umkreisen.
Neuere Untersuchungen haben ergeben, dass auch andere Sterne von Planeten umkreist werden. Planeten außerhalb unseres Sonnensystems werden als *Exoplaneten* bezeichnet.

> *äußerer Planet, Erde, Exoplanet, innerer Planet, Jupiter, Keplersche Gesetze, Kleinplanet, Kuiper-Gürtel, Mars, Merkur, Monde, Neptun, Planetoid, Pluto, Saturn, Uranus, Venus*

PLANETARISCHER NEBEL

Expandierende Gashülle um einen alternden Stern, die häufig in der Form eines Ringnebels zu beobachten ist. Ein Planetarischer Nebel stellt eine Art Übergangsstadium dar zwischen einem Roten Riesen und einem Weißen Zwerg. Sterne schleudern in fortgeschrittenen Lebensstadien ihre äußere Gashülle ab. Übrig bleibt ein sehr heißer Sternkern (Oberflächentemperatur weit über 100 000 Grad), der sich allmählich zu einem Weißen Zwerg entwickelt. Diese heißen Zentralsterne senden eine intensive Ultraviolettstrahlung aus, die die expandierende Gashülle

zum eigenen Leuchten anregt. Die Erscheinung ist in kosmischen Maßstäben gesehen relativ kurzlebig von nur einigen zehntausend Jahren Dauer.
Planetarische Nebel haben nichts mit Planeten zu tun. Sie heißen nur so, weil sie im Teleskop bei geringer Vergrößerung ähnlich aussehen wie die sonnenfernen und lichtschwachen Planeten Uranus und Neptun – sie erscheinen wie diese als kleine, grünliche Scheibchen.
Zu den bekanntesten Planetarischen Nebeln zählt der Hantelnebel im Sternbild Füchschen und der Ringnebel in der Leier (s. Abb. links). Man schätzt, dass in unserem Milchstraßensystem rund 100 000 Planetarische Nebel existieren. Davon sind bisher etwa 1500 katalogisiert. Auch unsere Sonne wird in ferner Zukunft einen Planetarischen Nebel erzeugen.

> *Roter Riese, Weißer Zwerg*

PLANETARIUM

Vorrichtung zur Darstellung von Gestirnen und ihren Bewegungen.
In früheren Jahrhunderten wurden mechanische Planetarien erstellt. Das Kopernikanische Planetarium besitzt im Zentrum eine helle Lichtquelle, die die Sonne darstellt. Um die zentrale Lichtquelle sind mit Getrieben und Gestängen die Planeten und gelegentlich noch einige ihrer Monde so montiert, dass man den Ablauf der Bewegungen in unserem Sonnensystem darstellen kann.
Im modernen Sinn versteht man jedoch unter einem Planetarium das von Walther Bauersfeld (1879 – 1959) erfundene Projektionsplanetarium. Ein solches Gerät projiziert auf die Innenfläche einer weißen Kuppel den gesamten Fixsternhimmel, wie er mit freiem Auge zu sehen ist, außerdem die Planeten einschließlich Sonne und Mond sowie viele weitere Himmelserscheinungen. Mit dem Planetarium kann der Anblick des Himmels nach Ort und Zeit variiert und die Bewegungen der Gestirne sehr anschaulich in Zeitraffung demonstriert sowie Sternbilder und astronomische Koordinatensysteme dargestellt werden.
Oftmals versteht man unter einem Planetarium auch das Gebäude beziehungsweise die Institution. Moderne Planetarien besitzen neben dem eigentlichen

PLANETARIUM Der Projektor Zeiss Modell IX im Stuttgarter Planetarium (Bild links)

peln bis zehn Meter Durchmesser), Mittelplanetarien (Kuppeln von zehn bis fünfzehn Meter Durchmesser) und Großplanetarien (Kuppeldurchmesser über 15 Meter). Ein Verzeichnis aller wichtigen Planetarien findet man im astronomischen Jahrbuch *Kosmos Himmelsjahr*.

> Sternwarte

PLANETENSCHLEIFE

Planeten, Kleinplaneten und Kometen ziehen am Himmel gelegentlich Schleifen. Sie bewegen sich nicht immer in die gleiche Richtung wie Sonne und Mond (rechtläufig), sondern bleiben gelegentlich unter den Sternen stehen und bewegen sich für einige Wochen rückläufig, entgegengesetzt zur Bewegung von Sonne und Mond. Planetenschleifen kommen dadurch zustande, dass wir von der bewegten Erde aus die Planeten beobachten. Was wir sehen, ist daher eine Kombination zwischen dem wahren Umlauf der Planeten um die Sonne und ihrer scheinbaren Bewe-

Planetariumsprojektor zahlreiche Zusatz- und Effektprojektoren, Videobeamer und Laserprojektionsanlagen. Mit ihnen wird es möglich, computergesteuerte Multimedia-Sternvorführungen sowohl für ein breites Publikum als auch für fachspezifische Zwecke abzuhalten. Planetarien sind heutzutage Kulturinstitute, die zur Verbreitung astronomischen Wissens und Unterrichtung aller Schichten der Bevölkerung in Sachen Astronomie und Raumfahrt dienen.
Je nach Größe unterscheidet man Kleinplanetarien (Kup-

PLANETENSCHLEIFE
Beim Überholen eines äußeren Planeten durch die Erde (Oppositionsphase) scheint dieser für einige Wochen unter den Sternen zurückzubleiben.

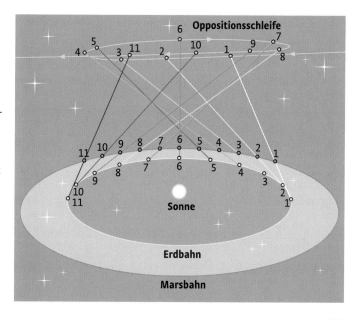

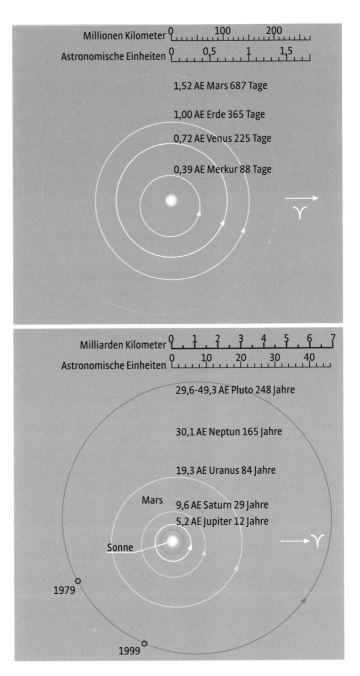

PLANETENSYSTEM
Das innere (oben) und das äußere Planetensystem (unten) mit Angabe der Planetenentfernungen von der Sonne sowie ihrer Umlaufzeit

gung am irdischen Himmel infolge des Erdumlaufes. Die äußeren Planeten, die außerhalb der Erdbahn die Sonne umkreisen, ziehen Schleifen in ihrer Oppositionsperiode, die inneren Planeten zu Zeiten um ihre untere Konjunktion. Schleifen treten also immer dann auf, wenn die Erde auf ihrer inneren Bahn einen der äußeren Planeten überholt oder wenn sie selber von einem inneren Planeten überholt wird.

> *äußerer Planet, innerer Planet, Konjunktion, Oppositionsperiode, rechtläufig, rückläufig*

PLANETENSYSTEM

Unser Planetensystem setzt sich aus dem Zentralkörper, unserer Sonne, und neun großen Planeten samt ihren Monden sowie Tausenden von Kleinplaneten, Millionen Kometen, Milliarden Meteoroiden sowie interplanetarer Materie zusammen. Die Himmelskörper laufen dabei auf Keplerbahnen (Ellipsen) um das Zentralgestirn Sonne. Zum inneren Planetensystem zählen alle Planeten bis zum Mars, das äußere Planetensystem beginnt jenseits davon.

Inzwischen wurden auch um andere Sonnen Planeten entdeckt (so genannte Exoplaneten), so dass der Schluss berechtigt ist, dass es zahlreiche Planetensysteme in unserer Milchstraße gibt. Bei der Bildung von Sternen entstehen offensichtlich aus den Gas- und Staubscheiben um die Sterne Planetensysteme. Solche zirkumstellaren Gas- und Staubscheiben hat man bereits mehrfach um Sterne beobachtet. Allgemein kann man von einem Planetensystem sprechen, wenn ein Stern von kalten, nicht selbst leuchtenden Körpern umrundet wird.

> *Exoplanet, interplanetare Materie, Keplersche Gesetze, Komet, Meteoroid, Planet, Planetoid, Sonnensystem*

PLANETESIMAL

Kleinkörper im interplanetaren Raum. Solche Kleinkörper sind das Ursprungsmaterial, aus dem sich die Planeten und ihre Monde gebildet haben. Sie sind gewissermaßen das Rohmaterial aus der Entstehungsphase des Sonnensystems.

> *Planetensystem, Protoplanet, Sonnensystem*

PLANETOID

Kleinplanet, gelegentlich auch Asteroid genannt. Der erste Kleinplanet wurde in der Neujahrsnacht von 1800 auf 1801 von Giuseppe Piazzi in Palermo entdeckt und auf den Namen Ceres getauft. Ceres läuft zwischen der Mars- und Jupiterbahn um die Sonne. Inzwischen sind Tausende Kleinplaneten bekannt, die zwischen der Mars- und Jupiterbahn um die Sonne schwirren und den Planetoidengürtel bilden. Daneben gibt es einige Dutzend Kleinplaneten, die auf ihren Wegen um die Sonne die Bahn der Erde kreuzen, so genannte Erdbahnkreuzer.
Ein zweiter Planetoidengürtel, Kuiper-Gürtel genannt, findet sich jenseits der Neptunbahn. Man bezeichnet die Mitglieder dieses Gürtels auch als Trans-Neptun-Objekte (TNO). Wegen der großen Sonnenferne ist die Beobachtung der Kleinplaneten im Kuiper-Gürtel schwierig, da sie sehr lichtschwach sind. Pluto dürfte das größte Objekt im Kuiper-Gürtel sein. Die kleineren Mitglieder des Kuiper-Gürtels werden auch als Plutinos bezeichnet. Ihre Umlaufzeiten um die Sonne liegen zwischen einem Vierteljahrtausend und einigen tausend Jahren.

> *Ceres, Erdbahnkreuzer, Kuiper-Gürtel, Plutinos, Pluto, Sonnensystem*

PLATONISCHES JAHR

Auch Weltenjahr genannt, Dauer knapp 26 000 Jahre. Infolge der Präzession der Erdachse wandert der Frühlingspunkt in einem Zeitraum von knapp 26 000 Jahren einmal rückläufig durch alle Sternbilder des Tierkreises.

> *Frühlingspunkt, Präzession, rückläufig, Tierkreis*

PLEJADEN

Offener Sternhaufen im Sternbild Stier, Katalogbezeichnung M 45, besonders eindrucksvoll im Fernglas. Mit freiem Auge sind je nach Sichtbedingung sechs bis neun Sterne sichtbar, im Teleskop weit über 100. Die Plejadensterne sind knapp 400 Lichtjahre von uns entfernt. Zusammen mit dem offenen Sternhaufen der Hyaden im Stier bilden sie das so genannte Goldene Tor der Ekliptik. Wie durch ein Tor wandern zwischen Plejaden und Hyaden Sonne, Mond und Planeten hindurch (s. Abb. S. 35).

> *Goldenes Tor der Ekliptik, Hyaden, Messier-Katalog, offener Sternhaufen*

PLEJADEN **Der offene Sternhaufen der Plejaden im Sternbild Stier. Die heißen blauen Sterne beleuchten interstellare Staubwolken.**

PLUTINO

Kleinplanet, der auf einer Bahn jenseits der Neptunbahn die Sonne umrundet und mit anderen Plutinos den Kuiper-Gürtel bildet.

> *Kuiper-Gürtel, Planetoid*

PLUTO

Sonnenfernster, neunter Planet unseres Sonnensystems, entdeckt von Clyde Tombaugh im Jahr 1930 auf der Lowell-Sternwarte in Flagstaff, Arizona. Pluto wandert in knapp 250 Jahren in einer mittleren Entfernung von 39 AE, dies entspricht knapp sechs Milliarden Kilometern, um die Sonne. Mit 2300 Kilometern Durchmesser und 0,0025 Erdmassen ist Pluto der kleinste und leichteste Planet unseres Sonnensystems. Die Plutobahn ist mit 17° die am stärksten zur Erdbahnebene geneigte Planetenbahn. Außerdem weicht die Plutobahn von allen Planetenbahnen am stärksten von der Kreisform ab. In Sonnennähe ist Pluto der Sonne sogar näher als der achte Planet Neptun.

Als Objekt 14. Größenklasse ist Pluto nur leistungsfähigeren Teleskopen zugänglich. Aber selbst in großen Teleskopen erscheint er lediglich als Lichtpunkt, ohne dass Einzelheiten auf seiner Oberfläche zu erkennen wären.

Im Jahr 1978 wurde ein Plutomond entdeckt, der den Namen Charon erhielt. Charon ist etwa halb so groß wie Pluto (Durchmesser: 1200 Kilometer) und 19 000 Kilometer von Pluto entfernt. Beide Himmelskörper umkreisen einander in 6,4 Tagen, dies entspricht auch der Eigenrotation beider Körper. Somit zeigen Pluto und Charon einander stets die gleichen Seiten.

PLUTO   **Pluto und sein Begleiter, der Mond Charon**

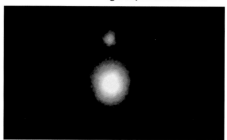

Man spricht in einem solchen Fall von einer doppelt gebundenen Rotation.

> *gebundene Rotation, Größenklasse, Monde, Planet, Sonnensystem*

POLACHSE

Auch Stundenachse eines parallaktisch montierten Fernrohrs. Die Polachse ist parallel zur Erdachse gelagert und zeigt auf den Himmelsnordpol (beziehungsweise auf der Südhalbkugel der Erde auf den Himmelssüdpol). Durch eine Drehung des Teleskops um die Polachse kann die Rektaszension bzw. der Stundenwinkel eines Gestirns eingestellt werden. Außerdem kann die tägliche Erddrehung durch eine gleichförmige, ihr entgegengesetzte Drehung um die Polachse kompensiert werden (Nachführung), wodurch Gestirne im Gesichtsfeld des Teleskops gehalten werden können.

> *Deklinationsachse, Himmelspol, Nachführung, parallaktische Montierung, Rektaszension, Stundenwinkel*

POLARKREISE

Breitenkreise auf der Erde in 66,5° nördlicher und südlicher Breite. Ab dem Polarkreis bis zum Pol ist im jeweiligen Sommer das Phänomen der Mitternachtssonne zu beobachten (24-stündiger Tag). In der jeweiligen Winterhälfte tritt in der Polarzone (Zone zwischen Polarkreis und Pol) das Phänomen einer 24-stündigen Polarnacht auf.

> *Jahreszeiten*

POLARLICHT

Nordlicht oder Südlicht, Leuchterscheinung in der Hochatmosphäre der Erde. Meist sind Polarlichter in der Nähe der Pole zu beobachten, mitunter sind sie jedoch auch in Mitteleuropa zu sehen. Polarlichter treten in Höhen zwischen 80 und 120 Kilometern auf und werden durch die intensive Teilchenstrahlung der Sonne – den so genannten Sonnenwind – hervorgerufen. Die Formen und Farben der Polarlichter sind außerordentlich vielschichtig.

> *solar-terrestrische Beziehungen, Sonnenwind*

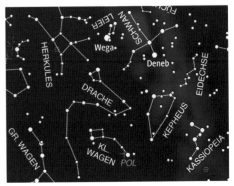

POLARLICHT In den vergangenen Jahren konnte man in Mitteleuropa mehrmals Polarlichter am Himmel beobachten.

POLARSTERN Der Polarstern steht am Ende der Deichsel des Kleinen Wagens und weist uns die Nordrichtung.

POLARSTERN

In unserem Zeitalter hat der letzte Deichselstern des Kleinen Wagens (die Schwanzspitze des Kleinen Bären) die Rolle des Polarsterns inne. Sein Name ist Polaris. Er ist ein Stern zweiter Größenklasse und 430 Lichtjahre von uns entfernt. Der Polarstern steht dem Himmelsnordpol näher als ein Grad und weist daher dem Beobachter die Nordrichtung. Beobachtet man einige Stunden lang den nächtlichen Sternenhimmel, so bemerkt man, dass alle Sterne in konzentrischen Kreisen um den Polarstern laufen (s. Abb. S. 141). Infolge der Präzession der Erdachse wechseln die Polarsterne allerdings. Im Jahr 10 000 wird Deneb, der Hauptstern im Schwan, und im Jahr 14 000 Wega, der hellste Stern im Sternbild Leier (s. Abb. oben rechts), in der Nähe des Himmelsnordpols stehen und die Rolle des Polarsterns spielen.

> *Größenklasse, Himmelspol, Himmelsrichtungen, Präzession, Sternbild*

POLDISTANZ

Winkelabstand eines Gestirns vom Himmelspol (für die nördliche Himmelskugel vom Himmelsnordpol, für die südliche Himmelskugel vom Himmelssüdpol). Die Poldistanz ist der Komplementärwinkel zur Deklination (Poldistanz = 90° – Deklination).

> *Deklination, Himmelspol*

POLHÖHE

Höhe des Himmelsnordpols über dem Nordpunkt am Horizont. Die Polhöhe entspricht stets der geografischen Breite. In 50° nördlicher Breite steht somit der Polarstern 50° über dem Nordpunkt am Horizont. Analog steht der Himmelssüdpol so hoch über dem Südpunkt am Horizont, wie es der südlichen Breite des Beobachters entspricht.
Die Polhöhe ist leichten Schwankungen ausgesetzt – etwa in der Größe einer drittel Bogensekunde. Die Ursache dafür ist die so genannte Chandlersche Polhöhenschwankung.

> *Bogensekunde, Chandlersche Polhöhenschwankung, Himmelspol, Nordpunkt, Polarstern, Südpunkt*

POSITIONSWINKEL

Der Winkel, der bei der Beobachtung eines scheibenförmigen Gestirns (Sonne, Mond, Planeten) vom Nordpunkt über Ost, Süd, West, gezählt wird. Damit kann man beim Mond beispielsweise die Lage des Ein- und Austritts eines Sterns bei seiner Bedeckung kennzeichnen. Der Nordpunkt hat den Positionswinkel 0°, der Ostpunkt den Positionswinkel 90°, der Südpunkt 180° und der Westpunkt 270°.
Bei Doppelsternen gibt der Positionswinkel die Richtung von der Hauptkomponente (in aller Regel der

hellere Stern) zur Nebenkomponente an. Er wird im äquatorialen Koordinatensystem von der Richtung des nördlichen Himmelspols aus nach Osten gezählt. Die Nordrichtung entspricht dem Positionswinkel 0°, die Ostrichtung 90°, die Südrichtung 180° und die Westrichtung 270°.

> *äquatoriales Koordinatensystem, Doppelstern, Sternbedeckung*

PRAESEPE

Lateinische Bezeichnung für „Krippe", offener Sternhaufen im Sternbild Krebs in etwa 580 Lichtjahren Entfernung (Katalogbezeichnung M 44). Unter guten Sichtbedingungen ist er bereits mit freiem Auge als mattes Lichtfleckchen erkennbar, im Fernglas oder Fernrohr können die Sterne einzeln gesehen werden.

> *Messier-Katalog, offener Sternhaufen*

PRÄZESSION

Kreiselbewegung der Erdachse. Die Erdachse ist zur Senkrechten auf der Erdbahnebene um 23,45° geneigt. Da die Erde keine exakte Kugel ist, sondern ein abgeplattetes Rotationsellipsoid, versuchen die Anziehungskräfte von Sonne und Mond die Erdachse

PRAESEPE **Der offene Sternhaufen Krippe (Praesepe) im Sternbild Krebs**

aufzurichten. Gemäß den Kreiselgesetzen weicht die Erdachse jedoch rechtwinklig aus und beschreibt in einem Zeitraum von knapp 26 000 Jahren einen doppelten Kegelmantel (s. Abb. rechts). Die Periode von 26 000 Jahren wird auch Platonisches Jahr genannt. Infolge dieses Kreiselns der Erdachse wandert der Frühlingspunkt jährlich um 50,2 Bogensekunden entgegengesetzt der Sonnenbewegung (rückläufig) durch den gesamten Tierkreis. Vor dem Jahr −70 befand er sich im Sternbild Widder, heute liegt er im Sternbild Fische und nach dem Jahr 2610 wird er im Wassermann zu finden sein.

Infolge der Erdpräzession wandern auch die Himmelspole. Der letzte Deichselstern des Kleinen Wagens (Polaris) steht nur in unserer Zeit in der Nähe des Himmelsnordpols. Im Jahr 10 000 wird Deneb, der Hauptstern im Schwan die Rolle des Polarsterns spielen, im Jahr 14 000 die Wega in der Leier.

Da der Frühlingspunkt Koordinatenursprung der äquatorialen und der ekliptikalen Koordinaten ist, muss bei Koordinatenangaben stets das Äquinoktium (die Epoche) angegeben werden. Dies ist das Datum, für welches die Koordinatenangaben exakt gelten. Äquinoktium J 2000.0 bedeutet zum Beispiel, dass die Koordinatenangaben in Bezug auf die Lage des Frühlingspunktes zu Beginn des Jahres 2000 exakt gelten.

> *äquatoriale Koordinaten, Äquinoktium, ekliptikale Koordinaten, Epoche, Frühlingspunkt, Himmelspol, Koordinaten, Nutation, Plantonisches Jahr, Polarstern, Tierkreis*

PRIMÄRFOKUS

Brennpunkt (Brennebene) eines Linsen- oder Spiegelobjektivs ohne weitere optische Elemente.

> *Brennpunkt, Objektiv, Teleskop*

PROGRAD

> *rechtläufig*

PROTOGALAXIE

Eine im Entstehen begriffene Galaxie.

> *Galaxie*

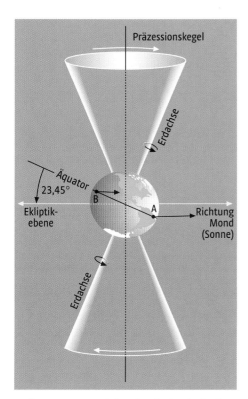

P R O T O S T E R N **Dieses Infrarotbild des Elefantenrüsselnebels im Sternbild Kepheus zeigt mehrere noch sehr junge Sterne, die von Staubwolken umgeben sind.**

(Gravitation). Steigt durch die Verdichtung die Zentraltemperatur auf mindestens drei Millionen Kelvin an, so zündet die Wasserstofffusion (Wasserstoffbrennen) unter Freisetzung von Strahlungsenergie. Es leuchtet ein neuer Stern.

> *Gravitation, interstellare Materie, Stern, Sternentstehung, Wasserstoffbrennen*

P R Ä Z E S S I O N **Durch die Präzession beschreibt die Erdachse im Zeitraum von 26 000 Jahren einen doppelten Kegelmantel.**

PROTOPLANET

Ein im Entstehen begriffener Planet, Vorstufe zu einem Planeten. Ein Protoplanet ist eine Verdichtung interplanetarer Materie (so genannter Planetesimals) zu größeren Klumpen, aus denen schließlich ein Planet entsteht.

> *interplanetare Materie, Planet, Planetensystem, Planetesimal*

PROTOSTERN

Vorstufe eines Sterns, ein im Entstehen begriffener Stern. Sterne entstehen aus interstellaren Materiewolken durch Verdichtung infolge der Schwerkraft

PROTUBERANZ

Protuberanzen sind Flammenzungen oberhalb der Photosphäre der Sonne, die am Sonnenrand mit speziellen (monochromatischen) Filtern gegenüber dem dunklen Hintergrund des Weltalls zu beobachten sind (s. Abb. S. 94). Es handelt sich um Materieeruptionen der Sonne, bei denen von der Sonnenoberfläche Materie in die höheren Atmosphärenschichten (bis zu einigen hunderttausend Kilometern) emporgeschleudert wird. Manche Protuberanzen schießen steil nach oben, andere bilden durch Magnetfelder erzwungene Schleifen (Loops).
Vor der Sonnenscheibe sind Protuberanzen mit einem speziellen (monochromatischen) Filter als Filamente, als dunkle Bänder, zu beobachten. Sie erscheinen dann im Kontrast zu tiefer liegenden Sonnenschichten als dunkle, fadenförmige Gebilde.

> *Filament, Filter, Sonnenaktivität, Sonnenatmosphäre*

PROTUBERANZ Bei einer totalen Sonnenfinsternis werden am verdunkelten Sonnenrand Protuberanzen sichtbar.

PULSAR

Pulsare sind rasch rotierende Neutronensterne. Sie schleudern in Sekunden oder Sekundenbruchteilen Lichtblitze und Radiosignale ähnlich einem Leuchtturm ins Weltall. Der erste Pulsar wurde 1967 im Sternbild Füchschen entdeckt, 1968 fand man im Krabbennebel einen der schnellsten Pulsare mit nur 33 Millisekunden Pulsfrequenz. Inzwischen sind über

PULSAR Im Zentrum des Krabbennebels im Sternbild Stier befindet sich ein Pulsar. Er ist der Rest eines massereichen Sterns, der 1054 als Supernova aufflammte.

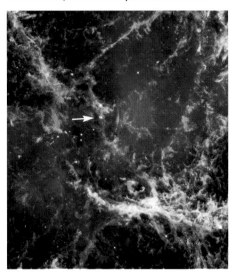

1000 Pulsare gefunden worden, ihre Gesamtzahl in unserer Milchstraße schätzt man auf etwa 500 000.
> *Galaxis, Krabbennebel, Neutronenstern, Radioastronomie*

QUADRATUR

Bezeichnung für eine Konstellation, bei der zwei Gestirne von der Erde aus betrachtet eine Winkeldifferenz von 90° aufweisen. Steht der Mond in östlicher Quadratur zur Sonne (90° östlicher Winkelabstand von der Sonne), so sieht man ihn als zunehmenden Halbmond. In westlicher Quadratur zeigt sich der Mond als abnehmender Halbmond.
Steht ein Planet in östlicher Quadratur, dann ist er am Abendhimmel beziehungsweise in der ersten Nachthälfte beobachtbar. Er geht dann gegen Mitternacht im Westen unter. In westlicher Quadratur kann ein Planet erst in der Zeit nach Mitternacht beobachtet werden. Das Gestirn steht dann 90° westlich der Sonne und geht gegen Mitternacht auf und steht zu Sonnenaufgang am höchsten.
> *Aspekte, Halbmond, Konstellation, Mondphasen*

QUASAR

Ein im sichtbaren Licht punktförmiges Objekt, das sich auch im Radiofrequenzbereich als punktförmiger Radiostrahler entpuppt. Daraus leitet sich auch die Bezeichnung ab, die eine Zusammenziehung von „Quasi Stellar Object" ist.
Quasare sind die leuchtkräftigsten Objekte im Universum. Sie sind keine Sterne, sondern die Zentren hochaktiver Galaxien. Ein typischer Quasar strahlt etwa das Hundertfache an Energie aus wie eine große Galaxie. Quasare sind daher die fernsten Objekte, die man im Universum beobachten kann. Als Motor eines Quasars sieht man heute ein zentrales, supermassereiches Schwarzes Loch von einigen Millionen Sonnenmassen an, das von einer gewaltigen Akkretionsscheibe umgeben wird. Materie strömt in Spiralform in das Schwarze Loch, wobei ein Großteil der

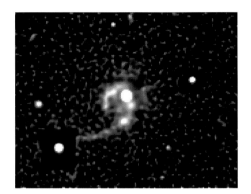

QUASAR **Ein Quasar (der helle Punkt in der Bildmitte) ist eine punktförmige Radioquelle in den Tiefen des Universums. Er ist der Kern einer aktiven Galaxie.**

Fallenergie in Wärme umgewandelt wird. Die auf Millionen Grad aufgeheizten Akkretionsscheiben, die in der Regel in zwei Richtungen Materie-Jets ausschleudern (s. auch Abb. S. 7), senden elektromagnetische Strahlung über einen weiten Bereich von Röntgen- bis Radiostrahlung aus.

> *Akkretionsscheibe, aktive Galaxie, elektromagnetische Strahlung, Galaxie, Radioastronomie, Schwarzes Loch*

RADARASTRONOMIE

Im Unterschied zur Radioastronomie werden hierbei nicht nur elektromagnetische Wellen im Radiofrequenzbereich aus dem Weltraum empfangen, sondern auch aktiv ausgesendet. Damit wird es beispielsweise möglich, reflektierte Radiowellen von Himmelskörpern in unserem Sonnensystem (Mond, Venus etc.) zu empfangen. Mit Hilfe der Radarastronomie lassen sich durch Laufzeitmessungen der Strahlung sehr genau die Entfernungen von Körpern im Sonnensystem bestimmen. Die Laufzeiten lassen sich bis auf etwa eine Nanosekunde (= eine milliardstel Sekunde) ermitteln. In dieser Zeit legt eine Radiowelle oder ein Lichtstrahl eine Strecke von 30 Zentimetern zurück.

Mit Hilfe der Radarastronomie ist es beispielsweise auch gelungen, die gebirgige Struktur der Oberfläche unseres inneren Nachbarplaneten, der Venus, zu ermitteln sowie ihre äußerst langsame Rotationszeit zu bestimmen (eine Venusumdrehung erfolgt entgegengesetzt dem Drehsinn der Erde einmal in 243 Tagen).

> *Doppler-Effekt, elektromagnetische Strahlung, Entfernungsbestimmung, Lichtgeschwindigkeit, Radioastronomie, Venus*

RADIALGESCHWINDIGKEIT

Die Radialgeschwindigkeit ist die Geschwindigkeit eines Himmelskörpers auf den Beobachter zu oder von ihm weg. Bewegen sich Gestirne vom Beobachter weg, so ist die Radialgeschwindigkeit positiv. Ausgestrahlte Ton- oder Lichtsignale verschieben sich durch den Doppler-Effekt zu längeren Wellenlängen. Bei einem sich entfernenden Krankenwagen geht die Tonhöhe der Sirene nach unten, das Licht eines sich entfernenden Sterns ist zum Roten hin verschoben. Nähern sich jedoch Himmelskörper dem Beobachter, so ist ihre Radialgeschwindigkeit negativ. Bei einem sich nähernden Krankenwagen wird der Ton höher, bei einem sich nähernden Himmelskörper werden die Lichtwellen kürzer und damit zum Blauen hin verschoben (Blauverschiebung).
Üblicherweise wird die Radialgeschwindigkeit in Kilometern pro Sekunde vermerkt. Die Sterne in unserer Milchstraße haben einige wenige bis einige Dutzend Kilometer pro Sekunde an Radialgeschwindigkeit. Erst zusammen mit der Eigenbewegung kann man aus der gemessenen Radialgeschwindigkeit die Raumgeschwindigkeit eines Sterns bestimmen.
Ferne Galaxien bewegen sich mit sehr hohen Radialgeschwindigkeiten von der Erde fort. Die fernsten Galaxien haben Radialgeschwindigkeiten von über 90 Prozent der Lichtgeschwindigkeit, da sich das Universum permanent ausdehnt.
Mit Hilfe hochpräziser Radialgeschwindigkeitsmessungen wurden auch indirekt Planeten um andere Sterne entdeckt (Exoplaneten). Ein Stern, der von einem Planeten umkreist wird, vollführt durch die Schwerkraft des Planeten eine kleine Kreisbewegung. Damit ändert sich periodisch seine Radial-

geschwindigkeit, was durch die Verschiebung seiner Spektrallinien nachgewiesen werden kann.

> *Doppler-Effekt, Eigenbewegung, Exoplanet, Himmelskugel, Rotverschiebung, Spektrallinien, Universum*

RADIANT

Scheinbarer Ausstrahlungspunkt eines Sternschnuppenstroms (Meteorstrom). Meist erhalten Sternschnuppenströme je nach Lage des Radianten oder Fluchtpunktes am Himmel ihre Bezeichnung. Bei den Leoniden liegt der Radiant im Sternbild Löwe, der Name ist abgeleitet vom lateinischen Namen des Sternbildes, Leo. Der Radiant der im August auftretenden Perseïden liegt im Sternbild Perseus.

Man findet den Radianten, wenn man die Leuchtspuren der einzelnen Sternschnuppen nach hinten verlängert. Dort treffen sie sich in einem eng begrenzten Gebiet. Ein Meteorstrom hat allerdings mit seinem Radianten direkt nichts zu tun, es handelt sich um einen rein perspektivischen Effekt, ähnlich dem, den ein Autofahrer erlebt, wenn er durch dichtes Schneegestöber fährt. Die Schneeflocken scheinen dann auch von einem Fluchtpunkt aus wegzuströmen. Genauso verhält es sich, wenn die Erde im Weltraum durch einen Sternschnuppenstrom fliegt.

> *Meteorstrom, Sternbild*

RADIOASTRONOMIE

Disziplin der Himmelskunde, in der Radiowellen aus dem Weltall empfangen und untersucht werden. Die Radioastronomie umfasst Wellenlängen von etwa einem Millimeter bis hin zu mehreren Metern. Radiosignale senden unter anderem die Sonne, der Planet Jupiter, Pulsare, interstellare Wasserstoffwolken sowie aktive Galaxien aus. Auch die Quasare wurden mit Hilfe der Radioastronomie entdeckt.

Ferner gelang es der Radioastronomie, interstellare Moleküle nachzuweisen. Damit wurde offensichtlich, dass die Eigenschaft der Materie, komplexe Strukturen zu bilden, nicht auf die Erde beschränkt ist. In interstellaren Gas- und Staubwolken konnten einige Kohlenwasserstoffverbindungen aufgespürt werden, die Grundbausteine des Lebens. Für die Kosmologie besonders wichtig war die Entdeckung der kosmischen Hintergrundstrahlung als Relikt des Urknalls. Diese überall präsente Strahlung ist der Feuerball des Urknalls, elektromagnetische Strahlung, die bei der Bildung des Universums ausgesendet wurde.

Die Radioastronomen sind bei ihren Beobachtungen nicht auf die klaren Nachtstunden angewiesen. Sie

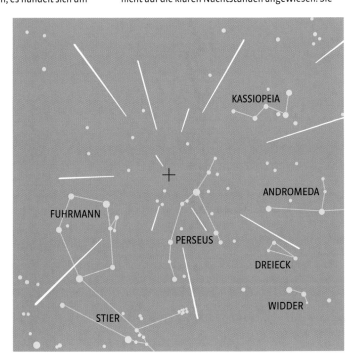

RADIANT **Der Ausstrahlungspunkt eines Sternschnuppenstroms. Der Radiant der Perseïden liegt im Sternbild Perseus.**

können auch durch eine geschlossene Wolkendecke Radiowellen aus dem Universum empfangen, ebenso am helllichten Tag. Radioobservatorien arbeiten daher auch tagsüber.

> *aktive Galaxie, Astronomie, interstellare Materie, Jupiter, Kosmologie, Pulsar, Quasar, Radiofenster, Radioteleskop, Sonne*

RADIOFENSTER

Unsere irdische Atmosphäre absorbiert die meisten elektromagnetischen Strahlen, die aus dem Weltall die Erde erreichen. Nur in zwei Wellenlängenbereichen ist die Erdatmosphäre für Strahlung durchlässig: im optischen Fenster für sichtbares Licht und im Radiofenster für Radiostrahlung (zum Teil auch im infraroten Bereich für Infrarotstrahlung, s. auch Abb. S. 23).

Das Radiofenster lässt elektromagnetische Wellen im Bereich von einigen Millimetern bis etwa 20 Meter zum Erdboden vordringen. Die genaue Breite des Fensters hängt vom jeweiligen Zustand der Atmosphäre ab. Hoher Wasserdampfgehalt absorbiert die Radiostrahlung im kurzwelligen Bereich (Millimeter- und Submillimeterwellen).

> *elektromagnetische Strahlung, Radioastronomie*

RADIOTELESKOP

Ein Instrument zum Empfang von Radiowellen aus dem Weltall. Meist handelt es sich um schüsselförmige Antennen, in deren zentralem Brennpunkt die Radiowellen gebündelt und verstärkt werden.

Die größten Radioteleskope befinden sich derzeit in Arecibo (Puerto Rico), im National Radio Astronomy Observatory (NRAO) in Greenbank, West-Virginia (USA), und in Effelsberg bei Bonn. Das Radioteleskop von Arecibo hat einen Schüsseldurchmesser von 300 Metern, das größte Instrument des NRAO hat eine maximale Ausdehnung von 120 Metern und der Durchmesser des Radioteleskops in Effelsberg beträgt 100 Meter. Betrieben wird das Radioteleskop in Effelsberg vom Max-Planck-Institut für Radioastronomie in Bonn.

> *Radioastronomie, Teleskop*

RADIOTELESKOP **Das 100 Meter große, schüsselförmige Radioteleskop in Effelsberg bei Bonn**

RANDVERDUNKELUNG

Die Helligkeit der Sonne zeigt einen deutlich sichtbaren Abfall von der Mitte zum Rand hin (s. Abb. S. 108). Die Ursache dieser Randverdunkelung liegt darin, dass das Licht aus den randnahen Bereichen einen längeren Weg durch die Sonnenatmosphäre zurücklegen muss, bis es bei uns ankommt. Dabei wird es stärker geschwächt und stammt somit vorzugsweise aus höheren Sonnenschichten. Da diese aber kühler sind als die tieferen Schichten der Photosphäre, erscheint das Licht vom Rand dunkler.

> *Photosphäre, Sonne, Sonnenatmosphäre*

RECHTLÄUFIG

Bewegungsrichtung der Planeten, wenn sie im gleichen Laufsinn wie Sonne und Mond durch den Tierkreis wandern. Sonne und Mond laufen stets rechtläufig (von West nach Ost) durch den Tierkreis, Planeten werden gelegentlich *rückläufig*, wenn die Erde einen äußeren Planeten überholt oder selber von einem inneren Planeten überholt wird. Die Planeten scheinen dann ihre Bewegungsrichtung umzukeh-

REFLEXIONSNEBEL **Der Trifidnebel im Sternbild Schütze enthält sowohl einen Emissionsnebel (rötlich) als auch einen Reflexionsnebel (bläulich).**

ren. *Rechtläufige* Bewegungen werden auch *prograd* genannt, *rückläufige* hingegen *retrograd*.

> *äußerer Planet, innerer Planet, Konjunktion, Oppositionsperiode, Planetenschleife, rückläufig, Tierkreis*

REFLEKTOR

> *Spiegelteleskop*

REFLEXIONSNEBEL

Bläulich leuchtende Wolke aus interstellarem Staub (s. Abb. oben). Reflexionsnebel strahlen kein eigenes Licht aus, sondern die Staubteilchen reflektieren das intensive Licht junger heißer blauer Sterne in ihrer Nähe. Auch auf Aufnahmen der Plejaden beispielsweise findet man neben den hellen Sternen leuchtende Wolken (s. Abb. S. 89). Dies ist Staub, der das Licht der helleren Sterne diffus reflektiert.

> *interstellare Materie, Nebel, Plejaden*

REFRAKTION

Strahlenbrechung. Wechseln Lichtstrahlen von einem Medium ins andere (z.B. von Luft in Glas), so werden sie im Allgemeinen gebrochen. Dies nutzt man in der Optik aus, um beispielsweise Sammellinsen herzustellen, die als Fernrohrobjektive dienen. Ferner besitzt auch die Erdatmosphäre die Eigenschaft, das Sternlicht zu brechen. Die Gestirne in Horizontnähe erscheinen dadurch höher, als sie in Wirklichkeit sind. Die Refraktion bewirkt in Horizontnähe ein Anheben der Gestirne um etwa ein halbes Grad, dies entspricht dem scheinbaren Durchmesser der Sonne oder des Mondes. Sieht man also die Sonnenscheibe gerade über dem Meer aufgehen, so ist sie in Wirklichkeit noch unter dem Horizont. Andererseits ist die Sonne tatsächlich bereits untergegangen, wenn man sie noch gerade am Horizont sieht.

> *Aufgang, Linsenteleskop, Objektiv, Untergang*

REFRAKTOR

> *Linsenteleskop*

REKTASZENSION

Wörtlich „gerade Aufsteigende". Eine Koordinate im rotierenden Äquatorsystem, die entlang des Himmelsäquators die Entfernung eines Gestirns vom Frühlingspunkt in Richtung Ost angibt (s. Abb. S. 9). Die Rektaszension wird in Stunden, Zeitminuten und Zeitsekunden gezählt. 24 Rektaszensionsstunden entsprechen einem Vollkreis von 360°. Eine Rektaszensionsstunde hat somit 15°, eine Minute in Rektaszension entspricht 15 Bogenminuten und eine Rektaszensionssekunde entspricht 15 Bogensekunden. Die Angabe der Rektaszension auf der Himmelskugel entspricht der geografischen Länge auf der Erdkugel.

> *äquatoriale Koordinaten, Bogenminute, Bogensekunde, Deklination, Frühlingspunkt*

RETROGRAD

> *rückläufig*

REVOLUTION

Der Umlauf eines Gestirns um sein Zentralgestirn, beispielsweise die Wanderung eines Planeten um die

Sonne. Sie wird als Revolution oder Umkreisung bezeichnet, *nicht* als Rotation oder Umdrehung.
> *Jahr, Rotation*

RIESENSTERN

Sterne, die erheblich größer sind im Durchmesser als unsere Sonne, werden Riesensterne genannt. Vor allem in späteren Lebensstadien dehnen sich Sterne zu Roten Riesen aus. Sie können den 100fachen bis 1000fachen Durchmesser unserer Sonne erreichen. Riesensterne haben eine besonders hohe Leuchtkraft und sind weithin im Weltall zu sehen. Beispiele für rote Riesensterne sind Arktur im Sternbild Bootes, Aldebaran im Sternbild Stier, Beteigeuze im Sternbild Orion und Antares im Sternbild Skorpion. Beteigeuze und Antares gehören sogar zu den so genannten Überriesen. Außer den Roten Riesen gibt es auch blaue Riesen. Darunter versteht man extrem leuchtkräftige, junge, blaue Sterne.
> *Hertzsprung-Russell-Diagramm, Leuchtkraft, Leuchtkraftklassen, Roter Riese, Überriese*

RÖNTGENASTRONOMIE

Teilbereich der Himmelskunde, der die Röntgenstrahlung aus dem Weltall untersucht. Röntgenstrahlung ist eine sehr kurzwellige, aber äußerst energiereiche elektromagnetische Strahlung, die Wellenlängen von 0,01 bis etwa 10 Nanometer (1 Nanometer = 1 Milliardstel Meter) umfasst. Röntgenstrahlen werden unter anderem von der Sonne, von Neutronensternen sowie vom Zentrum unserer Milchstraße und von den Zentren aktiver Galaxien empfangen.
Die Röntgenstrahlung wird praktisch vollständig von der Erdatmosphäre absorbiert – sonst könnte kein irdisches Leben existieren. Die Beobachtung des Weltalls im Bereich der Röntgenstrahlung muss somit von Detektoren außerhalb der Erdatmosphäre erfolgen. Eines der erfolgreichsten Röntgenteleskope ist der Röntgensatellit *ROSAT*, der 1990 gestartet wurde. Die kosmischen Röntgenquellen werden mit einem großen X und einer fortlaufenden Nummer benannt sowie nach dem Sternbild, in dem sie entdeckt wurden. So bedeutet zum Beispiel Cyg X-1 die Röntgenquelle Nr. 1 im Sternbild Schwan (lat.: Cygnus).

Conrad Wilhelm Röntgen hat die von ihm entdeckten kurzwelligen Strahlen selbst X-Strahlen genannt. Im Englischen heißen sie noch heute „X-rays".
> *aktive Galaxie, Astronomie, elektromagnetische Strahlung, Galaxis, Neutronenstern*

ROTATION

Unter Rotation oder Umdrehung versteht man die Drehung eines Körpers um seine eigene Achse. Der Umlauf des Gestirns um sein Zentralgestirn, beispielsweise die Wanderung eines Planeten um die Sonne, wird als Revolution oder Umkreisung bezeichnet, *nicht* als Umdrehung. Die Umdrehung der Erde ist somit ihre Eigenrotation in knapp 24 Stunden, der Umlauf der Erde jedoch erfolgt innerhalb eines Jahres um die Sonne.
> *Jahr, Revolution, Tag*

ROTER RIESE

Stern im Spätstadium seines Lebens. Sterne blähen sich dann auf und werden 100- bis 1000-mal größer als unsere Sonne heute. Dabei kühlen sich die Oberflächen stark ab und die Sterne werden röter. Rote Riesen sind sehr leuchtkräftig. Auch unsere Sonne wird in etwa fünf Milliarden Jahren das Stadium eines roten Riesensterns erreichen.
> *Hertzsprung-Russell-Diagramm, Leuchtkraftklassen, Planetarischer Nebel, Riesenstern, Sternentwicklung, Weißer Zwerg*

ROTER ZWERG

Stern, der wesentlich masseärmer ist als unsere Sonne und daher auch an der Oberfläche kühler. Die Durchmesser der roten Zwergsterne sind kleiner als der Durchmesser unserer Sonne. Rote Zwerge sind wegen ihrer Kleinheit und relativ niedrigen Oberflächentemperatur recht leuchtschwach und daher nur in der Nachbarschaft unserer Sonne aufzuspüren. Sie sind jedoch die häufigsten Sterne in unserer Milchstraße. Man schätzt, dass 80 Prozent aller Sterne Rote Zwerge sind.
> *Galaxis, Hertzsprung-Russell-Diagramm, Leuchtkraft, Leuchtkraftklassen*

ROTVERSCHIEBUNG

Die Verschiebung von Spektrallinien zu längeren Wellenlängen hin, also zum roten Ende des Spektrums. Sie erfolgt in der Regel aufgrund der zunehmenden Entfernung eines Objekts vom Beobachter (positive Radialgeschwindigkeit) und ist eine Folge des Doppler-Effekts. Entfernt sich ein Himmelskörper von uns, so sind seine Spektrallinien nach dem roten Ende verschoben, da die empfangene Wellenlänge größer ist als die ausgesendete. Bei Annäherung an die Erde sind die Linien zum Blauen hin verschoben, die empfangene Wellenlänge ist kürzer.

Nach der Allgemeinen Relativitätstheorie Albert Einsteins (1879–1955) tritt auch in starken Gravitationsfeldern eine Rotverschiebung aufgrund der Energieabnahme der Lichtteilchen ein. In diesem Fall spricht man von einer gravitativen Rotverschiebung. Sie macht sich vor allem bei sehr kleinen, kompakten Sternen wie Weißen Zwergen und Neutronensternen bemerkbar.

Am häufigsten wird die Bezeichnung aber auf die in den Spektren der Galaxien festzustellende Rotverschiebung angewandt, die eine Folge der Expansion des Weltalls ist. Der Astronom Edwin P. Hubble konnte 1929 nachweisen, dass die Rotverschiebung einer Galaxie proportional zu ihrer Entfernung von der Erde ist. Unter Verwendung dieser Beziehung können die Astronomen den Abstand einer weit entfernten Galaxie aus der Messung ihrer Rotverschiebung ableiten.

> *Doppler-Effekt, Entfernungsbestimmung, Galaxie, Gravitation, Kosmologie, Neutronenstern, Radialgeschwindigkeit, Spektrallinie, Universum, Weißer Zwerg*

RÜCKLÄUFIG

Rückläufig oder retrograd wird eine Bewegung genannt, die von Ost nach West durch den Tierkreis erfolgt (Gegenteil: *rechtläufig*). Die äußeren Planeten scheinen sich während ihrer Oppositionsphase rückläufig zu bewegen, wenn die Erde sie auf ihrer Innenbahn überholt. Die inneren Planeten bewegen sich rückläufig, wenn sie selber die Erde auf ihren innen liegenden Bahnen in unterer Konjunktion überholen.

> *Konjunktion, Oppositionsperiode, rechtläufig*

SÄKULAR

Auf das Jahrhundert bezogen. Säkulare Variationen oder Störungen der Bahnelemente sind langfristige Veränderungen der Bahnelemente.

> *Bahnelemente*

SÄKULARE AKZELERATION

Die Gezeitenreibung durch den Mond bremst die Rotation der Erde langsam ab, wodurch Drehimpuls auf den Mond übertragen wird. Dies führt zu einer Beschleunigung (Akzeleration) des Mondes in seiner Bahn um die Erde.

Die Abnahme der Erdrotation beträgt in einem Zeitraum von 100 000 Jahren etwa 1,6 Sekunden. Um diesen Betrag nimmt die Tageslänge auf der Erde zu. Durch die Beschleunigung der Mondbewegung entfernt sich dieser pro Jahr um etwa vier Zentimeter von der Erde.

> *Gezeiten, Mondbahn, Rotation*

SAROS-PERIODE

Schon 750 v. Chr. erkannten chaldäische Astronomen in Mesopotamien, dass sich Sonnen- und Mondfinsternisse nach einem Zeitraum von etwas mehr als 18 Jahren gleichartig wiederholen. Dieser Zeitraum wird Saros-Periode genannt. Sie dauert genau 18 Jahre und $10\frac{1}{3}$ Tage beziehungsweise $11\frac{1}{3}$ Tage, je nachdem, ob fünf oder nur vier Schaltjahre in diesem Zeitraum liegen. Eine Saros-Periode umfasst 223 Lunationen (synodische Monate), also 223-mal die Zeitspanne von Vollmond zu Vollmond. Nach dieser Zeit nimmt der Mond wieder die gleiche Stellung zu Sonne, Erde und Knotenlinie seiner Bahn ein, so dass sich die Finsternisse wiederholen.

> *Knotenlinie, Lunation, Mondfinsternis, Saros-Zyklus, Sonnenfinsternis, synodischer Monat*

SAROS-ZYKLUS

Ein Saros-Zyklus ist eine Serie aus Finsternissen, die einander periodisch folgen. Da eine Saros-Periode von 223 Lunationen aber nicht exakt 242 drakonitischen Monaten entspricht, verschieben sich die Knotenpassagen des Mondes nach einer Saros-Periode, sie verspäten sich gegenüber der Vollmondphase um rund 50 Minuten. Somit setzen sich die einzelnen Saros-Perioden nicht beliebig lange fort, sondern reißen irgendwann ab.

Eine Finsternisserie beginnt zunächst mit partiellen Finsternissen, aus ihnen werden nach einigen Saros-Perioden totale Finsternisse. Die Serie endet dann wieder mit partiellen Finsternissen und reißt letztlich ganz ab. Bei Mondfinsternissen beginnt und endet ein Saros-Zyklus mit Halbschattenfinsternissen. Danach beginnen Finsternisse in einem neuen Saros-Zyklus, der wieder weit über 1000 Jahre währen kann.

Die einzelnen Saros-Zyklen sind durchnummeriert. Bei einer Finsternis wird oft angegeben, zu welchem Saros-Zyklus sie gehört und wie viele Finsternisse der entsprechende Zyklus umfasst.

> *drakonitischer Monat, Knoten, Lunation, Mondbahn, Mondfinsternis, Saros-Periode, Sonnenfinsternis*

SATURN

Sechster Planet von der Sonne aus gezählt, zweitgrößter Planet unseres Sonnensystems und fernster Planet, der ohne Teleskop mit bloßen Augen einwandfrei erkannt werden kann. Saturn wandert in einer mittleren Entfernung von 9,6 AE oder 1,4 Milliarden Kilometer in knapp 30 Jahren um die Sonne. Mit 120 000 Kilometern Äquatordurchmesser und fast 100facher Erdmasse ist Saturn der zweitgrößte und -schwerste Planet unseres Sonnensystems. Saturn weist die größte Abplattung aller Planeten auf. Saturn zählt zu den Gasbeziehungsweise Riesen-

planeten, die von einer dichten Atmosphäre aus Wasserstoff, Helium, Methan und Ammoniak umschlossen werden. Berühmt geworden ist der Planet, der bis zur Entdeckung des Uranus im Jahr 1781 als sonnenfernster Planet galt, durch sein auffällig großes Ringsystem. Entdeckt wurde der Ring Mitte des 17. Jahrhunderts durch Christian Huygens. Der Saturnring ist bereits in einem kleinen Teleskop ab etwa 30facher Vergrößerung gut zu erkennen. Seine Öffnung verändert sich für einen irdischen Beobachter mit dem Saturnumlauf um die Sonne. Alle 15 Jahre blicken wir auf eine besonders große Ringöffnung und zwischen diesen Zeitpunkten sehen wir genau auf seine Kante. Der Saturnring ist dann schwer oder gar nicht mehr zu erkennen.

Bei stärkerer Vergrößerung bemerkt man bei der Beobachtung des Ringes, dass er aus einem äußeren und inneren Ring besteht, die durch eine dunkle Linie voneinander getrennt sind. Diese Linie wird nach ihrem Entdecker „Cassini-Teilung" genannt. Raumsonden haben gezeigt, dass der Saturnring aus Hunderten von Einzelringen besteht. Diese wiederum setzen sich aus Milliarden kleiner und kleinster Eis überzogener Materieteilchen zusammen – von Staubkörnchengröße bis hin zu Blöcken von Hausgröße. Inzwischen sind mehr als 30 Saturnmonde bekannt, deren größter, Titan, mit über 5000 Kilometern Durchmesser unseren Erdmond bei weitem übertrifft. Titan ist nach dem Jupitermond Ganymed der zweitgrößte Mond im Sonnensystem und wird von einer dichten Atmosphäre umschlossen.

Alle zwölf Monate und zwei Wochen überholt die Erde auf ihrer weiter innen liegenden Bahn im Mittel den Saturn. Es kommt zu einer Saturnopposition – Sonne und Saturn stehen sich am Himmel gegenüber.

SATURN **Der Planet Saturn mit seinem großen Ringsystem. Deutlich ist die breite Cassini-Lücke zwischen dem inneren und äußeren Ring zu erkennen.**

Dann ist die Entfernung zu Saturn am geringsten, und der Planet ist die ganze Nacht über beobachtbar.

> *Monde, Opposition, Planet, Rotation, Sonnensystem*

SCHALTJAHR

Ein Jahr, in dem je nach Kalendersystem ein Tag oder ein Monat eingeschoben wird. Im Gregorianischen Kalender hat ein Schaltjahr 366 Tage gegenüber einem Gemeinjahr von 365 Tagen. Alle restlos durch vier teilbaren Jahre sind Schaltjahre mit Ausnahme der Säkularjahre (restlos durch hundert teilbare Jahre). Lässt sich jedoch ein Säkularjahr restlos durch 400 teilen, so ist es laut Gregorianischer Schaltregel wiederum ein Schaltjahr mit 366 Tagen. Nach dieser Regel waren 1700, 1800, 1900 keine Schaltjahre, ebenso wenig werden 2100, 2200 und 2300 Schaltjahre sein. Die Jahre 1600, 2000 und 2400 hingegen sind Schaltjahre zu 366 Tagen.

> *Gregorianischer Kalender, Jahr, Kalender*

SCHEINBARE HELLIGKEIT

Diejenige Helligkeit, mit der uns ein Gestirn am Himmel erscheint. Im Unterschied dazu gibt die *absolute* Helligkeit eines Sterns seine wirkliche Leuchtkraft an. Aus der Differenz zwischen scheinbarer und absoluter Helligkeit ergibt sich die Entfernung eines Gestirns. Hat ein Gestirn eine geringe absolute Helligkeit, erscheint aber am irdischen Himmel hell, so muss es sich um ein nahes Himmelsobjekt handeln. Weit entfernte Gestirne können sehr lichtschwach erscheinen, tatsächlich jedoch leuchtkräftige Objekte sein. Die scheinbare Helligkeit wird in Größenklassen mit der Einheit Magnitudo (^{m}) angegeben.

> *absolute Helligkeit, Entfernungsbestimmung, Helligkeit, Leuchtkraft*

SCHIEFE DER EKLIPTIK

Die scheinbare Sonnenbahn oder Ekliptik ist zum Himmelsäquator um 23,4° geneigt (s. Abb. S. 22). Diese Neigung heißt Schiefe der Ekliptik und ist die Ursache für das Phänomen der Jahreszeiten.

> *Ekliptik, Himmelsäquator, Jahreszeiten*

SCHIEFSPIEGLER

Spezielle Konstruktion eines Spiegelteleskops, bei der der Objektivspiegel leicht zur optischen Achse geneigt ist und der Sekundär- oder Fangspiegel außerhalb des einfallenden Strahlengangs liegt. Dadurch wird eine Abschattung und Beugung des einfallenden Lichts durch den Fangspiegel und seine Halterung vermieden.

> *Abbildungsfehler, Spiegelteleskop, Teleskop*

SCHMETTERLINGSDIAGRAMM

Beobachtet man über Jahre hinweg Sonnenflecken und trägt sie in ein Diagramm ein, auf dessen waagerechter Achse die Zeit (in Jahren) und auf dessen senkrechter Achse die heliografische Breite der Sonnenflecken (Entfernung vom Sonnenäquator) aufgetragen ist, so erhält man ein Muster, das an die Flügel eines Schmetterlings erinnert (s. Abb. rechts). Am Anfang eines Sonnenaktivitätszyklus entstehen neue Flecken in vergleichsweise hohen heliografischen Breiten. Mit Annäherung an das Sonnenfleckenmaximum entstehen die Flecken in mittlerer heliografischer Breite, während sie zum Ende des Zyklus vergleichsweise nahe am Sonnenäquator zu finden sind. Dies wird im Schmetterlingsdiagramm recht anschaulich.

> *heliografische Koordinaten, Sonnenaktivität, Sonnenflecken*

SCHMIDT-CASSEGRAIN-TELESKOP

Ein bei Amateurastronomen beliebtes Teleskop. Es verwendet im Unterschied zu reinen Linsen- oder Spiegelteleskopen eine Kombination von Linsen und Spiegeln zur Erzeugung des primären Bildes, es ist ein so genanntes katadioptrisches System. Der Hauptspiegel hat eine sphärische Form (Kugelspiegel). In doppelter Brennweitenentfernung vom Scheitel des Hauptspiegels ist eine Korrektionsplatte angebracht, um die Abbildungsfehler des optischen Systems zu korrigieren. Außerdem ist der Tubus somit geschlossen und weniger anfällig für störende Luftturbulenzen. An der Innenseite der Korrektionsplatte befindet sich ein Sekundärspiegel, der das Licht wieder zum Hauptspiegel zurückwirft. Hierdurch werden

Heliografische Breite

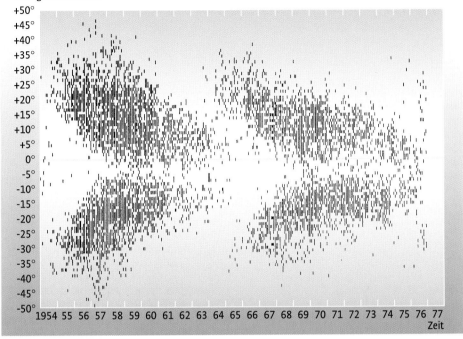

SCHMETTERLINGSDIAGRAMM **Sonnenflecken treten im Laufe eines Aktivitätszyklus der Sonne zunehmend näher am Sonnenäquator auf.**

die vor allem in der Amateurastronomie Verwendung finden. Sie sind sehr handlich und bequem bei der Beobachtung und bieten gute Beobachtungsmöglich-

zusätzliche Beugungseffekte durch eine gesonderte Halterung des Sekundärspiegels vermieden. Der Hauptspiegel ist durchbohrt und die Kamera oder das Okular befindet sich hinter dem Loch. Schmidt-Cassegrain-Teleskope sind sehr kompakte und robuste Instrumente,

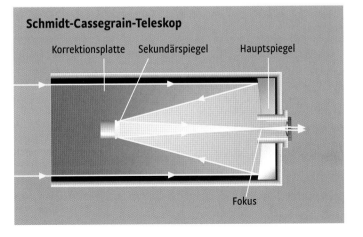

Schmidt-Cassegrain-Teleskop

Korrektionsplatte   Sekundärspiegel   Hauptspiegel

Fokus

SCHMIDT-CASSE-GRAIN-TELESKOP **Der Strahlengang in einem Schmidt-Cassegrain-Teleskop**

103

keiten sowohl von Planeten als auch von lichtschwachen Objekten.

> *Abbildungsfehler, Brennweite, Linsenteleskop,*
> *Okular, Spiegelteleskop, Teleskop, Tubus*

SCHWARZER TROPFEN

Erscheinung bei Venus- oder Merkurtransiten: Wenn das Planetenscheibchen gerade vollständig vor die Sonne getreten ist oder sich gerade kurz vor dem Austritt befindet, scheint es sich nicht recht vom Sonnenrand lösen zu wollen beziehungsweise den Sonnenrand schon zu berühren, obwohl es sich rein geometrisch schon vom Sonnenrand gelöst beziehungsweise den Sonnenrand noch nicht erreicht hat. Der visuelle Beobachter gewinnt den Eindruck, dass das Planetenscheibchen tropfenähnlich am Sonnenrand hängt und nicht mehr kreisrund ist. Die Ursachen sind vielfältig. Einerseits sind sie in der Beugungserscheinung durch die begrenzte Auflösung des Teleskops zu suchen, zum anderen in der Luftunruhe der

SCHWARZER TROPFEN Das Tropfenphänomen bei einem Venustransit: Die dunkle Venus scheint sich nicht vom Sonnenrand lösen zu wollen.

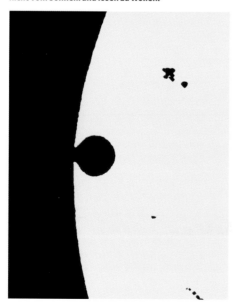

irdischen Atmosphäre und nicht zuletzt in einer optischen Täuschung des Auges.

> *Auflösungsvermögen, Luftunruhe,*
> *Merkurtransit, Venustransit*

SCHWARZER ZWERG

Endstadium eines Sterns, dessen Masse unterhalb von 1,5 Sonnenmassen liegt und der zu einem Weißen Zwerg wurde. Weiße Zwerge kühlen im Laufe von Milliarden von Jahren aus und werden schließlich zu unsichtbaren Schwarzen Zwergen.

> *Sternentwicklung, Weißer Zwerg*

SCHWARZES LOCH

Wird eine Masse derart komprimiert, dass an ihrer Oberfläche die Entweichgeschwindigkeit infolge der hohen Schwerebeschleunigung gleich der Lichtgeschwindigkeit wird, so kann nichts mehr dieses Objekt verlassen. Auch Licht oder jede andere elektromagnetische Strahlung bleibt gefangen. Das Objekt ist somit unsichtbar und wird deshalb als Schwarzes Loch (engl.: black hole) bezeichnet.

Brechen Sterne mit mehr als drei Sonnenmassen am Ende ihres Lebens zusammen, so können sie zu einem Schwarzen Loch kollabieren. In den Zentren großer Galaxien finden sich Schwarze Löcher, deren Massen etliche Millionen Sonnenmassen aufweisen. Zwar können Schwarze Löcher selbst keine Strahlung aussenden, sie können aber indirekt beobachtet werden, wenn Materie von einem Begleitstern beziehungsweise von einer Akkretionsscheibe in das Schwarze Loch hineinstürzt und sich durch Reibungsprozesse vorher auf etliche Millionen Grad aufheizt. Solche Objekte strahlen intensiv im Röntgenbereich.

Die einfachste Form eines Schwarzen Lochs ist ein nicht-rotierendes Schwarzes Loch. Für jeden Körper gibt es einen bestimmten Radius, auf den man ihn komprimieren müsste, damit er zu einem Schwarzen Loch würde. Karl Schwarzschild (1873–1916) hat diesen Radius berechnet. Denn wird ein Körper komprimiert, so steigt seine Dichte und ab einer bestimmten Dichte wird die Schwerebeschleunigung so groß, dass die Entweichgeschwindigkeit gleich der

Lichtgeschwindigkeit von knapp 300 000 Kilometern pro Sekunde wird. Da von einem Schwarzen Loch keine Information mehr nach außen gelangen kann, spricht man auch vom *Kosmischen Zensor.*
Würde die Sonne auf einen Durchmesser von sechs Kilometern komprimiert (Schwarzschild*radius* der Sonne = drei Kilometer), so würde sie zu einem Schwarzen Loch. Die Erde müsste man auf eine Kugel von 0,9 Zentimeter Radius zusammenquetschen, um sie zu einem Schwarzen Loch werden zu lassen. Allgemein gilt: Der Schwarzschildradius R_s eines nicht-rotierenden Körpers in Kilometern ergibt sich zu $R_s = 3 \times M$. M bedeutet hierbei die Masse in Einheiten der Sonne. Ein Stern mit zehn Sonnenmassen hat somit einen Schwarzschildradius von 30 Kilometern. Real existierende Schwarze Löcher rotieren jedoch, denn beim Gravitationskollaps eines massereichen Sterns zu einem Schwarzen Loch bleibt dessen Drehimpuls erhalten. Eine mathematisch exakte Beschreibung rotierender Schwarzer Löcher ist aber erheblich komplizierter als die ruhender. Es ergeben sich zum Teil fantastisch anmutende Szenarien: Theoretisch könnte man zum Beispiel durch ein rotierendes Schwarzes Loch in ein „Antigravitationsuniversum" vorstoßen – aber nichts und niemand könnte die Reise überstehen.

> *Akkretionsscheibe, Galaxie, Gravitation, Gravitationskollaps, Lichtgeschwindigkeit, Röntgenastronomie, Sternentwicklung, Supernova*

SCHWEREBESCHLEUNIGUNG

Beschleunigung eines Körpers infolge der Anziehung eines anderen. In der Regel bezieht sich die Angabe der Schwerebeschleunigung auf die Oberfläche eines Gestirns. Die Schwerebeschleunigung der Erde beträgt nahe der Oberfläche im Mittel 9,81 m/s², auf Jupiter beträgt sie 22,8 m/s². Die Schwerebeschleunigung ist proportional der Masse des anziehenden Körpers und umgekehrt proportional dem Quadrat des Abstandes von ihm.

> *Gravitation*

SCHWERPUNKT

> *Baryzentrum*

SEEING

Aus dem Englischen stammende Bezeichnung für die Sichtqualität bei Sternbeobachtungen. Das Seeing wird in erster Linie von der Durchlässigkeit (Transparenz) der Atmosphäre (Dunst, Wolken etc.) und der Luftunruhe bestimmt. Bei hoher Transparenz der Atmosphäre und ruhiger Luft erreicht das Seeing seinen besten Wert.

> *aktive Optik, Luftunruhe*

SEKUNDE

Zeiteinheit, ursprünglich abgeleitet aus der Erdrotation. Eine Sekunde ist der 86 400. Teil eines Sonnentages. Heute wird die Sekunde physikalisch definiert: Sie ist die Zeitdauer von 9 192 631 770 Schwingungen eines Cäsiumatoms (^{133}Cs) beim Übergang zwischen den beiden Hyperfeinstrukturniveaus (= Energieniveaus) seines Grundzustandes.

> *Rotation, Sonnentag, Zeit*

SELENOGRAFIE

Kartografische Erfassung der Mondoberfläche.
> *Mond*

SELENOLOGIE

Mondkunde.
> *Mond*

SELENOZENTRISCH

Auf den Mittelpunkt des Mondes bezogen.
> *geozentrisch, heliozentrisch*

SETI

Abkürzung für „Search for Extra-Terrestrial Intelligence" (engl., Suche nach außerirdischem Leben). Zusammenfassender Begriff für alle Projekte, die sich mit der Suche nach außerirdischen Intelligenzen beziehungsweise hochtechnisierten Zivilisationen befassen.
Inzwischen kann man sich auch mit seinem heimischen PC an der Suche beteiligen: Das Experiment

SETI@home nutzt mit dem Internet verbundene Computer zu einer Suche nach Signalen von außerirdischen Intelligenzen, indem ein frei erhältliches Programm abgearbeitet wird, das Daten eines Radioteleskops herunterlädt und auf dem heimischen PC in Leerlaufzeiten analysiert.

> *Radioteleskop*

SIDERISCHER MONAT

Zeitdauer zwischen zwei aufeinander folgenden Passagen des Mondes an einem Fixstern mit verschwindender Eigenbewegung (voller Umlauf um die Erde). Ein siderischer Monat dauert im Mittel 27 Tage, sieben Stunden, 43 Minuten und zwölf Sekunden.

> *Eigenbewegung, Fixstern, Monat, Mond, synodischer Monat*

SIDERISCHE ROTATION

> *Sterntag*

SIDERISCHES JAHR

Zeitdauer zwischen zwei aufeinander folgenden Passagen der Sonne am gleichen Fixstern mit verschwindender Eigenbewegung. Ein siderisches Jahr dauert 365 Tage, sechs Stunden, neun Minuten und zehn Sekunden.

> *Eigenbewegung, Fixstern, Jahr, Sonnenjahr, Zeit*

SIDERISCHE UMLAUFZEIT

Umlaufzeit eines Gestirns bezogen auf das Referenzsystem der fernen Fixsterne.

> *synodische Umlaufzeit*

SIRIUS

Der hellste Fixstern des Himmels mit einer scheinbaren Helligkeit von −1,5 Größenklassen. Er ist der Hauptstern im Sternbild Großer Hund und wird gelegentlich auch als Hundsstern bezeichnet. Sirius ist 8,7 Lichtjahre von der Erde entfernt. Seine Leuchtkraft entspricht etwa der von 20 Sonnen. An seiner

Oberfläche ist Sirius 10 000 Grad heiß und strahlt somit ein bläulich weißes Licht aus.

Sirius, der im alten Ägypten Sothis hieß, ermöglichte die Bestimmung des Sonnenjahres zu 365,25 Tagen. Die Beobachtung seines heliakischen Aufgangs gestattete es den ägyptischen Priesterastronomen festzustellen, dass ein Sonnenjahr einen viertel Tag länger dauert als 365 Tage.

Sirius besitzt einen Weißen Zwerg als Begleitstern. Er wurde 1844 zunächst indirekt von Friedrich Wilhelm Bessel entdeckt. Bessel erkannte nämlich, dass Sirius aufgrund der Gravitation des Begleitsterns eine schlangenförmige Eigenbewegung mit einer Periode von 50 Jahren vollführt. Jedoch erst der Optiker Alvan Clark konnte 1862 den Begleiter des Sirius direkt beobachten, er fand ihn zufällig beim Testen eines Linsenobjektivs. Sirius B ist rund zehn Größenklassen lichtschwächer als der Hauptstern und mit bloßem Auge nicht beobachtbar.

> *Aufgang, Eigenbewegung, Gravitation, Helligkeit, Hundstage, Leuchtkraft, Lichtjahr, Sonnenjahr, Weißer Zwerg*

SOLARKONSTANTE

Energiemenge, die auf der Erdoberfläche pro Flächeneinheit und pro Zeiteinheit von der Sonne geliefert wird, wenn sich die Erde in genau 1 AE Abstand von ihr befindet. Die Solarkonstante weist einen Wert von 1370 Watt pro Quadratmeter auf.

> *Leuchtkraft, Sonne*

SOLAR-TERRESTRISCHE BEZIEHUNGEN

Unter diesem Begriff fasst man die Einflüsse der Sonne auf den Planeten Erde zusammen. Neben der Licht- und Wärmestrahlung, die für den gesamten Energiehaushalt der Erde eine entscheidende Rolle spielt, sendet die Sonne auch eine Teilchenstrahlung aus, die sich hauptsächlich aus Elektronen, Protonen und Alpha-Teilchen (Heliumkernen) zusammensetzt. Dieser Teilchenstrom wird Sonnenwind genannt und steht in Wechselwirkung mit dem irdischen Magnetfeld.

Eruptionen auf der Sonne können auf der Erde unliebsame Folgeerscheinungen auslösen: Sie können in Hochspannungsleitungen zu Spannungsspitzen und damit zu Sicherheitsabschaltungen führen. Gestört werden können auch Flugzeuge und Satelliten. Die Eruptionen haben aber auch ihre schönen Seiten für Amateurastronomen, denn sie können die Erscheinung der Polarlichter hervorrufen (s. S. 91).

> *Polarlicht, Sonnenwind*

SOLSTITIUM

Sonnenwende, Plural: Solstitien, lat., wörtlich „Sonnenstillstände". Zu Sommer- und Winterbeginn erreicht die Sonne ihren größten Abstand vom Himmelsäquator. Nach Passieren des Sommer- oder Winterpunktes nähert sie sich wieder dem Himmelsäquator. Die Sonne wendet also ihre Bewegungsrichtung in Deklination zu Sommer- und Winterbeginn, dies sind die so genannten Sonnenwenden oder Solstitien.

Passiert die Sonne den Winterpunkt, so nimmt die Sonnenhöhe mittags am Himmel nicht mehr weiter ab, sondern die Sonne steigt anschließend wieder langsam empor. Dies ist um den 21. Dezember herum der Fall. Damit beginnt der Winter auf der Nordhalbkugel der Erde. Nach der Passage des Sommerpunktes sinkt die Sonnenhöhe wieder langsam ab, dies ist etwa am 21. Juni der Fall, zu Sommerbeginn. Zwischen den Solstitien pendelt die Sonne zwischen $-23,4°$ bis $+23,4°$ Deklination am Himmel. Für uns macht sich dies durch die

jahreszeitlich variierende Mittagshöhe des Sonnenstandes bemerkbar.

> *Äquinoktium, Deklination, Himmelsäquator, Jahreszeiten, Sommerpunkt, Sonnenbahn, Wendekreise, Winterpunkt*

SOMMERDREIECK

Die drei hellsten Sterne der Sternbilder Leier, Schwan und Adler – Wega, Deneb und Atair – bilden ein großes Sterndreieck, das am sommerlichen Abendhimmel hoch im Süden steht, das Sommerdreieck.

> *Frühlingsdreieck, Herbstviereck, Sternbild, Wintersechseck*

SOMMERPUNKT

Nördlichster und höchster Punkt der scheinbaren Sonnenbahn. Hier erreicht die Sonne ihre höchste Stellung über dem Himmelsäquator, nämlich $+23,4°$ Deklination. Dies ist der Fall um den 21. Juni jeden

SOMMERDREIECK
Das Sommerdreieck aus den drei hellen Sternen Wega in der Leier, Deneb im Schwan und Atair im Adler. In den Sommermonaten ist es abends hoch im Süden zu sehen.

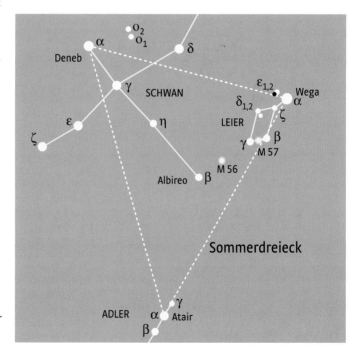

Jahres, wo bei uns die Sonne mittags ihren höchsten Stand am Himmel erreicht und der Sommer beginnt. Auf der Südhalbkugel der Erde beginnt der Winter. Nach Passieren des Sommerpunktes sinkt die Sonne wieder zum Himmelsäquator herab. Man spricht daher von der Sommersonnenwende. Der Sommerpunkt liegt heute im Sternbild Stier an der Grenze zu den Zwillingen. Vor mehr als 2000 Jahren lag der Sommerpunkt noch im Sternbild Krebs, weshalb man heute noch vom *Wendekreis des Krebses* spricht. Der Sommerpunkt ist identisch mit dem Beginn des Tierkreiszeichens Krebs.

> *Deklination, Frühlingspunkt, Herbstpunkt, Himmelsäquator, Jahreszeiten, Solstitium, Sonnenbahn, Tierkreiszeichen, Wendekreise, Winterpunkt*

SOMMERZEIT

Verschiebung der Zonenzeit um eine Stunde im Sommerhalbjahr, um das Tageslicht besser auszunutzen. Die Uhren werden zu Beginn der Sommerzeit um eine Stunde vorgestellt und am Ende der Sommerzeit um eine Stunde zurückgedreht.

Die *Mitteleuropäische Sommerzeit* (MESZ) geht gegenüber der *Mitteleuropäischen Zeit* somit um eine Stunde vor. Gegenüber der Weltzeit (engl.: Universal Time, UT) geht sie um zwei Stunden vor. Die Einführung der Sommerzeit regeln in den einzelnen Staaten besondere Gesetze und Verordnungen. Sie beruht nicht auf astronomischen Grundlagen und ist eine willkürliche Verschiebung der lokalen Zonenzeit.

In Deutschland gilt seit 1980 wieder die Sommerzeit. Nach Beschluss der Europäischen Union soll in den Mitgliedsstaaten die Sommerzeit am letzten Sonntag im März beginnen und am letzten Sonntag im Oktober enden. Die Uhren werden somit am letzten März-Sonntag um zwei Uhr morgens auf drei Uhr vorgestellt und am letzten Oktober-Sonntag um drei Uhr morgens eine Stunde zurückgestellt.

In der Astronomie wird die Sommerzeit unberücksichtigt gelassen, um Fehler zu vermeiden. Astronomische Beobachtungsprotokolle werden mit Weltzeit (UT) oder dem Julianischen Datum (JD) versehen.

> *Julianisches Datum, Mitteleuropäische Zeit, Weltzeit, Zeit, Zonenzeit*

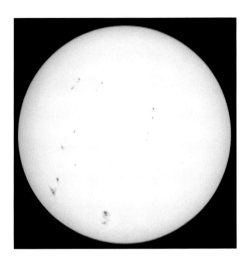

S O N N E   **Aufnahme der Sonne mit Flecken**

SONNE

Zentralkörper des Sonnensystems. Die Sonne ist der größte und massereichste Körper unseres Sonnensystems. Sie vereinigt fast die gesamte Masse des Sonnensystems in ihrem riesigen Gasleib.

Sie ist ein Stern, unser nächster Nachbarstern, eine heiße, selbst leuchtende Gaskugel, die ihre gewaltige Energieausstrahlung in Form von Licht und Wärme durch atomare Kernverschmelzungsprozesse (Verwandlung von Wasserstoff in Helium) deckt. Dabei verwandelt sie bei Temperaturen um 14 Millionen Grad in ihrem Inneren pro Sekunde rund 600 Millionen Tonnen Wasserstoff in Helium, wobei sie vier Millionen Tonnen an Masse verliert und in Energie umwandelt.

Die Sonne ist astronomisch gesehen ein gewöhnlicher Durchschnittsstern, was ihren Durchmesser, ihre Leuchtkraft und ihre Masse betrifft. In der Astrophysik wird die Sonne gewissermaßen als Normstern angesehen. Die Eigenschaften der anderen Sterne werden in Sonneneinheiten angegeben (Sonnenleuchtkräfte, Sonnenmassen, Sonnendurchmesser). Im Mittel ist die Sonne knapp 150 Millionen Kilometer (1 AE) von der Erde entfernt, eine Strecke, die das Licht in $8\frac{1}{3}$ Minuten überbrückt. Die Masse der Sonne entspricht 333 000 Erdkugeln. Ihr Durchmesser von 1,4 Millionen Kilometern entspricht 109 aneinander gereihten Erdgloben (siehe auch Tabelle „Die Sonne" unten).

Das Alter der Sonne beträgt knapp fünf Milliarden Jahre. In weiteren fünf Milliarden Jahren wird sie sich zu einem Roten Riesenstern aufblähen und später zu einem Roten Überriesenstern werden mit dem Tausendfachen ihrer heutigen Leuchtkraft. Dieser Zustand wird nur für kurze Zeit andauern. Die Sonne wird anschließend ihre äußere Gashülle in einem Planetarischen Nebel abstoßen und als Weißer Zwerg noch Milliarden Jahre vor sich hin glimmen. Die Sonne wird häufig als „Stern des Lebens" bezeichnet, da die Erde ohne ihre Strahlungsenergie ein toter, lebloser Felsklotz wäre. Das gesamte Leben auf der Erde verdankt seine Existenz der Sonnenenergie.

> *Astronomische Einheit, Kernfusion, Leuchtkraft, Planetarischer Nebel, Roter Riese, solarterrestrische Beziehungen, Sonnensystem, Stern, Überriese, Weißer Zwerg*

SONNENAKTIVITÄT

Sammelbegriff für alle Erscheinungen in der Sonnenatmosphäre, die einem ständigen Wechsel unterliegen. Dazu zählt in erster Linie das Auftauchen von Sonnenflecken. Alle elf Jahre erreicht die Fleckenhäufigkeit auf der Sonne ein Maximum. Verbunden sind mit dem Auftauchen von Flecken weitere Erscheinungen wie Flares, Fackeln und Eruptionen. Hervorgerufen wird die Sonnenaktivität durch magnetische Phänomene.

Der Zyklus der Sonnenaktivität beträgt insgesamt 22 Jahre. Im ersten Halbzyklus von elf Jahren zeigen die auf der Nordhalbkugel vorangehenden Flecken positive, die nachfolgenden Flecken negative magnetische Polarität. Im darauf folgenden Halbzyklus kehrt sich diese Polarität um. Auf der Südhalbkugel der Sonne sind die Verhältnisse entgegengesetzt.

> *Fackel, Filament, Flare, Maunder-Minimum, Protuberanz, Schmetterlingsdiagramm, Sonnenflecken, Sonnenfleckenrelativzahl*

DIE SONNE

Mittlere Entfernung von der Erde:	149,6 Millionen Kilometer
– dies Entspricht einer Lichtlaufzeit von	8^m20^s
Entfernung Anfang Januar:	147,1 Millionen Kilometer
Entfernung Anfang Juli:	152,1 Millionen Kilometer
Scheinbare Größe der Sonnenscheibe am Himmel:	Anfang Januar: 32'32"
	Anfang Juni: 31'28"
Wahrer Durchmesser:	1,4 Millionen Kilometer = 109 Erddurchmesser
Oberfläche:	6,1 Billionen Quadratkilometer ≙ 12 000 Erdoberflächen
Volumen:	1,4 Trillionen Kubikkilometer ≙ 1,3 Millionen Erdvolumen
Masse:	2 Quadrilliarden Tonnen ≙ 333 000 Erdmassen
Mittlere Dichte:	1,4 Kilogramm pro Kubikdezimeter (Liter)
Dichte im Zentrum der Sonne:	134 Kilogramm pro Kubikdezimeter (Liter)
Oberflächentemperatur:	5500 Grad Celsius
Temperatur im Sonnenmittelpunkt:	etwa 15 Millionen Grad
Globale Strahlungsleistung der Sonne:	380 Trilliarden Kilowatt
Solarkonstante (Strahlungsleistung pro Quadratmeter auf der Erde bei senkrechtem Einfall des Sonnenlichtes):	1,367 Kilowatt pro Quadratmeter

Auf der Sonne ist die Schwerebeschleunigung dreißigmal höher als auf der Erde, eine Federwaage zeigt somit das Dreißigfache des irdischen Gewichtes einer Person an.

Entweichgeschwindigkeit:	618 Kilometer pro Sekunde, dies entspricht dem 55fachen der irdischen Entweichgeschwindigkeit.
Alter der Sonne:	knapp 5 Milliarden Jahre

SONNENATMOSPHÄRE

Die äußere Gashülle der Sonne wird als Sonnenatmosphäre bezeichnet. Sie besteht aus drei Schichten. Die tiefste Schicht ist die *Photosphäre* oder Lichtschicht, aus der das meiste Licht stammt, das wir von der Sonne empfangen. Darüber liegt die *Chromosphäre* oder Farbschicht, die bei Sonnenfinsternissen, wenn die gleißend helle Photosphäre vom Neumond abgedeckt ist, kurzzeitig als zart-rosa Farbsaum erscheint. Unter normalen Bedingungen ist sie nur mit speziellen (monochromatischen) Filtern beobachtbar. Auch der äußerste Bereich der Sonnenatmosphäre ist nur bei einer totalen Sonnenfinsternis sichtbar: die *Korona*, der Strahlenkranz der Sonne (Abb. rechts). Die Photosphäre ist mit knapp 6000 Grad Celsius am kühlsten. Je höher die Schicht der Sonnenatmosphäre, desto heißer wird sie. In der Chromosphäre herrschen Temperaturen von 4500 bis eine Million Grad Celsius, die Korona weist Temperaturen von einer bis drei Millionen Grad auf.

> *Chromosphäre, Korona, Photosphäre, Sonnenfinsternis*

SONNENBAHN

Da die Erde in einem Jahr die Sonne umrundet, wandert die Sonne am Himmel im gleichen Zeitraum scheinbar durch die Sternbilder des Tierkreises (s. Abb. S. 127). Die Sonnenbewegung ist also das Spiegelbild der Erdwanderung um die Sonne (der Erdrevolution). Der scheinbare Wanderweg der Sonne durch den Tierkreis wird als Ekliptik bezeichnet. Mitunter bezeichnet man auch die tägliche scheinbare Bewegung der Sonne von Ost nach West über den Himmel als Sonnenbahn. Sie ist das Spiegelbild der Erdrotation.

> *Ekliptik, Revolution, Rotation, Tierkreis*

SONNENFERNE

> *Aphel*

SONNENFINSTERNIS

Bedeckt der Neumond die Sonne, so spricht man von einer Sonnenfinsternis. Zu einer Sonnenfinsternis

SONNENFINSTERNIS **Aufnahme einer totalen Sonnenfinsternis. Um die vom Mond bedeckte Sonne leuchtet grünlich weiß die Korona, die äußerste Atmosphärenschicht der Sonne.**

kann es nur kommen, wenn der Mond genau vor die Sonne tritt, die drei Himmelskörper Erde – Mond – Sonne also genau in einer Linie stehen (s. Abb. S. 111). Dies ist nur bei Neumond der Fall, aber auch dann nur relativ selten: Die Mondbahn ist um 5° zur Ekliptik geneigt, daher wandert der Neumond meist über oder unter der Sonne vorbei. Nur wenn er in oder nahe einem seiner Bahnknoten steht, kommt es zu einer Sonnenfinsternis. Nicht die Sonne wird dabei finster, sondern der Mond tritt vor die Sonne und sein Schatten fällt auf die Erde.

Bedeckt der Neumond die Sonne vollständig, so erlebt man eine *totale* Sonnenfinsternis, der Kernschatten des Mondes zieht über einige Regionen der Erde. Nur bei totalen Sonnenfinsternissen wird es so dunkel, dass man auch am Taghimmel die hellsten Sterne erkennen kann sowie die äußerste Atmosphärenschicht der Sonne, die Korona. Steht der Neumond in Erdferne (Apogäum), so erscheint er am Himmel kleiner als im Mittel und kann die Sonnenscheibe nicht vollständig abdecken, vor allem, wenn die Erde gleichzeitig in Sonnennähe (Perihel) steht und der scheinbare Durchmesser der Sonne daher besonders groß ist. Dann kommt es zu einer *ringförmigen* Sonnenfinsternis. Die Kernschattenspitze des Mondes

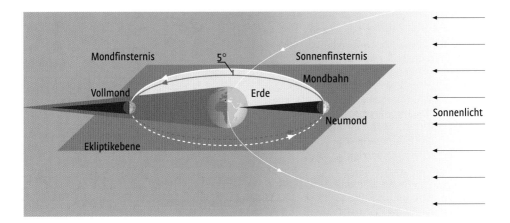

SONNENFINSTERNIS **Tritt der Neumond vor die Sonne, kommt es zu einer Sonnenfinsternis. Durchquert hingegen der Vollmond den Schatten der Erde, kommt es zu einer Mondfinsternis.**

erreicht dann die Erdoberfläche nicht. Bedeckt der Mond die Sonne nur teilweise, so spricht man von einer *partiellen* Sonnenfinsternis. Hierbei befindet sich der Beobachter im Halbschatten des Mondes. Eine solche Finsternis ist in der Regel nicht sehr auffallend, es sei denn, der Bedeckungsgrad ist nahezu 100 Prozent. Dann bleibt nur noch eine sehr schmale Sonnensichel sichtbar.

Eine totale Sonnenfinsternis nimmt folgenden Verlauf: Der 1. Kontakt ereignet sich, wenn die dunkle Mondscheibe von Westen her kommend den Sonnenrand von außen berührt. Kurz darauf erkennt man eine kleine Einbuchtung am Sonnenrand, der Mond beginnt die Sonne abzudecken. Der 2. Kontakt markiert den Beginn der Totalität: Der östliche Mondrand berührt den östlichen Sonnenrand, die Sonne wird vom Mond vollständig abgedeckt. In den letzten Sekunden vor der Totalität lässt sich das so genannte Perlschnurphänomen beobachten: Die schmale Sonnensichel scheint in einzelne Lichtpunkte zu zerfallen, da der Rand des sie verdeckenden Neumondes nicht glatt ist, sondern infolge der gebirgigen Struktur der Mondoberfläche gewellt beziehungsweise gezackt erscheint. Kurz darauf leuchtet nur noch ein Lichtpunkt am Mondrand auf – man spricht vom Dia-

mantringeffekt. Dann tritt die Totalität ein, bei der man um die schwarze Neumondscheibe herum den Strahlenkranz der Sonnenkorona mit ihren unterschiedlichen Formen je nach Stadium der Sonnenaktivität beobachten kann. Während der Totalität leuchten die hellsten Sterne und Planeten am Himmel auf. Und ebenso plötzlich wie sie begann, ist die Totalität auch schon wieder zu Ende. Beim dritten Kontakt berührt der westliche Mondrand den westlichen Sonnenrand, ein heller Punkt leuchtet am Sonnenrand auf, Sekunden später sind es mehrere, Diamantring und Perlschnur treten erneut auf. Der 4. Kontakt markiert das Ende der Finsternis: Der Mond gibt die Sonnenscheibe wieder vollständig frei. Eine totale Sonnenfinsternis kann maximal 7,6 Minuten dauern. Totale und ringförmige Sonnenfinsternisse können jeweils nur von einem sehr begrenzten Gebiet auf der Erde beobachtet werden, partielle Sonnenfinsternisse sind von einem wesentlich größeren Teil der Erde aus beobachtbar. Die Größe einer Finsternis gibt den Anteil des Mondes in Mondscheibendurchmessern an, der die Sonne verdeckt.

> *Apogäum, Durchmesser, Größe, Halbschatten, Kernschatten, Knoten, Korona, Mondbahn, Perihel, Sonnenaktivität, Sonnennähe*

SONNENFLECKEN

Bereits Anfang des 17. Jahrhunderts entdeckten unabhängig voneinander Galileo Galilei, David Fabri-

SONNENFINSTERNISSE 2005 BIS 2015

DATUM	ART	VON DEUTSCHLAND AUS	HÖHE-PUNKT (MEZ)	DAUER	MAXIMALE PHASE
8. Apr. 2005	ringförmig-total	unbeobachtbar	21ʰ36ᵐ	00ᵐ42ᵐ	–
3. Okt. 2005	**ringförmig**	**partiell**	**11 32**	**04 32**	96 %
29. März 2006	**total**	**partiell**	**11 11**	**04 07**	–
22. Sept. 2006	ringförmig	unbeobachtbar	12 40	07 09	94 %
19. März 2007	partiell	unbeobachtbar	03 32		87 %
11. Sept. 2007	partiell	unbeobachtbar	13 31		75 %
7. Feb. 2008	ringförmig	unbeobachtbar	04 55	02 12	97 %
1. Aug. 2008	**total**	**partiell**	**11 21**	**02 27**	–
26. Jan. 2009	ringförmig	unbeobachtbar	08 59	07 54	93 %
22. Juli 2009	total	unbeobachtbar	03 35	06 39	–
15. Jan. 2010	ringförmig	unbeobachtbar	08 06	11 08	92 %
11. Juli 2010	total	unbeobachtbar	20 33	05 20	–
4. Jan. 2011	**partiell**	**partiell**	**09 50**		**86 %**
1. Juni 2011	partiell	unbeobachtbar	22 16		60 %
1. Juli 2011	partiell	unbeobachtbar	09 38		10 %
25. Nov. 2011	partiell	unbeobachtbar	07 20		91 %
21. Mai 2012	ringförmig	unbeobachtbar	00 53	05 46	94 %
13. Nov. 2012	total	unbeobachtbar	23 12	04 02	–
10. Mai 2013	ringförmig	unbeobachtbar	00 25	06 03	95 %
3. Nov. 2013	ringförmig-total	unbeobachtbar	13 46	01 40	–
29. Apr. 2014	ringförmig	unbeobachtbar	07 03		98 %
23. Okt. 2014	partiell	unbeobachtbar	22 44		81 %
20. März 2015	**total**	**partiell**	**10 46**	**02 47**	–
13. Sept. 2015	partiell	unbeobachtbar	07 54		79 %

cius und Christoph Scheiner, dass auf der Sonne dunkle Flecken auftauchen, deren Häufigkeit alle elf Jahre besonders hoch ist. Sonnenflecken sind gewaltige Sturmgebiete magnetischen Ursprungs in der Photosphäre der Sonne. Im Inneren der Sonnenflecken sinkt die Temperatur im Vergleich zur Umgebung um 1000 bis 1500 Grad ab. Durch die Kontrastwirkung erscheinen die Sonnenflecken dunkel im Vergleich zur ungestörten Sonnenumgebung. Könnte man einen Sonnenflecken aus der Sonne herauslösen, erschiene er nachts aber immer noch heller als der Vollmond.

Die größeren Sonnenflecken zerfallen in zwei Zonen: den dunklen Kern (Umbra) und den etwas weniger dunklen Hof (Penumbra, s. Abb. S. 113). Sonnenflecken verändern im Lauf von Tagen und Wochen ihre Gestalt und Form, dann verschwinden sie wieder und neue entstehen. Sie erscheinen aber keineswegs auf der ganzen Sonnenkugel, sondern sind auf zwei Zonen parallel zum Sonnenäquator beschränkt. Meist treten sie in mehr oder weniger großen Gruppen auf. Anhand von Sonnenflecken lässt sich über Tage hinweg die Rotation der Sonne beobachten.

> *Penumbra, Photosphäre, Schmetterlings-diagramm, Sonnenaktivität, Sonnenflecken-relativzahl, Umbra*

SONNENFLECKENRELATIVZAHL

Gibt die Zahl der Sonnenflecken an. Sie ist ein Maß für die Sonnenaktivität und wurde vom Züricher Sonnenphysiker und Astronom Rudolf Wolf (1816–1893)

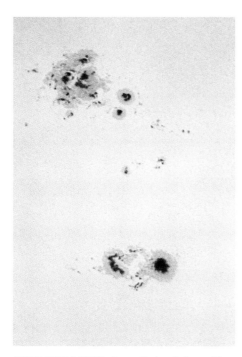

S O N N E N F L E C K E N **Sonnenflecken sind gewaltige Sturmgebiete auf der Sonne. Sie sind dunkler als ihre Umgebung, weil ihre Temperatur um rund 1000 Grad geringer ist.**

eingeführt. Man bestimmt die Relativzahl der Sonnenflecken durch Abzählen aller sichtbaren Flecken sowie außerdem der Fleckengruppen, wobei die Gruppen ein zehnfaches Gewicht erhalten. Auftretende Einzelflecken zählen dabei ebenfalls als eine eigene Gruppe. Die Relativzahl ergibt sich dann zu: Relativzahl = 10-mal Zahl der Fleckengruppen plus Zahl aller sichtbaren Flecken.

Zusätzlich erhält jeder Beobachter beziehungsweise jedes Observatorium einen Korrekturfaktor, der abhängig ist von der Größe des Instruments, den atmosphärischen Sichtbedingungen sowie vom einzelnen Beobachter. Das obige Ergebnis muss also noch mit dem individuellen Korrekturfaktor des jeweiligen Beobachters beziehungsweise Observatoriums multipliziert werden. Ermittelt werden daraus die genormten, internationalen Relativzahlen, die von der Königlichen Sternwarte in Brüssel veröffentlicht werden.

> *Sonnenaktivität, Sonnenflecken*

SONNENJAHR

Zeitspanne zwischen zwei aufeinander folgenden Passagen der Sonne durch den Frühlingspunkt. Ein Sonnenjahr dauert im Mittel 365 Tage, fünf Stunden, 48 Minuten und 46 Sekunden. Dieser Zeitraum wird auch *tropisches Jahr* genannt.

> *Frühlingspunkt, Jahr, siderisches Jahr, Zeit*

SONNENNÄHE

> *Perihel*

SONNENPARALLAXE

Der Winkel, unter dem von der Sonne aus gesehen der Äquatorradius der Erde erscheint (s. Abb. S. 114). Die Sonnenparallaxe beträgt 8,79 Bogensekunden.

> *Astronomische Einheit, Bogensekunde, Parallaxe*

SONNENROTATION

Die Sonne dreht sich in rund 25 Tagen um ihre eigene Achse. Die genaue Rotationsgeschwindigkeit ist abhängig von der heliografischen Breite. Am schnellsten bewegen sich die Äquatorregionen, zu den Polen hin nimmt die Rotationsgeschwindigkeit ab. Man bezeichnet dies als differenzielle Rotation. In der Nähe der Pole beträgt die Rotationsdauer rund 30 Tage. Da sich die Sonne in der gleichen Richtung dreht wie die Erde um die Sonne läuft, dauert es etwas länger als eine siderische Sonnenrotation, bis für einen Beobachter die gleichen Flecken wieder am Ostrand der Sonne auftauchen bzw. durch den Zentralmeridian wandern. Die synodische Sonnenrotation ist daher um etwa zwei Tage länger als die siderische. Die synodischen Sonnenrotationen werden nach Richard Christopher Carrington (1826–1875) durchgezählt.

> *Carringtonsche Sonnenrotation, heliografisch, Rotation, siderische Umlaufzeit, Sonnenflecken, synodische Umlaufzeit, Zentralmeridian*

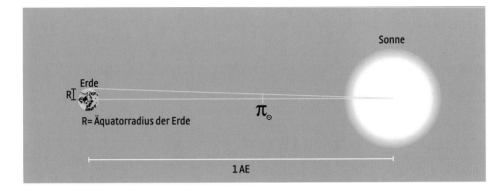

SONNENPARALLAXE Der Winkel, unter dem von der Sonne aus der Äquatorradius der Erde erscheint.

SONNENSPEKTRUM

Mit Hilfe eines Prismas oder eines optischen Gitters lässt sich das weiße Sonnenlicht in die einzelnen Regenbogenfarben zerlegen. Im Sonnenspektrum erscheint jedoch nicht nur ein kontinuierliches Farbband, sondern es treten auch dunkle Linien auf, die von Joseph von Fraunhofer beschrieben wurden (s. Abb. S. 29). Aus der Analyse dieser Spektrallinien lässt sich auf die chemische Zusammensetzung des Sonnengases, seine Dichte, Temperatur und die Druckverhältnisse schließen.

> *Fraunhofer-Linien, Spektralanalyse, Spektrallinien, Spektrum*

SONNENSYSTEM

Zum Sonnensystem gehört die Sonne als Zentralkörper, die von neun großen Planeten umrundet wird. Die Planeten ihrerseits werden wieder zum Teil von Monden umkreist, die gemeinsam mit den Planeten um die Sonne wandern. Ferner laufen einige hunderttausend Kleinplaneten oder Planetoiden um die Sonne sowie Millionen von Kometenkernen und Milliarden Meteoroide. Der Durchmesser des Sonnensystems liegt bei zwölf Lichtstunden.
Nach außen wird das Sonnensystem durch den Kuiper-Gürtel begrenzt. Im Kuiper-Gürtel jenseits der Neptunbahn wandern Pluto sowie Tausende von

Kleinplaneten um die Sonne. Umgeben ist das Sonnensystem von einer zirkumsolaren Wolke aus Kometenkernen, deren Radius etwa ein Lichtjahr beträgt. Sie wird nach ihrem Entdecker Oortsche Kometenwolke genannt.

> *Komet, Kuiper-Gürtel, Meteoroid, Monde, Oortsche Wolke, Planet, Planetensystem, Planetoid, Sonne*

SONNENTAG

Die Zeit zwischen zwei aufeinander folgenden Kulminationen (Meridiandurchgängen) der Sonne. Ein *mittlerer Sonnentag* bezieht sich auf die gleichförmig entlang dem Himmelsäquator laufende mittlere Sonne und dauert definitionsgemäß 24 Stunden oder 86 400 Sekunden. Der *wahre Sonnentag* bezieht sich auf die wahre Sonne und ist infolge der Abweichung der wahren von der mittleren Sonne (Zeitgleichung) im Laufe eines Jahres unterschiedlich lang.

> *Kulmination, Meridian, mittlere Sonne, Sterntag, Tag, wahre Sonne, Zeit, Zeitgleichung*

SONNENUHR

Eine Sonnenuhr besteht im Wesentlichen aus einem Schattenstab (Gnomon) und einem Ziffernblatt. Der Schatten, den der Gnomon auf das Ziffernblatt wirft, zeigt die wahre Sonnenzeit an. Da unsere bürgerliche Zeit aber nach einer fiktiven, gleichmäßig laufenden mittleren Sonne bestimmt wird, kann eine Sonnenuhr infolge des Zeitunterschiedes zwischen wahrer und mittlerer Sonne bis zu einer Viertelstunde vor- oder nachgehen. Diese Abweichung von der mittleren Ortszeit wird Zeitgleichung genannt.

Trotz dieser Korrektur zeigt eine Sonnenuhr aber i.A. immer noch nicht die gleiche Zeit an wie das Zifferblatt unserer Armbanduhr. Denn die Sonnenuhr zeigt keine Zonenzeit (MEZ) an wie unsere Uhr, sondern die wahre Ortszeit bzw. mit Hilfe der Zeitgleichung die mittlere Ortszeit, die von der Zonenzeit mehr als 30 Minuten abweichen kann.

> *bürgerliche Zeit, Mitteleuropäische Zeit, mittlere Sonne, wahre Sonne, Zeit, Zeitgleichung*

SONNENWENDE

> *Solstitium*

SONNENWIND

Partikelstrom, der von der Sonne ausgesandt wird und je nach Geschwindigkeit nach ein bis drei Tagen die Erde erreicht. Der Sonnenwind setzt sich hauptsächlich aus Elektronen, Protonen, Alpha-Teilchen (= Heliumkerne) sowie Ionen schwererer Elemente zusammen.

> *interplanetare Materie, Polarlicht, solar-terrestrische Beziehungen*

SONNENZEIT

Die Sonnenzeit ist der Stundenwinkel der Sonne plus zwölf Stunden. Der Stundenwinkel gibt die Entfernung der Sonne vom Meridian an, gemessen in Richtung West im Zeitmaß ($24^h = 360°$, $1^h = 15°$, $4^m = 1°$, $1^m = 15'$ und $1^s = 15''$). Steht die Sonne im Meridian, hat sie den Stundenwinkel 0^h und man sagt, es ist zwölf Uhr Mittag (*wahrer Sonnenzeit*).

Die wahre Sonne eignet sich aber als Grundlage für die Zeitrechnung nicht, daher wird für die Zeitrechnung eine fiktive, mittlere Sonne eingeführt. Die mittlere Sonne bewegt sich gleichförmig und zwar nicht auf der Ekliptik, sondern auf dem Himmelsäquator. Unsere Uhren zeigen somit *mittlere Sonnenzeit* an.

> *Ekliptik, Himmelsäquator, mittlere Sonne, Sonnenjahr, Sonnentag, wahre Sonne, Zeit*

SONNENZIRKEL

Begriff aus der Chronologie (Wissenschaft vom Kalenderwesen). Ein Zeitraum von 28 Jahren, in dem sich die Wochentage in der Datumsreihenfolge wiederholen. Die Wochentage fallen dann wieder auf die gleichen Monatstage im Kalender.

> *Kalender, Sonntagsbuchstabe*

SONNTAGSBUCHSTABE

Begriff aus der Chronologie (Wissenschaft vom Kalenderwesen). In alten Kalendern waren statt der Wochentage die Tage mit den Buchstaben A, B, C, D, E, F, G bezeichnet. Der Sonntagsbuchstabe legte fest, welcher Buchstabe für den ersten Sonntag eines Jahres galt. Gemäß dem Sonntagsbuchstaben konnte der Kalender in mehreren Jahren verwendet werden.

> *Kalender, Sonnenzirkel*

SPEKTRALANALYSE

Qualitative und quantitative Untersuchung der Sternspektren. Aus den Sternspektren (Spektrallinien) lässt sich die chemische Zusammensetzung der Sternmaterie an der Oberfläche, die Oberflächentemperatur, Druck, Dichte, Rotationsgeschwindigkeit, das Magnetfeld sowie die Radialgeschwindigkeit eines Sterns bestimmen.

> *Astrophysik, Radialgeschwindigkeit, Spektrallinien, Spektraltyp, Spektrum*

SPEKTRALKLASSE

> *Spektraltyp*

SPEKTRALLINIEN

Im Spektrum der Sonne oder eines Sterns (s. Abb. S. 116) zeigen sich bei bestimmten Wellenlängen zahlreiche dunkle (Absorptions-) oder auch helle (Emissions-) Linien. Aus diesen Linien lassen sich mit einer Spektralanalyse zahlreiche chemische und physikalische Informationen über die Natur der Sonne und der Sterne gewinnen.

> *Fraunhofer-Linien, Sonnenspektrum, Spektralanalyse, Spektraltyp, Spektrum, Stern*

SPEKTRALTYP

Nach ihren spektralen Eigenschaften teilt man die Sterne in Spektraltypen ein, die mit Großbuchstaben bezeichnet werden. Nach fallender Oberflächentemperatur geordnet gibt es folgende Spektraltypen: O, B, A, F, G, K, M, R, N, S. An der Spitze stehen demnach blauweiße und weiße Sterne hoher Oberflächentemperatur, am Ende „kühle" rote Sterne. Mehr als 99 Prozent der Sterne zählen zu den Typen O bis M. Die Klassifikation nach Spektraltypen wird noch ergänzt durch eine Einteilung in Leuchtkraftklassen.

> *Astrophysik, Hertzsprung-Russell-Diagramm, Leuchtkraftklassen, Spektralanalyse, Spektrum, Stern*

SPEKTRUM

Das Licht der Gestirne lässt sich mittels eines Prismas oder eines optischen Gitters in seine einzelnen Wellenlängen zerlegen. In der Regel ergibt dies ein Farbband („Regenbogenfarben der Sonne"). Im kontinuierlichen Farbband finden sich ferner dunkle Linien (Absorptionslinien), auf die bei der Sonne bereits Joseph von Fraunhofer hingewiesen hat. Bei bestimmten Gestirnen beziehungsweise Himmelsobjekten wird kein Farbband beobachtet, diese Objekte zeigen kein kontinuierliches Spektrum. Man beobachtet nur helle Linien und spricht von einem Emissionsspektrum, was auf ein recht dünnes, aber heißes Gas hindeutet. Die Untersuchung der Spektren (Spektral-

analyse) offenbart zahlreiche Eigenschaften der Himmelsobjekte.

> *Astrophysik, Fraunhofer-Linien, Spektralanalyse, Spektrallinien, Spektraltyp*

SPIEGELTELESKOP

Reflektor. Teleskop, dessen Objektiv aus einem Hohlspiegel (Kugel- oder Parabolspiegel) besteht. Das Objektiv wirft das Licht auf einen Sekundärspiegel, der es aus dem Strahlengang in das Okular lenkt (s. z.B. Abb. S. 76 und 103). Durch den Sekundärspiegel im Strahlengang kommt es bei einem Spiegelteleskop immer zu einer Abschattung und Beugung des einfallenden Lichts. Dies führt im Vergleich zu einem Linsenteleskop gleicher Öffnung zu einem etwas unschärferen und kontrastärmeren Bild. Spiegelteleskope sind dafür jedoch im Allgemeinen preisgünstiger. Zu den größten Spiegelteleskopen der Erde zählen die beiden Keck-Teleskope auf Hawaii mit einem Spiegeldurchmesser von jeweils zehn Metern. Sie bestehen aus 36 hexagonalen Einzelspiegeln.

> *aktive Optik, Dobson-Teleskop, Linsenteleskop, Maksutow-, Newton-Teleskop, Objektiv, Okular, Schiefspiegler, Schmidt-Cassegrain-Teleskop, Teleskop*

STERN

In der modernen Astronomie versteht man unter einem Stern eine selbst leuchtende, heiße Gaskugel. Planeten und ihre Monde sind somit keine Sterne. Die Sonne hingegen ist unser nächster Stern. Sterne werden aus interstellaren Staub- und Gaswolken geboren, existieren eine bestimmte Zeit und verlöschen nach Erschöpfung ihrer Energievorräte wieder. Sterne heißen auch Fixsterne, da sich die Sternbilder im Lauf von Jahrhunderten für das bloße Auge nicht verändern.

> *Fixstern, Kernfusion, Monde, Planet, Planetoid, Sonne, Sternbild, Sternentstehung, Sternentwicklung*

SPEKTRALTYP **Die Sterne lassen sich nach ihren spektralen Eigenschaften in verschiedene Typen einteilen, die noch dezimal unterteilt werden.**

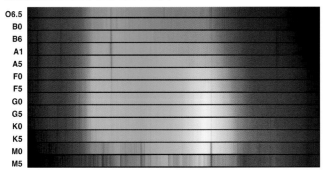

STERNBEDECKUNG

Fixsterne werden gelegentlich vom Mond und sehr selten von Planeten oder Kleinplaneten (Planetoiden) bedeckt. Solche Sternbedeckungen (man spricht auch von Okkultationen) werden durch genaue Zeitmessungen äußerst präzise erfasst, um dadurch die Bahnen der Himmelskörper (vor allem des Mondes) möglichst exakt zu bestimmen. Die erwarteten Zeitpunkte und Orte der Bedeckungen werden in Astronomischen Jahrbüchern (z.B. im *Kosmos Himmelsjahr*) angegeben. Phänomenologisch gesehen gehört auch eine Sonnenfinsternis zu den Bedeckungsereignissen, da der Mond dann die Sonne bedeckt.

> *Bedeckungsveränderlicher, Jupitermonderscheinungen, Mondbahn, Sonnenfinsternis*

STERNBILD **Figürliche Darstellung des Sternbildes Großer Bär. Ein Teil seiner Sterne bildet die bekannte Sternanordnung des Großen Wagens.**

STERNBILD

Gruppe von Sternen, die zusammengefasst als Figur am Himmel leicht zu erkennen ist. Die Fantasie der Menschen ließ sie unter den Sternanordnungen verschiedene Sagengestalten wie Götter, Menschen, Tiere oder Gegenstände erkennen. Danach wurden die Sternbilder von einzelnen Völkern unterschiedlich benannt. Die meisten von uns heute benutzten Sternbilder stammen von den Griechen und Römern, die wiederum die Bezeichnungen für die Sternbilder von den alten Babyloniern oder Ägyptern übernommen hatten. Die Sterne eines Sternbildes stehen aber am Himmel räumlich häufig nicht nahe beieinander, sondern sind oft verschieden weit von uns entfernt. Um Ordnung unter den vielen verschiedenen Sternbildbezeichnungen zu schaffen, hat die Internationale Astronomische Union im Jahr 1925 einen verbindlichen Katalog von 88 festgelegten Sternbildern herausgegeben. Neben der Bezeichnung wurde damit auch das Gebiet am Himmel genau festgelegt, das ein Sternbild überdeckt. Danach gibt es beispielsweise keinen Großen Wagen, sondern diese Himmelsfigur ist Teil des Sternbildes Großer Bär. Die Sternbilder wurden international mit lateinischen Namen belegt und haben eine dreibuchstabige Abkürzung (s. Tab. „Die Sternbilder" S. 118/119). Je nach Jahreszeit findet man unterschiedliche Sternbilder am Himmel. Da ein Sterntag vier Minuten kürzer ist als ein Sonnentag, gehen alle Sterne täglich um vier Minuten früher auf und unter. Somit ändert sich der Himmelsanblick zur gleichen Uhrzeit im Laufe des Jahres. Nach drei Monaten hat sich der Ster-

STERNBILD **Aufnahme des Sternbildes Orion. Deutlich ist links oben die rötliche Beteigeuze zu erkennen, in der Mitte die drei Gürtelsterne und rechts unten der helle, bläuliche Fußstern Rigel.**

DIE STERNBILER

NAME DES STERNBILDES	LATEINISCHER NAME	LATEINISCHER GENITIV	ABKÜRZUNG
Adler	Aquila	Aquilae	Aql
Altar	Ara	Arae	Ara
Andromeda	Andromeda	Andromedae	And
Becher	Crater	Crateris	Crt
Bildhauer	Sculptor	Sculptoris	Scl
Bootes	Bootes	Bootis	Boo
Chamäleon	Chamaeleon	Chamaeleontis	Cha
Delfin	Delphinus	Delphini	Del
Drache	Draco	Draconis	Dra
Dreieck	Triangulum	Trianguli	Tri
Dreieck, Südliches	Triangulum Australe	Trianguli Australis	TrA
Eidechse	Lacerta	Lacertae	Lac
Einhorn	Monoceros	Monocerotis	Mon
Eridanus	Eridanus	Eridani	Eri
Fernrohr	Telescopium	Telescopii	Tel
Fische	Pisces	Piscium	Psc
Fisch, Fliegender	Volans	Volantis	Vol
Fisch, Südlicher	Piscis Austrinus	Piscis Austrini	PsA
Fliege	Musca	Muscae	Mus
Füchschen	Vulpecula	Vulpeculae	Vul
Fuhrmann	Auriga	Aurigae	Aur
Füllen	Equuleus	Equulei	Equ
Giraffe	Camelopardalis	Camelopardalis	Cam
Grabstichel	Caelum	Caeli	Cae
Großer Bär	Ursa Maior	Ursae Maioris	UMa
Großer Hund	Canis Maior	Canis Maioris	CMa
Haar der Berenike	Coma Berenices	Comae Berenices	Com
Hase	Lepus	Leporis	Lep
Herkules	Hercules	Herculis	Her
Hinterdeck	Puppis	Puppis	Pup
Indianer	Indus	Indi	Ind
Jagdhunde	Canes Venatici	Canum Venaticorum	CVn
Jungfrau	Virgo	Virginis	Vir
Kassiopeia	Cassiopeia	Cassiopeiae	Cas
Kentaur	Centaurus	Centauri	Cen
Kepheus	Cepheus	Cephei	Cep
Kleiner Bär	Ursa Minor	Ursae Minoris	UMi
Kleiner Hund	Canis Minor	Canis Minoris	CMi
Kleiner Löwe	Leo Minor	Leonis Minoris	LMi
Kranich	Grus	Gruis	Gru
Krebs	Cancer	Cancri	Cnc
Kreuz des Südens	Crux	Crucis	Cru
Krone, Nördliche	Corona Borealis	Coronae Borealis	CrB
Krone, Südliche	Corona Australis	Coronae Australis	CrA

DIE STERNBILDER

NAME DES STERNBILDES	LATEINISCHER NAME	LATEINISCHER GENITIV	ABKÜRZUNG
Leier	Lyra	Lyrae	Lyr
Löwe	Leo	Leonis	Leo
Luchs	Lynx	Lyncis	Lyn
Luftpumpe	Antlia	Antliae	Ant
Maler	Pictor	Pictoris	Pic
Mikroskop	Microscopium	Microscopii	Mic
Netz	Reticulum	Reticuli	Ret
Ofen	Fornax	Fornacis	For
Oktant	Octans	Octantis	Oct
Orion	Orion	Orionis	Ori
Paradiesvogel	Apus	Apodis	Aps
Pegasus	Pegasus	Pegasi	Peg
Pendeluhr	Horologium	Horologii	Hor
Perseus	Perseus	Persei	Per
Pfau	Pavo	Pavonis	Pav
Pfeil	Sagitta	Sagittae	Sge
Phönix	Phoenix	Phoenicis	Phe
Rabe	Corvus	Corvi	Crv
Schiffskiel	Carina	Carinae	Car
Schiffskompass	Pyxis	Pyxidis	Pyx
Schild	Scutum	Scuti	Sct
Schlange	Serpens	Serpentis	Ser
Schlangenträger	Ophiuchus	Ophiuchi	Oph
Schwan	Cygnus	Cygni	Cyg
Schütze	Sagittarius	Sagittarii	Sgr
Schwertfisch	Dorado	Doradus	Dor
Segel	Vela	Velorum	Vel
Sextant	Sextans	Sextantis	Sex
Skorpion	Scorpius	Scorpii	Sco
Steinbock	Capricornus	Capricorni	Cap
Stier	Taurus	Tauri	Tau
Tafelberg	Mensa	Mensae	Men
Taube	Columba	Columbae	Col
Tukan	Tucana	Tucanae	Tuc
Waage	Libra	Librae	Lib
Walfisch	Cetus	Ceti	Cet
Wassermann	Aquarius	Aquarii	Aqr
Wasserschlange, Kleine	Hydrus	Hydri	Hyi
Wasserschlange, Nördliche	Hydra	Hydrae	Hya
Widder	Aries	Arietis	Ari
Winkelmaß	Norma	Normae	Nor
Wolf	Lupus	Lupi	Lup
Zirkel	Circinus	Circini	Cir
Zwillinge	Gemini	Geminorum	Gem

nenhimmel bereits um ein Viertel weitergedreht, wenn man zur gleichen Uhrzeit das Firmament betrachtet. Deshalb spricht man von Frühlings-, Sommer-, Herbst- und Wintersternbildern. Mit Hilfe einer drehbaren Sternkarte lässt sich der sichtbare Himmelsausschnitt zu einem bestimmten Datum und einer bestimmten Uhrzeit leicht ermitteln.

> *Frühlingsdreieck, Herbstviereck,*
> *Sommerdreieck, Sterntag, Wintersechseck*

STERNENTSTEHUNG

Die Sterne sind nicht gleichzeitig mit der Bildung des Universums entstanden, sondern nacheinander im Laufe der Geschichte des Weltalls. Der Sternentstehungsprozess ist auch heute noch nicht abgeschlossen, immer noch entstehen in bestimmten Gebieten (zum Beispiel im Orion-Nebel) neue Sterne.
Sterne bilden sich aus interstellaren Gas- und Staubwolken. Bei der Sternentstehung spielt die Gravitation die dominierende Rolle, sie bewirkt den Kollaps von interstellaren Materiewolken. Die Schwerkraft lässt die Wolken zu kugelförmigen Objekten schrumpfen, wobei die Zentraltemperatur ansteigt. Ab einer bestimmten Temperatur und Dichte zündet im Innern der Kugel das Atomfeuer, Wasserstoffatomkerne werden zu Heliumatomkernen verschmolzen (Wasserstoffbrennen). Ein neuer Stern ist entstanden.
Die physikalischen Vorgänge, die bei der Sternentstehung ablaufen, können heute in leistungsfähigen Computern simuliert werden. Daher weiß man, dass eine Reihe von Randbedingungen erfüllt sein muss, damit sich aus interstellarer Materie Sterne bilden können.

> *Gravitation, Gravitationskollaps, interstellare*
> *Materie, Kernfusion, Orion-Nebel, Stern, Stern-*
> *entwicklung, Wasserstoffbrennen*

STERNENTWICKLUNG

Sterne leuchten nicht ewig, sondern sie durchlaufen eine Entwicklung. Für lange Zeit deckt das atomare Kernfeuer im tiefen Inneren der Sterne ihre Energieabstrahlung. Sterne leuchten für Millionen und Milliarden Jahre. Je weniger Masse ein Stern hat, desto

STERNENTSTEHUNG **Sterne entstehen in dichten interstellaren Gas- und Staubwolken.**

länger leuchtet er, denn massereiche Sterne gehen mit ihrem Kernbrennstoff verschwenderischer um. So gibt es Sterne, die lediglich zehn bis 20 Millionen Jahre alt werden, bis sie sich zu roten Riesensternen aufblähen. Unsere Sonne und Sterne mit gleicher Masse leuchten jedoch etwa zehn Milliarden Jahre, bevor sie sich in einen roten Riesenstern verwandeln. In den Spätstadien verlieren Sterne einen großen Teil ihrer Materie, teils durch Abblasen von Materie in Form von Sternwinden (Planetarischer Nebel, s. Abb. S. 86), teils durch explosionsartiges Abstoßen äußerer Gashüllen (Supernova, s. Abb. S. 55). Sterne enden je nach Masse entweder als Weiße Zwerge, als Neutronensterne oder gar als Schwarze Löcher.

> *Kernfusion, Neutronenstern, Planetarischer*
> *Nebel, Roter Riese, Schwarzes Loch, Stern,*
> *Supernova, Weißer Zwerg*

STERNHAUFEN

Bei Durchmusterung des Himmels erkennt man, dass sich Sterne in größerer Zahl an bestimmten Stellen zusammenfinden. Solche Ansammlungen von Sternen nennt man Sternhaufen. Dabei gilt es zu unterscheiden zwischen offenen Sternhaufen, kugelförmigen Sternhaufen, auch kurz als Kugelhaufen bezeichnet, Bewegungshaufen und Sternassoziationen. Bewegungshaufen machen sich durch die gemeinsame Raumbewegung ihrer Sterne auf einen bestimmten Punkt am Himmelsgewölbe (Fluchtpunkt, Vertex) bemerkbar. Sie sind in Auflösung begriffene offene Sternhaufen und fallen nicht unmittelbar ins Auge.

> *Assoziation, Fluchtpunkt, Kugelsternhaufen, offener Sternhaufen*

STERNKATALOG

Verzeichnis von Sternen, meist systematisch nach bestimmten Kriterien sortiert, wie zunehmende Rektaszension, Helligkeit etc.

> *Helligkeit, Rektaszension*

STERNNAMEN

Die helleren Sterne haben Eigennamen, die häufig von den Arabern oder aus der griechisch-römischen Mythologie stammen. So heißt beispielsweise der hellste Stern im Sternbild Bootes Arktur, was aus dem Griechischen kommt und Bärenhüter bedeutet. Die Bezeichnung des berühmten Bedeckungsveränderlichen Algol im Sternbild Perseus stammt aus dem Arabischen und bedeutet so viel wie „Haupt des Teufels". (s. auch Tab. „Die 20 hellsten Sterne", S. 40).

> *Algol, Sirius, Sternbild*

STERNSCHNUPPE

> *Meteor*

STERNSCHNUPPENSTROM

> *Meteorstrom*

STERNTAG

Die Zeit zwischen zwei aufeinander folgenden Kulminationen (Meridianpassagen) des mittleren Frühlingspunktes. Ein Sterntag ist knapp vier Minuten kürzer als ein mittlerer Sonnentag. Er entspricht einer vollen Erdrotation in Bezug auf den Fixsternhimmel.

Da ein Sterntag vier Minuten kürzer ist als der für die Kalenderrechnung benutzte Sonnentag, gehen alle Gestirne täglich vier Minuten früher durch den Meridian als am Vortag. Somit verändert sich der Himmelsanblick im Laufe des Jahres zur gleichen Uhrzeit. Beobachtet man Anfang Dezember den Sternenhimmel um 20 Uhr, so sind die gleichen Sterne Anfang Januar bereits um 18 Uhr in Meridiannähe zu sehen.

> *Frühlingspunkt, Kulmination, Meridian, Sonnentag, Tag, Zeit*

STERNWARTE

Astronomisches Beobachtungsinstitut. In Sternwarten wird der Nachthimmel durch Teleskope beobachtet, fotografiert und erforscht. Sternwarten verfügen meist über Kuppeln als Schutzbauten für Teleskope. Große Sternwarten, auch als Observatorien bezeichnet, werden heute in Gegenden errichtet, in denen die Nächte möglichst häufig sternklar sind. So stehen die Teleskope der Europäischen Südsternwarte (ESO – European Southern Observatory) in Chile auf dem

STERNWARTE **Eine Kuppel der Sternwarte Welzheim. Im Kuppelinneren sieht man ein auf den Himmel gerichtetes Linsenteleskop.**

Berg La Silla (2400 m) und auf dem Berg Paranal (2600 m). In den USA befindet sich das Kitt Peak National Observatory in der ausnehmend klaren und trockenen Luft Arizonas nahe der Stadt Tucson. Auch auf dem über 4000 Meter hohen Vulkan Mauna Kea auf Hawaii finden sich große Teleskope. Berühmt geworden ist auch das Palomar-Observatorium in Kalifornien nahe der Stadt Los Angeles, das im Jahr 1948 den 5-Meter-Reflektor in Betrieb nahm, der lange Zeit das größte Teleskop der Welt war.

Ein Verzeichnis der Sternwarten im deutschsprachigen Raum findet sich zum Beispiel in dem jährlich erscheinenden astronomischen Jahrbuch *Kosmos Himmelsjahr*. Viele davon sind Volkssternwarten, die regelmäßig Besucherführungen anbieten.

> *Fernrohr, Planetarium, Teleskop*

STERNZEICHEN

> *Tierkreiszeichen*

STERNZEIT

Gibt die Entfernung des Frühlingspunktes vom Meridian an; sie ist gleich dem Stundenwinkel des Frühlingspunktes. Allgemein ist die Sternzeit gleich der Summe aus Rektaszension und Stundenwinkel eines Gestirns. Aus der Angabe der Sternzeit lässt sich die relative Stellung des Beobachters zur Fixsternwelt ermitteln. Zeigt die Sternzeituhr zum Beispiel 6^h, so sind die Wintersternbilder im Süden zu sehen. Der Stundenwinkel des wahren Frühlingspunktes gibt die wahre Sternzeit an, während der Stundenwinkel des mittleren Frühlingspunktes (also des von der Nutation „befreiten" Frühlingspunktes) die mittlere Sternzeit definiert.

Ein Sterntag hat 24 Sternzeitstunden. Da ein Sterntag kürzer ist als ein mittlerer Sonnentag, sind auch die Sternzeitstunden (und damit auch die Sternzeitminuten und -sekunden) ein wenig kürzer als die Sonnenzeitstunden, -minuten und -sekunden. Sternzeit- und Sonnenzeituhren zeigen daher unterschiedliche Zeiten an.

> *Frühlingspunkt, Nutation, Meridian, Rektaszension, Sonnentag, Sternbild, Sterntag, Stundenwinkel, Zeit*

STUNDENACHSE

> *Polachse*

STUNDENKREIS

Großkreis an der Himmelskugel, der senkrecht auf dem Himmelsäquator steht und durch die Himmelspole geht. Alle Gestirne auf einem Stundenkreis haben denselben Stundenwinkel. Als Stundenkreis wird auch der Ablesekreis (Teilkreis) oder die Ablesemarkierung an einer Teleskopmontierung bezeichnet, die den eingestellten Stundenwinkel des Teleskops ablesen lässt.

> *Deklinationskreis, Himmelsäquator, Himmelskugel, Himmelspol, Koordinaten, Montierung, Stundenwinkel, Teilkreis*

STUNDENWINKEL

Die Entfernung eines Gestirns vom Himmelsmeridian im Winkelmaß beziehungsweise Zeitmaß in der Ebene des Himmelsäquators gemessen. Der Stundenwinkel ist eine Koordinate im festen Äquatorsystem (s. Abb. S. 9). Ein Gestirn, das den Meridian passiert, hat den Stundenwinkel 0^h. Nach einer Stunde wächst der Stundenwinkel auf 1^h an, dies sind 15° an der Himmelskugel. Stundenwinkel plus Rektaszension ergibt stets den Stundenwinkel des Frühlingspunktes. Dieser entspricht definitionsgemäß der Sternzeit.

> *äquatoriale Koordinaten, Himmelsäquator, Himmelskugel, Meridian, Rektaszension, Sternzeit*

SÜDBREITE

> *Nordbreite*

SÜDHIMMEL

Der Himmelsäquator teilt das Himmelsgewölbe in eine Nord- und eine Südhälfte (s. Abb. S. 43). Sterne südlich des Himmelsäquators stehen somit am Südhimmel, Sterne nördlich des Äquators am Nordhimmel. Es sind jedoch auch Teile des Südhimmels auf der Nordhalbkugel der Erde zu sehen, welche es sind, hängt von der geografischen Breite des Beobachters ab: Es können jeweils alle Sterne des Südhimmels gesehen werden, deren südliche Deklination kleiner oder gleich 90° minus geografische Breite des Beobachters ist. Für 50° nördliche Breite können also theoretisch Sterne bis 40° südlicher Deklination beobachtet werden.

> *Deklination, Himmelsäquator, Himmelskugel*

SÜDLICHT

Polarlicht auf der Südhalbkugel.

> *Polarlicht*

SÜDPUNKT

Schnittpunkt des Meridians mit dem Horizont in Südrichtung. Der Südpunkt ist einer der vier Kardinalpunkte des Horizonts (die anderen sind Westpunkt, Nordpunkt, Ostpunkt). In der Astronomie ist der Südpunkt der Nullpunkt der Azimutzählung.

> *Azimut, Horizont, Meridian, Nordpunkt,*
> *Ostpunkt, Westpunkt*

SUPERHAUFEN

Ein überdimensionaler Haufen von Galaxienhaufen. Galaxien zeigen die Tendenz, noch größere Gebilde zu erzeugen, so genannte Galaxienhaufen. Diese stehen wiederum in Haufen zusammen und bilden die Superhaufen. Galaxiensuperhaufen setzen sich aus Dutzenden bis Hunderten von Galaxienhaufen zusammen und haben Durchmesser von einigen hundert Millionen Lichtjahren.

> *Galaxien, Galaxienhaufen, Universum,*
> *Virgo-Superhaufen*

SUPERNOVA

Größte Explosion eines einzelnen Himmelskörpers. Die Bezeichnung stammt aus dem Lateinischen: Nova Stella heißt „neuer Stern". Wenn früher ein Stern durch explosionsartige Vorgänge aufleuchtete, so nahm man an, ein neuer Stern sei geboren. Heute weiß man, dass Sterne gelegentlich gewaltige Lichtausbrüche zeigen.

Bei einer Supernova-Detonation wird ein massereicher Stern am Ende seines Lebens fast vollständig zerrissen. Er schleudert seine äußere Gashülle ins Universum. Übrig bleibt ein kleiner, superdichter Neutronenstern oder sogar ein Schwarzes Loch. Die von einer Supernova ins Weltall geschleuderte Materie enthält eine Reihe schwererer Elemente (Kohlenstoff, Stickstoff, Sauerstoff, Silizium, Phosphor, Schwefel, Eisen etc). Somit reichern alte explodierende Sterne die interstellare Materie mit Material an, das auch als Baustoff für die Entstehung von Planetensystemen dient.

Bei einer Supernova-Detonation wird der Stern für einige Tage so hell wie eine ganze Galaxie. Deshalb sind Supernova-Erscheinungen weithin im Weltall zu sehen. Supernovae in fernen Galaxien dienen deswegen auch zur Entfernungsbestimmung und Ermittlung des Alters und der Expansionsgeschwindigkeit des Universums (des so genannten Hubble-Parameters).

> *Entfernungsbestimmung, interstellare*
> *Materie, Kernfusion, Neutronenstern, Nova,*
> *Schwarzes Loch, Sternentwicklung, Universum,*
> *Veränderlicher*

SUPERNOVA **Die Supernova 1987 A in der Großen Magellanschen Wolke (etwas rechts der Bildmitte), fotografiert rund eine Woche nach ihrem Ausbruch. Sie war die hellste Supernova seit 400 Jahren.**

SYMBOLE

In der Astronomie werden verschiedene Symbole für die Planeten, teilweise auch für Planetoiden sowie für die Tierkreiszeichen benutzt. Sonne, Mond und Planeten haben folgende Symbole, mit denen ihre Positionen häufig in Sternkarten markiert werden:

Sonne	☉	Jupiter	♃
Mond	☽	Saturn	♄
Merkur	☿	Uranus	♅
Venus	♀	Neptun	♆
Erde	♁, ⊕	Pluto	♇
Mars	♂		

Die Symbole der Tierkreiszeichen findet man in der Tabelle „Tierkreissternbilder und -zeichen" (S. 128).

> *Mond, Planet, Planetoid, Sonne, Tierkreiszeichen*

SYNODISCHER MONAT

Zeitspanne zwischen zwei aufeinander folgenden gleichen Mondphasen, also von Neumond zu Neumond (eine Lunation) oder von Vollmond zu Vollmond. Die *mittlere* Länge eines synodischen Monats beträgt 29 Tage, zwölf Stunden, 44 Minuten und drei Sekunden. Die jeweils *aktuellen* synodischen Monate weichen von der Länge eines mittleren erheblich ab.

> *Lunation, Monat, Mond, Mondphasen, siderischer Monat*

SYNODISCHE ROTATION

> *Sonnentag*

SYNODISCHE UMLAUFZEIT

Zeit, die vergeht, bis sich wieder die gleiche Gestirnsstellung relativ zur Erde ergibt. Ein synodischer Monat ist die Dauer von Neumond zum nächsten Neumond (der Mond steht wieder von der Erde aus gesehen in Richtung Sonne). Er dauert länger als ein siderischer Monat, der den Zeitraum zwischen zwei Passagen des Mondes an einem Stern angibt, weil sich die Erde in der Zwischenzeit um die Sonne weiterbewegt hat. Bei einem Planeten gibt die synodische Umlaufzeit an, welche Zeit zwischen zwei aufeinander folgenden Oppositionen (bzw. Konjunk-

tionen) vergeht. So läuft der Riesenplanet Jupiter in knapp zwölf Jahren um die Sonne (siderische Umlaufzeit), die synodische Umlaufzeit beträgt jedoch nur 398,9 Tage. Somit kommt Jupiter etwa alle 13 Monate in Opposition zur Sonne, wenn er von der Erde auf der Innenbahn überholt wird. Dann steht er von der Erde aus gesehen wieder der Sonne am Himmel gegenüber.

> *Konjunktion, Opposition, siderischer Monat, siderische Umlaufzeit, synodischer Monat*

SYZYGIEN

Zusammenfassende Bezeichnung für Neumond- und Vollmondposition. Verallgemeinert bezeichnen die Syzygien die Konjunktions- und Oppositionsstellungen der Planeten.

> *Konjunktion, Neumond, Opposition, Vollmond*

SZINTILLATION

> *Luftunruhe*

TAG

Man unterscheidet zwischen dem Wechsel von Tag und Nacht und dem Volltag. Der Tag bezeichnet die Phase, in der die Sonne die Umgebung aufhellt im Gegensatz zur dunklen Nacht. Der Volltag ist die kleinste kalendarische Zeiteinheit. Dabei ist zu unterscheiden zwischen einem *Sonnentag* (synodische Erdrotation) und einem *Sterntag* (siderische Erdrotation). Der Sonnentag ist die Zeitspanne zwischen zwei aufeinander folgenden Durchgängen der mittleren Sonne durch den Meridian. Er dauert definitionsgemäß 24 Stunden, das sind 86 400 Sekunden. Der Sterntag hingegen ist die Zeitspanne zwischen zwei aufeinander folgenden Durchgängen des Frühlingspunktes durch den Meridian. Er ist um knapp vier Minuten kürzer als ein Sonnentag. Der Grund dafür ist, dass die Erde innerhalb eines Tages nicht nur einmal um sich selbst rotiert, sondern auch auf ihrer jährlichen Bahn um die Sonne ein Stückchen weiterwandert. Daher muss sie sich noch etwas weiter als einmal um sich selber drehen, damit die Sonne an einem bestimmten Ort wieder im Meridian steht. Um diese Zeitspanne dauert ein Sonnentag länger als ein Sterntag.

In den meisten Kalendersystemen beginnt der neue Tag um Mitternacht. In einigen Kalendersystemen jedoch wird als Tagesbeginn der Sonnenuntergang genommen. Der Tag beginnt dann mit dem Einbruch der Dunkelheit (zum Beispiel im Islamischen und im Jüdischen Kalender). Populär und rein gefühlsmäßig beginnt für viele ein neuer Tag jedoch mit der Morgendämmerung. Man sagt, ein neuer Tag bricht an. Bis 1925 begann für die Astronomen der Tag zu Mittag. Damit wollte man vermeiden, dass nachts beim Protokollieren der Beobachtung ein Datumswechsel auftritt. Dies ist immer noch so beim Julianischen Datum, das in der Astronomie regelmäßig verwendet wird.

> *Frühlingspunkt, Julianisches Datum, Kalender, Meridian, mittlere Sonne, Sonnentag, Sterntag*

Horizont (die Sterne gehen senkrecht auf und unter), während sie an den Polen der Erde parallel zum Horizont verlaufen. Dort sind alle Sterne zirkumpolar, während für Orte am Erdäquator die Tag- und Nachtbögen gleich lang sind und die Gestirne somit jeweils zwölf Stunden über und zwölf Stunden unter dem Horizont stehen. Hier gibt es keine Zirkumpolarsterne. Zwischen dem Äquator und den Polen gehen die Gestirne schräg zum Horizont auf und unter mit unterschiedlich langen Tag- und Nachtbögen (s. auch Abb. unten). Zu den Polen hin werden immer mehr Sterne zirkumpolar.

Die Tagbögen der Sonne ändern sich während des Jahres an einem bestimmten Ort wegen ihrer veränderlichen Deklination im Lauf der Jahreszeiten.

> *Aufgang, Deklination, Jahreszeiten, Himmelskugel, Horizont, Untergang, Zirkumpolarstern*

TAGUNDNACHTGLEICHE

> *Äquinoktium*

TAGBOGEN

Der Bogen, den die Gestirne infolge der täglichen Erddrehung oberhalb des Horizonts beschreiben. Der Tagbogen beschreibt somit die Wanderung eines Gestirns über das Himmelsgewölbe vom Aufgangspunkt am Horizont bis zum Untergangspunkt. Die Größe des Tagbogens ist abhängig von der Deklination des Gestirns und der geografischen Breite des Beobachters. Am Erdäquator stehen alle Tagbögen senkrecht zum

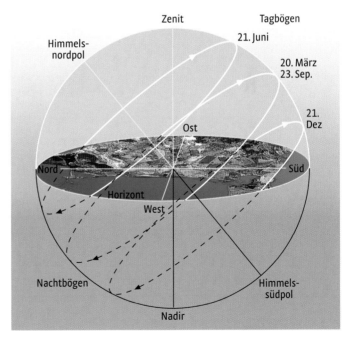

TAGBOGEN **Die Tag- und Nachtbögen der Sonne in unseren Breiten, jeweils zu Sommer- und Winterbeginn sowie zu Frühlings- und Herbstanfang**

TAUKAPPE

Verlängerung eines Teleskoptubus über das Objektiv hinaus. Das verlängerte Rohrstück dient dazu, das Beschlagen des Fernrohrobjektivs durch nächtlichen Tau zu vermeiden.

> *Objektiv, Teleskop, Tubus*

TEILKREIS

Ablesekreis zum Einstellen eines Fernrohrs nach astronomischen Koordinaten (z.B. Stundenwinkel und Deklination). Bei modernen Teleskopen verzichtet man in der Regel auf Teilkreise, da sie durch Computer vollautomatisch gesteuert werden.

> *Deklinationskreis, Koordinaten, Teleskop*

TELESKOP

Wörtlich „Fernseher", von griechisch „tele" – fern und „skopein" – sehen. Optisches Gerät zur Beobachtung des Sternenhimmels. Hauptbestandteil eines Teleskops ist das Objektiv, das aus einer oder mehreren Sammellinsen oder Spiegeln bestehen kann. Der Objektivdurchmesser ist maßgebend für die Leistung eines Teleskops. Diese besteht zum einen in der höheren Auflösung gegenüber dem freien Auge und zum anderen in der Licht sammelnden Wirkung des Instruments. Dabei nimmt die Auflösung linear mit dem Durchmesser des Objektivs zu, der Lichtgewinn jedoch quadratisch mit dem Objektivdurchmesser. Mit Teleskopen lassen sich somit mehr Einzelheiten erkennen als mit bloßem Auge und wegen der Licht sammelnden Wirkung lassen sich auch Sterne sehen, die wegen ihrer Lichtschwäche mit unbewaffnetem Auge nicht zu sehen sind.

Man unterscheidet zwei Hauptgruppen von Teleskopen: die *Linsenteleskope* (Refraktoren) und die *Spiegelteleskope* (Reflektoren). Linsenteleskope haben als Objektiv eine oder eine Kombination mehrerer Linsen, die das Licht sammeln und in der Brennebene bündeln, in der das Bild des Objektes erzeugt wird. Spiegelteleskope haben als Objektiv einen Hohlspiegel (Konkavspiegel). Ein zweiter, kleinerer Spiegel, der so genannte Sekundär- oder Fangspiegel, lenkt das Licht aus dem Strahlengang hinaus. Betrachtet wird das vom Objekt erzeugte Bild bei beiden Teleskoparten durch ein Okular, das wie eine Lupe wirkt. Meist gehören zu einem Fernrohr mehrere Okulare, damit man die Vergrößerung variieren kann.

Bei modernen Großteleskopen wird die Spiegelform durch Stellglieder mehrfach in der Sekunde den optischen und den Lageverhältnissen angepasst. Dadurch können die störenden Luftturbulenzen sowie Verformungen durch die Stellung des Spiegels weitgehend ausgeschaltet werden. In solchen Fällen spricht man von „adaptiver" und „aktiver Optik".

> *aktive Optik, Auflösungsvermögen, Linsenteleskop, Objektiv, Öffnungsverhältnis, Okular, Spiegelteleskop, Vergrößerung*

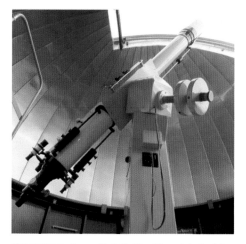

TELESKOP Der große Refraktor (Linsenteleskop) der Sternwarte Welzheim mit einem Objektivdurchmesser von zehn Zoll (25 Zentimeter) und einer Brennweite von 3,5 Metern.

TERMINATOR

Grenze zwischen dem beleuchteten und dem unbeleuchteten Teil des Mondes oder eines Planeten beziehungsweise eines Planetenmondes.

> *Mond, Mondphasen, Phase*

TERRA

Begriff aus dem Lateinischen für die großflächigen, hellen Gebiete auf dem Mond (s. Abb. S. 61); es sind kraterzerfurchte Hochlandregionen. Terra bedeutet so viel wie „Erde", die Mehrzahl heißt Terrae. Früher dachte man, die dunklen Flecken auf dem Mond seien Ozeane (Mare, Mehrzahl Maria), die hellen hingegen Festländer. Inzwischen weiß man, dass es kein Wasser auf dem Mond gibt, die Bezeichnungen haben sich jedoch bis heute gehalten.

> *Mare, Mond*

TERRESTRISCH

Auf die Erde bezogen.

> *Erde, lunar*

TIERKREIS

Der Tierkreis (Zodiakus) ist eine Zone von etwa 16° Breite beiderseits der Ekliptik an der Himmelskugel, in der sich Sonne, Mond und die Planeten (außer Pluto) bewegen. Er zieht durch diejenigen 13 Sternbilder, durch die die Sonne im Lauf eines Jahres hindurchwandert. Die Tierkreissternbilder sind Widder, Stier, Zwillinge, Krebs, Löwe, Jungfrau, Waage, Skorpion, Schlangenträger, Schütze, Steinbock, Wassermann und Fische. Da sie nach der Einteilung der Internationalen Astronomischen Union aus dem Jahr 1925 unterschiedlich groß sind, ist die Verweildauer der Sonne in den einzelnen Sternbildern unterschiedlich lang. So wandert die Sonne nur eine Woche durch den Skorpion (vom 22. bis 29. November) und tritt anschließend in den Schlangenträger, in dem sie bis zum 18. Dezember bleibt. Am längsten hält sie sich in der Jungfrau auf, vom 16. September bis 30. Oktober. Infolge der Präzession der Erde verschieben sich die Eintrittszeiten der Sonne in die einzelnen Tierkreissternbilder im Lauf der Jahrhunderte. So steht die Sonne heutzutage am 21. März im Sternbild Fische; vor mehr als 2000 Jahren befand sie sich zu diesem Zeitpunkt noch im Sternbild Widder. Nach dem Jahr 2610 wird sie zu Frühlingsbeginn im Sternbild Wassermann stehen. Man spricht deshalb von einem Widder-, Fische- und einem Wassermann-Zeitalter. Nicht zu verwechseln sind die Tierkreis*sternbilder* mit den Tierkreis*zeichen*.

> *Ekliptik, Himmelskugel, Präzession, Sonnenbahn, Sternbild, Tierkreiszeichen*

TIERKREISSTERNBILD

> *Tierkreis*

TIERKREISZEICHEN

Die Tierkreis*zeichen* sind nicht zu verwechseln mit den Tierkreis*sternbildern*!

Die Tierkreiszeichen sind zwölf jeweils 30° lange Stücke auf der Ekliptik, die mit dem Frühlingspunkt beginnen. Sie sind der Lage der Tierkreissternbilder vor rund 2000 Jahren zugeordnet, wobei jedoch der Schlangenträger als 13. Sternbild nicht vorkommt. Das Tierkreiszeichen Widder umspannt die ekliptikale Länge von 0° bis 30°, das Tierkreiszeichen Stier die Länge von 30° bis 60°, das Tierkreiszeichen Zwillinge von 30° bis 90° etc. (s. Tab. „Tierkreissternbilder und -zeichen" auf S. 128). Bei einer ekliptikalen Länge von 90° (= Sommerpunkt) tritt die Sonne in das Tierkreiszeichen Krebs. Daher spricht man zu Sommerbeginn auch vom Wendekreis des Krebses und zu Winterbeginn entsprechend vom Wendekreis des Steinbocks. Frühlungs- und Herbstpunkt werden aus diesem Grund auch Widder- und Waagepunkt genannt. Die Tierkreiszeichen stimmen durch die Präzession

TIERKREISZEICHEN **Die Tierkreiszeichen teilen die Ekliptik in zwölf 30° lange Abschnitte. In der Tabelle auf S. 128 sind die Tierkreiszeichen mit ihren Symbolen aufgeführt.**

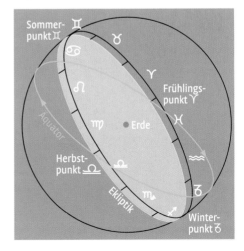

TIERKREISSTERNBILDER UND -ZEICHEN

NR. NAME DEUTSCH	LATEIN	STERNBILD ABK.	LÄNGE (EKL.)	EINTRITT SONNE	ZEICHEN SYM-BOL	LÄNGE (EKL.)	EINTRITT SONNE	KARDINAL-PUNKTE	FRÜHLINGSPUNKT TRITT INS STERNB.
1. Widder	Aries	Ari	28,7	18. April	♈	0°	21. März	Frühlingsäquinoktium	−1840
2. Stier	Taurus	Tau	53,7	13. Mai	♉	30	20. April		21 320
3. Zwillinge	Gemini	Gem	90,1	21. Juni	♊	60	21. Mai		19 320
4. Krebs	Cancer	Cnc	118,0	20. Juli	♋	90	21. Juni	Sommersolstitium	17 890
5. Löwe	Leo	Leo	138,1	10. August	♌	120	23. Juli		15 320
6. Jungfrau	Virgo	Vir	173,8	16. September	♍	150	23. Aug.		12 160
7. Waage	Libra	Lib	217,9	30. Oktober	♎	180	23. Sept.	Herbstäquinoktium	10 520
8. Skorpion	Scorpius	Sco	240,9	22. November	♏	210	23. Okt.		10 040
9. Schlangenträger	Ophiuchus	Oph	247,6	29. November	–	–	–		8700
10. Schütze	Sagittarius	Sgr	266,2	18. Dezember	♐	240	22. Nov.	Wintersolstitium	6350
11. Steinbock	Capricornus	Cap	299,6	19. Januar	♑	270	21. Dez.		4310
12. Wassermann	Aquarius	Aqr	327,5	16. Februar	♒	300	20. Jan.		2600
13. Fische	Pisces	Psc	351,5	11. März	♓	330	19. Febr.		−70

der Erdachse nicht mehr mit den Tierkreissternbildern überein und haben keine astronomische Bedeutung. Sie werden heute fast ausschließlich in der Astrologie genutzt.

> *Astrologie, Ekliptik, ekliptikale Koordinaten, Frühlingspunkt, Herbstpunkt, Präzession, Sommerpunkt, Tierkreis, Winterpunkt*

TOPOZENTRISCH

Auf den Beobachtungsort bezogen. Topozentrische Koordinaten sind die einzigen Himmelskoordinaten, die direkt gemessen werden können. Alle anderen Koordinaten, wie beispielsweise geozentrische Koordinaten, die sich auf den Erdmittelpunkt beziehen, sind davon abgeleitet.

> *geozentrisch, heliozentrisch, Koordinaten*

TRABANT

Bezeichnung für einen Mond. Die Erde besitzt einen Trabanten, Mars zwei und Jupiter mehr als 60.

> *Mond, Monde*

TRANSIT

> *Durchgang, Merkurtransit, Venustransit*

TROPEN

Zone auf der Erde zwischen dem nördlichen Wendekreis (geografische Breite +23,5°) und dem südlichen Wendekreis (geografische Breite −23,5°). In den Tropen steht die Sonne zu bestimmten Zeiten des Jahres bei ihrer Mittagsstellung im Zenit.

> *Jahreszeiten, Wendekreise*

TROPISCH

Auf den Frühlingspunkt bezogen.
Ein tropischer Umlauf eines Himmelskörpers ist die Zeitspanne zwischen zwei aufeinander folgenden Passagen des Frühlingspunktes beziehungsweise der Rektaszension des Frühlingspunktes von null Stunden ($\alpha = 0^h$).

> *Frühlingspunkt, Jahr*

TUBUS

Fernrohrröhre. Bei Linsenteleskopen ist der Tubus meist als Vollrohr ausgebildet. Im vorderen Teil des Tubus findet das Objektiv seinen Platz, am Ende des Tubus ist eine Vorrichtung zur Aufnahme des Okulars vorhanden. Bei Spiegelteleskopen ist der Tubus mitunter auch eine Gitterkonstruktion (Gittertubus).

> *Linsenteleskop, Objektiv, Okular,*
> *Spiegelteleskop, Taukappe*

TYCHONISCHER STERN

Eine Supernova, die 1572 im Sternbild Kassiopeia aufleuchtete und von dem Astronomen Tycho Brahe (1546–1601) entdeckt wurde. Als Überrest wird heute eine etwa 15 000 Lichtjahre entfernte Radioquelle beobachtet, außerdem registriert man aus diesem Bereich Röntgenstrahlung.

> *Keplersche Supernova, Radioastronomie,*
> *Röntgenastronomie, Supernova*

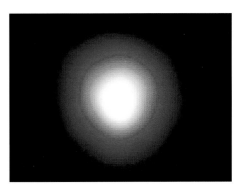

ÜBERRIESE **Der rötliche, östliche Schulterstern im Sternbild Orion, Beteigeuze, ist ein roter Überriesenstern (vgl. auch Abb. S. 117 unten).**

nung erhalten alle Flugobjekte, die beobachtet, aber nicht identifiziert werden können. In der Regel liegt dies daran, dass zu wenig qualifizierte Informationen über das Objekt vorliegen. Ein UFO darf daher nicht automatisch als außerirdisches Raumschiff angesehen werden.

> *SETI*

ÜBERRIESE

Massereiche Sterne können sich am Ende ihres Lebens zu riesigen, relativ kühlen, rötlich leuchtenden Gasbällen entwickeln. Solche überdimensionalen Sterne, deren Durchmesser das Tausendfache des Sonnendurchmessers erreichen können, heißen Überriesensterne. Ihre Leuchtkraft ist enorm, sie übertreffen die der Sonne um das Zigtausendfache. Überriesen sind deshalb weithin im Weltall zu sehen. Außerdem gibt es auch so genannte blaue Überriesen. Dabei handelt es sich um sehr massereiche, heiße und junge blaue Sterne, die unsere Sonne an Durchmesser ebenfalls weit übertreffen.

> *Hertzsprung-Russell-Diagramm, Leuchtkraft,*
> *Leuchtkraftklassen, Riesenstern, Stern-*
> *entwicklung*

UFO

Abkürzung für **U**nidentifiziertes **F**liegendes **O**bjekt (engl.: **U**nidentified **F**lying **O**bject). Diese Bezeich-

UHR

Zeitmessinstrument, das im Wesentlichen aus einem periodischen Vorgang (Pendelschwingung, Schwingung eines Quarzes, Schwingung von Atomen etc.), einem Zählwerk und einer Anzeigevorrichtung besteht. Eine präzise Zeitmessung ist in der Astronomie häufig erforderlich, dazu bedarf es möglichst hochgenauer Uhren.

> *Zeit, Zeitzeichen*

ULTRAVIOLETTASTRONOMIE

Teilgebiet der Astronomie, das sich mit der Beobachtung des Weltalls im ultravioletten Spektralbereich beschäftigt. Dieser Bereich liegt etwa zwischen 400 und 10 Nanometern (1 Nanometer = 1 Milliardstel Meter) und wird mit UV abgekürzt. Im ersteren Fall spricht man vom nahen Ultraviolett, im zweiten Fall vom fernen Ultraviolett. Zu kürzeren Wellenlinien hin schließt sich der Bereich der Röntgenstrahlen an, zu längeren das sichtbare Licht. Der ultraviolette Spek-

tralbereich ist für die Erforschung der Sonne bedeutsam, gleichzeitig aber auch für die Untersuchung extrem junger, heißer und massereicher Sterne.
Die UV-Strahlung wird in erster Linie durch das Ozon in unserer Atmosphäre abgeblockt. Um die UV-Strahlung der Sterne zu beobachten, ist es erforderlich, Detektoren in eine Umlaufbahn um die Erde zu entsenden. Die UV-Astronomie arbeitet daher mit künstlichen Erdsatelliten. Auch das *Hubble*-Weltraumteleskop kann im Ultravioletten beobachten.

> *Astronomie, elektromagnetische Strahlung, Sonne, Stern, Sternentwicklung*

UMBRA

Lat., Schatten. Unter Umbra versteht man in der Astronomie sowohl den Schatten des Mondes und der Erde bei Sonnen- beziehungsweise Mondfinsternissen als auch die inneren, dunklen Bereiche von Sonnenflecken (s. Abb. S. 113).

> *Mondfinsternis, Penumbra, Sonnenfinsternis, Sonnenflecken*

UMDREHUNG

> *Rotation*

UMKREISUNG

> *Revolution*

UNIVERSAL TIME

Abk. UT. Engl., Weltzeit.
> *Weltzeit, Zeit*

UNIVERSUM

Gesamtheit des Weltalls. Nach heutiger Vorstellung entstand das Universum vor 14 Milliarden Jahren durch eine gewaltige Explosion, den so genannten Urknall oder Big Bang. Seinen Überrest können wir heute noch in der kosmischen Hintergrundstrahlung messen, einer schwachen, gleichmäßig aus allen Richtungen einfallenden Strahlung im Radiobereich. Aus Beobachtungen schließt man, dass das Univer-

sum in hinreichend großen Raumbereichen homogen und isotrop (keine Richtung ist ausgezeichnet) ist. Aus der Isotropie folgt auch, dass es keinen Mittelpunkt gibt. Auf riesigen Skalen stehen Galaxien in Galaxienhaufen zusammen und diese wiederum bilden Superhaufen. Die Superhaufen sind zu gewaltigen „Mauern" und „Wänden" (engl.: Walls) vereinigt, dazwischen liegen riesige, fast stern- und galaxienleere Raumbezirke, so genannte Voids. Auf Skalenlängen von einigen hundert Millionen Lichtjahren zeigt das Universum daher ein honigwabenartiges Aussehen, man spricht auch von der Schaumstruktur des Universums.
Nur etwa vier bis fünf Prozent der Masse des Universums besteht aus „normaler", so genannter baryonischer Materie. 21 bis 27 Prozent entfallen auf die Dunkle Materie und 71 bis 77 Prozent, der Löwenanteil also, werden von der rätselhaften Dunklen Energie beigesteuert. Die Dunkle Materie setzt sich vermutlich aus exotischen Partikeln zusammen, die bisher aber noch nicht direkt zu beobachten waren. Auch über die Dunkle Energie ist bislang nur wenig bekannt.
Das gesamte Universum dehnt sich ständig aus, was man anhand der Rotverschiebung ferner Galaxien

UNIVERSUM **Die Beobachtung fernster Supernovae zeigt, dass die Expansion des Universums in der Vergangenheit langsamer erfolgte als heute.**

Größe des Universums

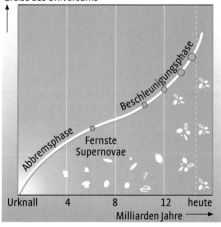

U N I V E R S U M   **Blick in die Tiefen des Universums: Aufnahmen mit dem *Hubble*-Weltraumteleskop zeigen Galaxien in über zehn Milliarden Lichtjahren Entfernung.**

feststellen kann. Neuerdings haben Forscher sogar festgestellt, dass das Universum beschleunigt expandiert. Falls das Universum tatsächlich aus einer „Quantenvakuumfluktuation" entstand, wie man heute glaubt, so gibt es wahrscheinlich eine Vielzahl von Universen, mit denen wir jedoch in keiner Form in Kontakt treten können. Unser Universum ist dann nur eines von unzählig vielen anderen.

Mit der Beschreibung des Universums, seiner Entstehung und seiner Struktur im Großen beschäftigt sich die Kosmologie, ein Teilgebiet der Astronomie.

> *Galaxienhaufen, Kosmologie, Radiostrahlung, Rotverschiebung, Superhaufen, Urknall, Voids*

UNTERGANG

Das Verschwinden eines Himmelskörpers unter dem Westhorizont. Bei nicht punktförmigen Himmelsobjekten wie Sonne und Mond wird als Untergangszeitpunkt jeweils das Verschwinden des oberen Scheibenrandes angegeben. Bei der Berechnung von Auf- und Untergangszeiten ist die Strahlenbrechung in der irdischen Atmosphäre (Refraktion) zu berücksichtigen (s. Aufgang): Wenn die Sonne gerade am Horizont untergeht, ist sie in Wahrheit schon dahinter verschwunden.

Unter dem *heliakischen* Untergang versteht man das letztmalige Erscheinen eines Sterns oder Sternbildes am Abendhimmel. Mit dem heliakischen Untergang verschwindet das Gestirn für einige Wochen vom Nachthimmel und hält sich mit der Sonne am Taghimmel auf.

Als *akronyktischen* Untergang eines Gestirns versteht man den Untergang im Westen, wenn die Sonne gerade im Osten aufgeht. Dies ist für einen Planeten der Fall, der in Opposition zur Sonne steht. Er geht am Morgenhimmel akronyktisch im Westen unter.

> *Aufgang, Opposition, Refraktion*

URANOMETRIE

Wörtlich: „Himmelsvermessung". In früherer Zeit wurden auch Sternatlanten so benannt.

> *Astrometrie*

URANUS

Der von der Sonne aus gezählt siebte Planet unseres Sonnensystems. Er wandert in einer Entfernung von 19 AE (= 2,9 Milliarden Kilometer) in knapp 85 Jahren einmal um die Sonne. Mit knapp 50 000 Kilometern Durchmesser ist er nur wenig größer als der Planet Neptun und damit der drittgrößte Planet unseres Sonnensystems. Uranus besitzt die 14fache Erdmasse und ist damit etwas leichter als Neptun. Wegen seiner Farbe wird er gerne als grünlicher Planet bezeichnet.

Uranus gehört zu den Riesen- oder Gasplaneten und besitzt eine dichte, im sichtbaren Licht strukturlose Atmosphäre aus Wasserstoff, Helium und Methan. Die Rotationsachse des großen Uranusglobus ist in seine Bahn hineingekippt, er wälzt beziehungsweise schraubt sich daher entlang seiner Bahn.

Alle zwölf Monate und vier Tage überholt die Erde auf ihrer weit innen liegenden Bahn den Uranus. Es kommt zu einer Uranusopposition. Dann ist die Entfernung zu Uranus am geringsten und der Planet ist die ganze Nacht über beobachtbar. Mit 6^m Helligkeit ist er theoretisch mit bloßem Auge gerade noch zu sehen. Dennoch war er im Altertum und Mittelalter nicht bekannt. Er wurde erst im Jahr 1781 von Frie-

URANUS **Auf dem grünlichen Planeten Uranus sind im sichtbaren Licht keine Einzelheiten zu erkennen.**

drich Wilhelm Herschel im Sternbild Zwillinge entdeckt. Im Fernrohr zeigt Uranus ein winziges, grünliches Scheibchen. Als punktförmiges Objekt ist er bereits gut in einem Fernglas erkennbar. Uranus besitzt wie alle Gasplaneten zahlreiche Monde.
> *Helligkeit, Monde, Opposition, Planet, Sonnensystem*

URKNALL

Gewaltige Explosion, mit der das Universum vor 14 Milliarden Jahren entstand, auch als Big Bang bezeichnet. Extrapoliert man die Zeitachse nach rückwärts zum Beginn des Universums, müsste die gesamte Materie in einem Punkt mit unendlich hoher Dichte vereinigt gewesen sein. Diese Urknallsingularität ist jedoch eine mathematische Fiktion, die in der Realität nicht vorkommt. Nach Vorstellung der Quantenmechanik entstand das Universum vielmehr durch den spontanen Übergang aus dem zeitlosen Zustand der so genannten Quantenvakuumfluktuation. Das Quantenvakuum ist ein Zustand niedrigster Energie, gefüllt mit virtuellen Partikeln, die sich ununterbrochen spontan bilden und dann wieder zer-

fallen. Man glaubt heute, dass das Universum aus einer quantenmechanischen Schwankung dieses Zustandes hervorging.
> *Rotverschiebung, Universum*

UT

Abk. für Universal Time (Weltzeit).
> *Weltzeit*

V

VENUS

Unser innerer Nachbarplanet, der zweite Planet von der Sonne aus gezählt. Ihre mittlere Entfernung von der Sonne beträgt 108 Millionen Kilometer (0,7 AE). Mit 12 104 Kilometer Durchmesser ist die Venus nur wenig kleiner als die Erde und besitzt 82 Prozent der Erdmasse. Venus rotiert extrem langsam (einmal in 243 Tagen) und zwar entgegengesetzt zum allgemeinen Rotationssinn im Sonnensystem.
Nach Sonne und Mond ist die Venus das hellste Gestirn am Himmel. Ihre Helligkeit kann bis zu $-4^m_{\cdot}7$ erreichen. Sie wandert in $7\frac{1}{2}$ Monaten einmal um die Sonne und überholt die Erde auf der Innenbahn alle 19 Monate (untere Konjunktion). Venus ist entweder am Abendhimmel als Abendstern zu sehen oder am Morgenhimmel vor Sonnenaufgang als Morgenstern. Venus gehört zu den erdähnlichen Planeten. Im sichtbaren Licht sind auf ihr keine Oberflächeneinzelheiten zu erkennen, da sie von einer dichten, gleißend hellen Wolkenschicht permanent umhüllt wird. Nähere Informationen über die Venus erbrachten uns Raumsonden, die in die Atmosphäre eindrangen und weich auf ihrer Oberfläche landeten bzw. per Radar ihre gesamte Oberfläche abtasteten. Es hat sich dabei gezeigt, dass die Venus von gewaltigen Gebirgsmassiven bedeckt ist. Die extrem dichte Atmosphäre besteht hauptsächlich aus Kohlendioxid und zu einem geringen Teil aus molekularem Stickstoff. Venus ist staubtrocken, Wasserdampf kommt nur in Spuren vor. Gelegentlich regnet es Schwefelsäuretröpfchen. Die Oberflächenverhältnisse sind wahrhaft höllisch: Auf der Venus herrschen Temperaturen zwischen 470

VENUS **Der Schwesterplanet der Erde, die Venus**

und 510 Grad Celsius und ein Druck von etwa 90 Atmosphären, dies entspricht dem Druck in 900 Meter Meerestiefe auf der Erde. Venus besitzt ebenso wie Merkur keinen natürlichen Mond.

> *Abendstern, Helligkeit, Konjunktion, Morgen-stern, Phasen, Planet, Radarastronomie, Sonnen-system, Venustransit*

VENUSTRANSIT

Gelegentlich zieht die Venus, wenn sie die Erde überholt, als dunkler Punkt vor der Sonnenscheibe vorbei. Ein solches Ereignis nennt man Venustransit oder Venusdurchgang. Der letzte Venustransit fand am 8. Juni 2004 statt und war in seiner vollen Länge mit bloßem Auge (mit Sonnensichtbrille) von Europa aus beobachtbar. Der nächste Venustransit findet in der Nacht vom 5. auf den 6. Juni 2012 statt und kann vom Pazifischen Raum aus, von Ostasien, Japan, den westlichen Gebieten Amerikas, Australien und Teilen der Antarktis sowie Ozeanien beobachtet werden. Dies gilt auch für den darauf folgenden Venustransit am 11. Dezember 2117. Der nächste von Europa aus vollständig zu beobachtende Venustransit findet erst am 8. Dezember 2125 statt. Da die Umlaufbahn der Venus um die Sonne gegenüber der Ekliptik um etwa 3,5° geneigt ist, findet ein Venustransit nicht bei je-

dem Überholvorgang der Venus statt, sondern ist ein höchst seltenes Ereignis. Nur wenn sich die Venus in unterer Konjunktion gleichzeitig im aufsteigenden oder absteigenden Knoten ihrer Bahn befindet, tritt sie als dunkler Punkt vor die Sonnenscheibe. Venustransite gibt es pro Vierteljahrtausend im Mittel lediglich vier.

> *Durchgang, Knoten, Konjunktion, Merkurtransit, schwarzer Tropfen, Venus*

VERÄNDERLICHER

Kurzbezeichnung für einen veränderlichen Stern. Im Lauf der Existenz eines Sterns verändert dieser seine Zustandsgrößen wie Durchmesser, Oberflächentemperatur, Masse etc. erheblich. Diese Veränderungen erfolgen jedoch vergleichsweise langsam in Zeiträumen von Millionen und Milliarden Jahren. Unter einem veränderlichen Stern versteht man hingegen einen Stern, dessen Messgrößen – in erster Linie seine scheinbare Helligkeit – in kosmisch kurzen Zeitskalen (Sekundenbruchteile bis einige hundert Tage) veränderlich sind.
Die Ursachen sind verschiedener Natur. Manchmal verändern Sterne am Himmel ihre Helligkeit, weil sie aus zwei Einzelsternen bestehen, die einander umkreisen und sich für den irdischen Beobachter gegenseitig bedecken. Sie rufen gewissermaßen „Sternfinsternisse" hervor. In diesem Fall spricht man von *bedeckungsveränderlichen* Sternen. Ein schönes Beispiel ist der Stern Algol im Sternbild Perseus.

VENUSTRANSIT **Am 8. Juni 2004 zog letztmals die Venus vor der Sonnenscheibe vorbei. Der nächste Venustransit wird am 5./6. Juni 2012 stattfinden.**

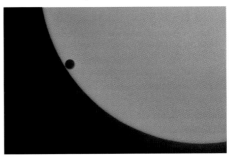

Andere Sterne pulsieren, sie blähen sich auf und schrumpfen anschließend wieder, wobei sie nicht nur ihren Radius verändern, sondern auch ihre Oberflächentemperatur (und damit ihre Farbe). In solchen Fällen spricht man von *Pulsationsvariablen*. Wieder andere Sterne hingegen zeigen explosionsartige Lichtausbrüche, sie flammen für kurze Zeit auf und werden dann wieder lichtschwächer. Am auffälligsten sind die so genannten Novae (Einzahl: Nova) und Supernovae. Daneben gibt es weitere Veränderliche, die in unregelmäßigen Abständen Lichtausbrüche zeigen. Diese Gruppen werden insgesamt zu den *Eruptiv-Variablen* gerechnet. Pulsations- und Eruptiv-Variable zählen zur Gruppe der *physisch* (tatsächlich) Veränderlichen, während Bedeckungsveränderliche auch *optisch* (scheinbar) Veränderliche genannt werden.

Die regelmäßige und systematische Beobachtung veränderlicher Sterne ist ein dankbares Aufgabengebiet für Sternfreunde und Amateurastronomen. Denn aus der Lichtkurve (Helligkeit aufgetragen gegen die Zeit, s. Abb. S. 58) lassen sich viele Eigenschaften der veränderlichen Sterne ermitteln.

> Algol, Bedeckungsveränderlicher, Delta-Cepheï-Stern, Hertzsprung-Russell-Diagramm, Lichtkurve, Mira, Nova, Supernova

VERGRÖSSERUNG

Durch die Vergrößerung eines Fernrohrs kann ein Beobachter mehr Details sehen als mit bloßem Auge. Gleichzeitig wird das Bild bei steigender Vergrößerung aber auch dunkler. Die Vergrößerung eines Teleskops berechnet sich aus der Objektivbrennweite geteilt durch die Okularbrennweite. Hat ein Fernrohr beispielsweise eine Objektivbrennweite von zwei Metern und benutzt man ein Okular von 20 Millimeter Brennweite, so ergibt sich eine 100fache Vergrößerung. Die Vergrößerung ist allerdings kein Maß für die Leistungsfähigkeit eines Fernrohrs. Diese hängt in erster Linie vom Objektivdurchmesser ab.

Durch den Einsatz von Okularen verschiedener Brennweiten kann man die Vergrößerung eines Teleskops variieren. Die Mindestvergrößerung eines Fernrohrs ist das Fünffache des Objektivdurchmessers in Zentimetern. Ein Objektiv von zehn Zentimetern freier Öffnung erfordert somit eine 50fache *Mindestvergrößerung*, um die Leistungsfähigkeit des Objektivs auszunutzen. Leichter sind jedoch die theoretisch erkennbaren Details zu sehen, wenn man die doppelte Mindestvergrößerung wählt. Dies ist die so genannte *förderliche Vergrößerung*, die sich damit zum Zehnfachen des Objektivdurchmessers in Zentimetern ergibt.

Darüber hinaus bekommt man bei erheblich höherer Vergrößerung keinen weiteren Informationsgewinn. Man spricht dann von *Übervergrößerung*.

> Austrittspupille, Brennweite, Gesichtsfeld, Objektiv, Okular, Teleskop

VERTEX

> Fluchtpunkt

VERTIKALKREIS

Auch Höhenkreis genannt. Alle Großkreise im Horizontsystem, die senkrecht auf dem Horizont stehen und durch den Scheitelpunkt (Zenit) gehen, werden Vertikalkreise genannt. Der *Meridian* (Mittagslinie) ist ebenfalls ein Vertikalkreis. Der Vertikalkreis, der 90° Azimutabstand vom Meridian hat und somit durch die Punkte Zenit, Westpunkt am Horizont, Nadir und Ostpunkt am Horizont geht, wird *Erstes Vertikal* genannt.

Unter Vertikalkreis versteht man ferner auch ein astronomisches *Messinstrument*, bei dem mit dem Teleskop nur Sterne einstellbar sind, die gerade das Erste Vertikal passieren. Ein Vertikalkreis ist gewissermaßen das Pendant zum Meridiankreis. Die Achse, um die sich das Teleskop eines Vertikalkreises bewegen lässt, steht in Nord-Süd-Richtung. Mit Hilfe eines Vertikalkreises werden die Gestirnshöhen bei ihrer Passage im Ersten Vertikal gemessen.

> Azimut, azimutale Koordinaten, Erstes Vertikal, Höhe, Meridian, Meridiankreis, Nadir, Ostpunkt, Westpunkt, Zenit

VIRGO-HAUFEN

Ein riesiger Galaxienhaufen, der in Richtung des Sternbildes Jungfrau (lat.: Virgo) zu beobachten ist.

Der Virgo-Galaxienhaufen ist etwa 60 Millionen Lichtjahre von uns entfernt und liegt damit sowohl weit außerhalb unserer Milchstraße, als auch außerhalb der Lokalen Gruppe, unseres eigenen Galaxienhaufens. Er besteht aus rund 2500 Galaxien und bildet das Zentrum des Virgo-Superhaufens.

> *Galaxie, Galaxienhaufen, Lokale Gruppe, Superhaufen, Virgo-Superhaufen*

VIRGO-SUPERHAUFEN

Ein Superhaufen bestehend aus Galaxienhaufen, zu denen sowohl der große Virgo-Haufen mit einigen tausend Galaxien als auch die relativ kleine Lokale Gruppe (rund 30 Galaxien) mit unserer Milchstraße gehören. Der Virgo-Superhaufen hat einen Durchmesser von etwa 150 Millionen Lichtjahren.

> *Galaxie, Galaxienhaufen, Lokale Gruppe, Superhaufen, Virgo-Haufen*

VISIONSRADIUS

Richtung, in die der Beobachter blickt, auch Gesichtslinie genannt. Ein Gestirn, das sich in Richtung des Visionsradius bewegt (Radialbewegung), kommt auf den Beobachter zu oder entfernt sich von ihm.

> *Radialgeschwindigkeit*

VOIDS

Riesige, viele Millionen Lichtjahre große Leerräume zwischen Galaxiensuperhaufen, in denen sich kaum Galaxien befinden. Die größten Voids haben Durchmesser von bis zu einer Milliarde Lichtjahren. Umgeben sind die Voids von Walls („Mauern") aus Galaxienhaufen und Galaxiensuperhaufen. Bei sehr großen Skalenlängen von einigen hundert Millionen Lichtjahren zeigt das Universum eine honigwabenartige Struktur. Die Bausteine dieser Wabenstruktur sind die Galaxienhaufen und -superhaufen.

> *Galaxienhaufen, Superhaufen, Universum*

VOLLMOND

Mondphase, bei der der Erdmond am irdischen Himmel der Sonne genau gegenübersteht, er steht in Op-

VIRGO-HAUFEN **Ein Ausschnitt aus dem Galaxienhaufen, der in Richtung des Sternbildes Jungfrau gesehen wird, der Virgo-Haufen**

position zur Sonne. Er hat dann eine Winkeldifferenz von 180° zur Sonne. Mit Sonnenuntergang im Westen geht der Vollmond im Osten auf, erreicht um Mitternacht seine Höchststellung im Süden und geht morgens im Westen unter, wenn die Sonne im Osten über die Horizontlinie tritt. Der Vollmond ist somit die ganze Nacht über dem Horizont.

> *Halbmond, Mondfinsternis, Mondphasen, Neumond, Opposition*

WAHRE SONNE

Die am Himmel leuchtende Sonne, im Unterschied zur mittleren Sonne. Der Stundenwinkel der wahren Sonne gibt die wahre Sonnenzeit an. Die wahre Sonne wandert längs der Ekliptik, die um 23,4° gegen den Himmelsäquator geneigt ist. Gleich lange Strecken auf der Ekliptik, die auf den Himmelsäquator projiziert werden, entsprechen dort jedoch ungleich langen Abschnitten. Außerdem bewegt sich die

wahre Sonne infolge der Elliptizität der Erdbahn ungleichförmig entlang der Ekliptik. Sie kann daher für
ein gleichmäßiges Zeitmaß auf der Erde nicht heran-
gezogen werden. Dies gewährleistet nur die mittlere
Sonne. Die Differenz zwischen wahrer und mittlerer
Sonnenzeit wird Zeitgleichung genannt.

> *Ekliptik, mittlere Sonne, Sonnenuhr,*
> *Stundenwinkel, Zeit, Zeitgleichung*

WASSERSTOFFBRENNEN

Saloppe Bezeichnung für den kernphysikalischen
Vorgang der Verschmelzung von vier Wasserstoffatomkernen zu einem Heliumkern (Kernfusions-
prozess). Dieser Prozess ist die Hauptenergiequelle
eines Sterns während der längsten Zeit seines Lebens. Dies ist auch die Phase, während der er auf
der Hauptreihe des Hertzsprung-Russell-Diagramms
sitzt. Erst in späteren Lebensstadien erzeugen Sterne
auch schwerere Elemente.

> *Hauptreihe, Hertzsprung-Russell-Diagramm,*
> *Kernfusion, Sternentwicklung*

WEIHNACHTSSTERN

Bezeichnung für den im Matthäus-Evangelium er-
wähnten Messias-Stern, der unter der volkstüm-
lichen Bezeichnung „Stern von Bethlehem" bekannt
geworden ist. Vermutlich wurde das dreifache Zusammentreffen (die dreifache Konjunktion) von
Jupiter und Saturn im Jahr −6 (7 vor unserer Zeitrechnung) von babylonischen Schriftgelehrten als
Zeichen dafür gedeutet, dass am Hof von Herodes in
Jerusalem ein neuer König der Juden geboren worden
sei. Dies war der Auslöser zu ihrer weiten Reise von
Babylon nach Palästina.

> *Konjunktion*

WEISSER ZWERG

Endstadium eines Sterns geringer Masse, nachdem
dieser einen erheblichen Teil seiner Materie durch
Sternwinde (z.B. Planetarische Nebel) abgeblasen
hat. Sterne mit höchstens 1,4 Sonnenmassen werden
zu Weißen Zwergen, wenn ihr Atomfeuer erloschen
ist. Weiße Zwerge sind klein, sie haben lediglich mit

WEIHNACHTSSTERN **Der italienische Maler Giotto di Bondone malte 1304 über der Krippe den Halleyschen Kometen als Stern von Bethlehem.**

der Erde vergleichbare Durchmesser (um 10 000 Kilometer), aber so viel Masse wie ein Stern (etwa zwischen 0,5 und 1,5 Sonnenmassen). Obwohl sie teilweise recht heiß sind (Oberflächentemperaturen von
10 000 Grad und mehr) und somit pro Flächeneinheit
vergleichsweise viel Energie abstrahlen, sind sie
wegen ihrer geringen Größe recht leuchtschwach.
Wegen ihrer hohen Oberflächentemperatur leuchten
diese Sterne weiß, daher ihr Name. Der erste Weiße
Zwerg, der entdeckt wurde, ist Sirius B, der Begleiter
des hellsten Fixsterns am Himmel, Sirius.
Wegen ihrer geringen Größe und vergleichsweise
großen Masse ist die Materie in Weißen Zwergen un-
geheuer dicht gepackt. Ein Kubikzentimeter Materie
eines Weißen Zwerges würde auf der Erde einige
Tonnen wiegen. Somit ist auch die Schwerebeschleunigung auf der Oberfläche eines Weißen Zwerges
enorm groß. Die Materie in Weißen Zwergen ist ent-
artet. Dies führt unter anderem dazu, dass Weiße
Zwerge umso kleiner sind, je größer ihre Masse ist.
Weiße Zwerge leuchten aufgrund ihrer gespeicher-
ten Wärmeenergie. Sie sind erloschene Atommeiler
und kühlen langsam aus. Bis sie zu unsichtbaren
Schwarzen Zwergen werden, ihrem letzten Stadium,
vergehen jedoch rund zehn Milliarden Jahre.

**W E I S S E R Z W E R G Sirius B, der erstentdeckte Wei-
ße Zwerg im Röntgenlicht. Der im Röntgenlicht schwächere Stern Sirius A ist im sichtbaren Licht der hellste
Stern am irdischen Himmel.**

Wegen ihrer geringen Leuchtkraft sind bis heute
lediglich knapp 1000 Weiße Zwerge bekannt. In
unserer Milchstraße vermutet man aber mehr als
200 Milliarden Weiße Zwerge – mehr als Sterne in
der Vollblüte ihres Lebens. Auch unsere Sonne wird
eines Tages als Weißer Zwerg enden.

> *Leuchtkraft, Leuchtkraftklassen, Planetari-
scher Nebel, Roter Riese, Schwarzer Zwerg,
Schwerebeschleunigung, Sirius, Sonne,
Sternentwicklung*

WELTZEIT

Abgekürzt WZ. Mittlere Sonnenzeit des Nullmeridi-
ans der Erde, der durch die alte Sternwarte in Greenwich bei London geht. Die Weltzeit ist die Westeuropäische Zonenzeit. Die englische Bezeichnung lautet
Universal Time (UT). Die Weltzeit wird häufig verwendet für überregionale Zeitangaben.

> *bürgerliche Zeit, Mitteleuropäische Zeit,
mittlere Sonne, Nullmeridian, Zeit*

WENDEKREISE

Die Breitenkreise auf der Erde, die in +23,5° (nördlicher) und in –23,5° (südlicher) geografischer Breite
liegen. Die Zone zwischen den Wendekreisen wird
Tropenzone genannt. Am nördlichen Wendekreis
steht die Sonne zu Sommerbeginn bei ihrer Kulmination im Zenit, am südlichen Wendekreis geht sie bei
ihrer Kulmination zu Winterbeginn durch den Schei-

telpunkt. Da der Sommerpunkt vor rund 2000 Jahren
im Sternbild Krebs lag, spricht man heute noch vom
Wendekreis des Krebses. Der Winterpunkt lag einst
im Sternbild Steinbock, daher stammt die Bezeichnung *Wendekreis des Steinbocks* für den südlichen
Wendekreis.

> *Kulmination, Solstitium, Sommerpunkt,
Tropen, Winterpunkt, Zenit*

WESTPUNKT

Der Schnittpunkt des Ersten Vertikals mit dem Horizont in westlicher Richtung.

> *Erstes Vertikal, Horizont, Nordpunkt, Ostpunkt,
Südpunkt*

WINTERDREIECK

Das Dreieck, das aus den drei hellen Sternen Sirius im
Großen Hund, Prokyon im Kleinen Hund und Rigel im
Orion gebildet wird. Im deutschsprachigen Raum ist
das Wintersechseck gebräuchlicher. In Nordamerika
hingegen ist das Winterdreieck recht populär und
wird häufig erwähnt.

> *Wintersechseck*

WINTERPUNKT

Südlichster und tiefster Punkt der scheinbaren Sonnenbahn, den die Sonne zur Wintersonnenwende
erreicht. Die Sonne passiert ihn in der Regel am 21.
Dezember, wenn sie mittags ihren tiefsten Stand erreicht. Auf der Nordhalbkugel der Erde beginnt dann
der astronomische Winter, auf der Südhalbkugel der
Sommer. Der Winterpunkt liegt 23,5° südlich des
Himmelsäquators. Nach Passieren des Winterpunktes steigt die Sonne wieder zum Himmelsäquator
auf. Daher kommt die Bezeichnung Sonnenwende.
Heute liegt der Winterpunkt im Sternbild Schütze.
Vor rund 2000 Jahren lag er im Sternbild Steinbock,
weshalb man noch heute vom Wendekreis des Steinbocks spricht. Der Winterpunkt ist identisch mit dem
Beginn des Tierkreiszeichens Steinbock.

> *Frühlingspunkt, Herbstpunkt, Himmels-
äquator, Jahreszeiten, Solstitium, Sommerpunkt,
Sonnenbahn, Tierkreiszeichen, Wendekreise*

WINTERSECHSECK

Ein Sechseck aus sechs hellen Sternen, die an Winter-
abenden am Südhimmel auffällig zu sehen sind. Das
Wintersechseck setzt sich zusammen aus Kapella im
Fuhrmann, Aldebaran im Stier, Rigel im Orion, Sirius
im Großen Hund, Prokyon im Kleinen Hund und Pol-
lux in den Zwillingen.

> *Frühlingsdreieck, Herbstviereck,*
> *Sommerdreieck, Sternbild*

WOCHE

Mittleres Zeitmaß zwischen einem Sonnentag und
einem synodischen Mondmonat.
Die Sieben-Tage-Woche wurde bereits von den alten
Babyloniern eingeführt. Nach DIN-Norm beginnt die
Woche heute mit dem Montag. Nach alter Tradition
sind die Wochentage den sieben klassischen „Planeten" zugeordnet, zu denen damals auch noch Sonne
und Mond gezählt wurden: Montag – Mond, Diens-
tag – Mars, Mittwoch – Merkur, Donnerstag – Jupiter,
Freitag – Venus, Samstag – Saturn und Sonntag –
Sonne.
Die Länge einer Woche läßt sich am Mondlauf gut ablesen. Jeweils nach etwa sieben Tagen wechselt die
Mondphase von Neumond zum Ersten Viertel, dann
zum Vollmond und schließlich zum Letzten Viertel,
um nach vier Wochen wieder bei Neumond zu beginnen.

> *Kalender, Mondphasen, Planet, Sonnentag,*
> *synodischer Monat*

ZEIT

Drei astronomische Vorgänge erlauben es, die Zeit zu
messen und einzuteilen: die Erdrotation, der Umlauf
des Mondes um die Erde und der Umlauf der Erde um
die Sonne (Revolution). Es werden daher folgende
Zeitmaßstäbe benutzt:
Tag: Ein *mittlerer Sonnentag* ist die Zeitspanne zwischen zwei aufeinander folgenden Kulminationen
der mittleren Sonne. Ein Sonnentag hat 24 Stunden.
Jede Stunde hat 60 Minuten und jede Minute 60 Se-

kunden. Somit hat ein Sonnentag 86 400 Sekunden.
Die ursprüngliche Definition der Sekunde erfolgte
über den mittleren Sonnentag.
Monat: Zeitspanne zwischen zwei aufeinander
folgenden gleichen Mondphasen, zum Beispiel von
Neumond bis zum darauf folgenden Neumond. Diese
Zeitspanne wird *synodischer Monat* genannt und
entspricht 29 Tagen, zwölf Stunden, 44 Minuten und
drei Sekunden. Dies ist die mittlere Länge eines synodischen Monats. Die jeweils aktuellen synodischen
Monate weichen infolge von Störungen von diesem
Mittelwert ab und sind etwas kürzer oder länger.
Jahr: Das *tropische Sonnenjahr* ist die Zeitspanne
zwischen zwei aufeinander folgenden Durchgängen
der mittleren Sonne durch den Frühlingspunkt. Die
mittlere Länge des tropischen Jahres beträgt 365 Tage, fünf Stunden, 48 Minuten und 45 Sekunden.
Als *Sonnenzeit* wird der Stundenwinkel der Sonne
angegeben, das ist ihre Entfernung vom Meridian
gemessen in Richtung West im Zeitmaß ($24^h = 360°$,
$1^h = 15°$, $4^m = 1°$, $1^m = 15'$ und $1^s = 15''$). Üblicherweise
addiert man zum Stundenwinkel noch die Zahl zwölf.
Steht die Sonne im Meridian, hat sie den Stundenwinkel 0^h und man sagt, es ist zwölf Uhr Mittag
(*wahrer Sonnenzeit*). Eine Stunde später hat die Sonne den Stundenwinkel 1^h (sie steht dann 15° westlich
des Meridians gemessen in der Ebene des Himmelsäquators). Es ist dann 12 + 1 = 13 Uhr. Im angelsächsischen Raum sagt man nach wie vor 1 p.m. (post
meridiem).
Da aber die scheinbare Bewegung der Sonne als Spiegelbild der Erdwanderung um die Sonne im Laufe eines Jahres ungleichförmig ist und sich die Sonne auf
der Ekliptik und nicht auf dem Himmelsäquator bewegt, wird für die Zeitrechnung eine fiktive mittlere
Sonne eingeführt, die sich gleichförmig bewegt und
zwar auf dem Himmelsäquator. Unsere Uhren zeigen
somit mittlere Sonnenzeit an. Anders formuliert: Die
mittlere Sonnenzeit ist definiert als der Stundenwinkel der mittleren Sonne plus zwölf. Die Differenz zwischen wahrer Sonnenzeit und mittlerer Sonnenzeit
wird *Zeitgleichung* genannt.
Nach einer vollen Erdrotation, die in Bezug auf die
Fixsterne in etwa 23 Stunden und 56 Minuten erfolgt
(*Sterntag, siderische Rotation*), steht die Sonne aber
noch nicht wieder im Meridian, da sie sich unter den

Sternen um etwa 1° pro Tag nach Osten weiterbewegt. Diese scheinbare Wanderung der Sonne durch die Sternbilder des Tierkreises ist eine Folge des Erdumlaufs um die Sonne. Die Erde muss sich noch ein Stückchen weiterdrehen, bis die Sonne wieder im Meridian steht und ein Sonnentag vergangen ist (*Sonnentag, synodische Rotation*). Ein Sonnentag ist also länger als ein Sterntag.

Als *Sternzeit* wird der Stundenwinkel des Frühlingspunktes bezeichnet. Ein *Sterntag* ist um knapp vier Minuten kürzer als ein Sonnentag, er bezeichnet die Zeitspanne zwischen zwei aufeinander folgenden Kulminationen des Frühlingspunktes. Steht der Frühlingspunkt im Meridian, so ist es 0^h Sternzeit. Die Sternzeit gibt die relative Stellung des Beobachters zum Fixsternhimmel an. Um 0^h Sternzeit zum Beispiel stehen die Sternbilder Fische und Widder in südlicher Richtung, bei 6^h Sternzeit Orion und Sirius im Großen Hund.

Da der Meridian vom Beobachtungsort abhängt, beziehen sich diese Zeitangaben stets auf den Ort des Beobachters. Man spricht in diesem Falle von Ortszeit. Somit gibt es eine *mittlere Orts-Sonnenzeit* (MOZ) und eine *mittlere Orts-Sternzeit*. Für einen Beobachter östlich des eigenen Standpunktes geht die Sonne früher auf, früher durch den Meridian und früher unter. Ein Beobachter westlich des eigenen Standortes hat die Sonne entsprechend später im Meridian, nämlich pro Grad um vier Minuten und pro 15° um eine Stunde. Es ist jedoch unzweckmäßig, wenn jeder Standort seine eigene Ortszeit verwendet. Deshalb hat man Ende des 19. Jahrhunderts in vielen Staaten *Zonenzeiten* eingeführt. Sie gelten jeweils für eine Zone von 15 Längengrad Breite. Die Zeitzone für die Westeuropäische Zeit entspricht der Weltzeit, der mittleren Sonnenzeit von Greenwich (= Nullmeridian der Erde). Die *Mitteleuropäische Zeit (MEZ)* bezieht sich auf den Ortsmeridian 15° östlich von Greenwich, der durch die Städte Görlitz und Gmünd in Niederösterreich geht. Die Mitteleuropäische Zeit geht somit gegenüber der Weltzeit (Abk. WZ oder UT = Universal Time) um eine Stunde vor. Die Osteuropäische Zeit geht um zwei Stunden gegenüber der Weltzeit vor: OEZ = Weltzeit plus zwei Stunden. Die *Sommerzeit* geht im Vergleich zur entsprechenden Zonenzeit jeweils um eine Stunde vor.

Mit zunehmender Verbesserung der Uhrentechnik und immer genauer gehenden Uhren wurde festgestellt, dass die Rotation der Erde nicht gleichförmig erfolgt, sondern sowohl kurzperiodischen Schwankungen unterliegt, als auch im Laufe der Zeit abnimmt. Infolge der Gezeitenreibung nimmt die Tageslänge in rund 100 000 Jahren um etwa 1,6 Sekunden zu. Deshalb haben die Astronomen die Sekundendefinition von der Erdrotation abgekoppelt und die *Ephemeridensekunde* eingeführt, die aus der Erdrevolution abgeleitet ist. Die Ephemeridensekunde ist definiert zu: $1^s = 1/31\,556\,925{,}9747$ des tropischen Jahres 1900.0. Man musste ein bestimmtes tropisches Jahr wählen, da durch die Variation der Erdbahnelemente auch die Länge des tropischen Jahres Schwankungen unterliegt. Aus der Ephemeridensekunde wird eine gleichförmig ablaufende Zeitskala gebildet. Diese Zeitskala wird *Ephemeridenzeit* genannt oder seit 1984 *Dynamische Zeit* (DT = Dynamical Time). Die Ableitung der Dynamischen Zeit erfolgt durch Gestirnsbeobachtungen.

Physikalisch wurde die Sekundendefinition nach atomphysikalischen Vorgängen festgelegt. Die Länge der *SI-Sekunde* entspricht somit der Dauer von 9 192 631 770 Schwingungen der Strahlung, die beim Übergang zwischen den beiden Hyperfeinstrukturniveaus (Energieniveaus des Grundzustandes) eines Cäsium[133]-Atoms ausgesandt wird. Mit dieser physikalisch festgelegten Sekunde wird eine gleichförmige Zeitskala dargestellt, die man als *Internationale Atomzeit* bezeichnet (TAI = Temps Atomique International, frz.). Sie wird dargestellt durch das internationale Zusammenschalten von mehr als 200 Atomuhren. Die Atomzeitskala gilt seit 1972 als internationales Zeitmaß.

Die Atomzeitskala muss allerdings mit astronomischen Zeitbestimmungen in Einklang gebracht werden, da sich unser Leben nach Sonnentag und Sonnenjahr richtet. Die Dynamische Zeitskala, die erst im Nachhinein aus Gestirnsbeobachtungen verifiziert werden kann, wird dabei mit der Atomzeitskala abgeglichen. Treten zwischen der Erdrotation und der Dynamischen Zeitskala Differenzen auf, so besteht die Möglichkeit, zweimal pro Jahr, und zwar um Mitternacht Weltzeit am 31. Dezember und um Mitternacht Weltzeit am 30. Juni eine Schaltsekunde einzufügen oder gegebenenfalls auszulassen. Da viele Uhren heute funkgesteuert sind, muss diese Schaltsekunde nicht weiter berücksichtigt werden, das Einfügen der Sekunde geschieht vollautomatisch. Die Überwachung der Erdrotation erfolgt in internationaler Zusammenarbeit.

Die Differenz zwischen der Dynamischen Zeitskala und der Weltzeit ist infolge der säkularen Abnahme der Erdrotation inzwischen auf 65 Sekunden angewachsen. Bei Berechnungen von astronomischen Ereignissen, wie beispielsweise Finsterniskontaktzeiten, muss diese Differenz, die allgemein als „Delta-T" bezeichnet wird, berücksichtigt werden. Den für das jeweilige Jahr gültigen Delta-T-Wert findet man in astronomischen Jahrbüchern. Ganz grob kann man sich merken: Die Weltzeit (UT) hinkt inzwischen der Dynamischen Zeit (DT) um eine Minute nach. Auch Delta-T wird aus Beobachtungen bestimmt. Davon wird eine koordinierte Weltzeit (UTC) abgeleitet, die über Zeitzeichensender weltweit verbreitet wird.

> *bürgerliche Zeit, Jahr, Mitteleuropäische Zeit, mittlere Sonne, Revolution, Rotation, Sonnenjahr, Sonnentag, Sonnenuhr, Sterntag, Sternzeit, Stundenwinkel, Tag, Uhr, wahre Sonne, Weltzeit, Woche*

ZEITGLEICHUNG

Die Differenz zwischen wahrer und mittlerer Sonnenzeit wird Zeitgleichung genannt. In astronomischen Jahrbüchern ist die Zeitgleichung für die einzelnen Tage des Jahres vermerkt. Trägt man die Zeitgleichung gegenüber der Sonnendeklination in ein Diagramm auf, so erhält man eine achterschleifenartige Kurve, die Analemma heißt. An der Zeitgleichungskurve kann abgelesen werden, wie viel eine Sonnenuhr zu einem bestimmten Datum gegenüber der mittleren Sonnenzeit vor- oder nachgeht.

> *Analemma, Deklination, mittlere Sonne, Sonnenuhr, wahre Sonne, Zeit*

ZEITZEICHEN

Die genaue Zeit, die international von einem System hochpräziser Atomuhren (Cäsiumuhren) dargestellt wird, wird per Funk übertragen. Für Mitteleuropa

maßgebend ist der Sender DCF 77 in Mainflingen nahe Frankfurt/Main. Moderne Uhren werden durch Funk-Zeitzeichen gesteuert bzw. synchronisiert. Ihre Ungenauigkeiten liegen unter einer Sekunde. Die Umstellung von Sommerzeit auf Mitteleuropäische Zeit (und umgekehrt) erfolgt dann automatisch.

> *Mitteleuropäische Zeit, Sommerzeit, Uhr, Zeit*

ZENIT

Auch Scheitelpunkt genannt. Der Punkt am Himmelsgewölbe genau über dem Kopf des Beobachters. Eine Senkrechte auf der Horizontebene durchstößt das Himmelsgewölbe im Zenit. Anders ausgedrückt: Der Zenit steht in der nach oben verlängerten Lotrichtung. Der Punkt 180° gegenüber dem Zenit wird Nadir (Fußpunkt) genannt. Der Zenit hat eine Höhe von 90° über dem Horizont.

> *Himmelskugel, Höhe, Horizont, Nadir*

ZENITDISTANZ

Koordinate im azimutalen Koordinatensystem, die die Entfernung eines Gestirns im Winkelmaß vom Zenit angibt. Alle Punkte am Horizont haben eine Zenitdistanz von 90°. Gestirne mit einer Zenitdistanz größer als 90° sind unter dem Horizont und daher unbeobachtbar. Die Zenitdistanz ist der Komplementärwinkel der Höhe (90° minus Höhe = Zenitdistanz).

> *azimutale Koordinaten, Höhe, Horizont, Zenit*

ZENTRALMERIDIAN

Meridian auf einem Himmelskörper, zum Beispiel Sonne, Mars oder Jupiter, der genau durch die Scheibenmitte des beobachteten Gestirns geht. Aus der Angabe, welcher Meridian zu einem bestimmten Zeitpunkt Zentralmeridian ist, kann festgestellt werden, welche Oberflächenstrukturen sich gerade in der Scheibenmitte befinden.

> *Meridian, Nullmeridian*

ZIRKUMPOLARSTERN

Stern in der Nähe eines Himmelspols, der nicht untergeht und sich somit 24 Stunden über dem Horizont befindet. Zirkumpolarsterne sind in jeder klaren Nacht unabhängig von der Jahres- und Uhrzeit zu sehen. Ob ein Stern zirkumpolar ist, hängt von der geografischen Breite des Beobachtungsorts und der Entfernung des Sterns vom Pol ab. Je weiter nördlich (auf der Nordhalbkugel) oder südlich (auf der Südhalbkugel) sich ein Beobachter befindet, desto größer ist der Bereich, der für ihn zirkumpolar ist. Bei 50° Nord sind alle Gestirne zirkumpolar, die nicht weiter als 50° vom Pol entfernt sind. Denn der Himmelsnordpol steht immer so hoch über dem Nordpunkt am Horizont, wie die geografische Breite angibt (= Polhöhe).

An den Polen der Erde sind alle Sterne zirkumpolar, da sie sich infolge der Erddrehung parallel zum Horizont bewegen und nicht untergehen. Auf dem Äquator der Erde hingegen gibt es keine Zirkumpolarsterne, alle Gestirne gehen auf und unter. In Mitteleuropa sind folgende Sternbilder und damit auch deren Mitgliedssterne zirkumpolar: Großer und Kleiner Bär, Drache, Giraffe, Kassiopeia und Kepheus. Eine Reihe von Sternbildern ist teilweise zirkumpolar, wie beispielsweise der Fuhrmann, dessen heller Stern Kapella bei uns zwar das ganze Jahr über in jeder klaren Nacht sichtbar ist, die anderen Sterne des Sternbildes gehen zum Teil aber auf und unter.

> *Himmelspol, Horizont, Polhöhe, Sternbilder, Tagbogen*

ZODIAKALLICHT

Tierkreislicht. Ein schwaches Leuchten in Kegelform entlang der abendlichen oder morgendlichen Ekliptik am Himmel. Das Zodiakallicht wird durch interplanetaren Staub hervorgerufen, der das Sonnenlicht reflektiert. Die günstigsten Beobachtungsbedingungen sind in unseren Breiten im Frühjahr abends kurz nach Sonnenuntergang und im Herbst morgens kurz vor Sonnenaufgang. Das Leuchten des Zodiakallichts ist

ZIRKUMPOLARSTERN **Zirkumpolarsterne über der Sternwarte Welzheim. Sie sinken niemals unter den Horizont.**

so schwach und unauffällig, dass man es nur unter außerordentlich günstigen Sichtbedingungen, fernab störender irdischer Lichtquellen sehen kann.

> *Gegenschein, interplanetare Materie*

ZONENZEIT

> *bürgerliche Zeit, Mitteleuropäische Zeit, Weltzeit, Zeit*

ZWERGSTERN

> *Hauptreihe, Hertzsprung-Russell-Diagramm, Leuchtkraftklassen, Roter Zwerg, Weißer Zwerg*

ZUM WEITERLESEN

Lesetipps aus dem Kosmos-Verlag:
▸ Berthier, Denis: *Sternbeobachtung in der Stadt*
▸ Bourge/Lacroux: *Sternbeobachtung für Einsteiger*
▸ Burillier, Hervé: *Sternführer für Einsteiger*
▸ Celnik/Hahn: *Astronomie für Einsteiger*
▸ Dunlop, Storm/Tirion, Will: *Der Kosmos Sternführer*
▸ Hahn, Hermann-Michael: *Die Kosmos Sternführung*
▸ Hahn, Hermann-Michael: *Sternkarte für Einsteiger (auch nachtleuchtend)*
▸ Hahn, Hermann-Michael: *Was tut sich am Himmel*
▸ Hahn, Hermann-Michael: *Welches Sternbild ist das?*
▸ Hahn, Weiland: *Drehbare Kosmos-Sternkarte*
▸ Herrmann, Dieter B.: *Die Kosmos Himmelskunde*
▸ Herrmann, Dieter B.: *Sonne, Mond und Sterne*
▸ Herrmann, Joachim: *Welcher Stern ist das?*
▸ Karkoschka, Erich: *Atlas für Himmelsbeobachter*
▸ Keller, Hans-Ulrich: *Astrowissen*
▸ Keller, Hans-Ulrich: *Kosmos Himmelsjahr, erscheint jährlich*
▸ Keller: *Von Ringplaneten und Schwarzen Löchern*
▸ Korth, Stefan/Koch, Bernd: *Stars am Nachthimmel*
▸ Mackowiak, Bernhard: *Warum leuchten Sterne?*
▸ Mellinger/Hoffmann: *Der gr. Kosmos Himmelsatlas*
▸ Schilling, Govert: *Das Kosmos-Buch der Astronomie*

IMPRESSUM

Bildnachweis:
Fotos: Archiv Planetarium Stuttgart: 104, 136; DLR: 65; ESA: 38; ESO: 16, 21, 55 (unten), 95, 120; Eumetsat: 25; Martin Gertz (Sternwarte Welzheim/Planetarium Stuttgart): 6, 10, 45, 53, 64, 67 (oben), 73 (oben), 81, 87 (oben), 91 (links), 94 (oben), 108, 110, 113, 117 (unten), 122, 126, 133 (unten), 141; Max-Planck-Institut für Radioastronomie, Bonn: 97; NASA/*CHANDRA*: 30, 137; NASA/JPL: 12, 37, 49, 61 (beide), 63, 75, 101, 132, 133 (oben); NASA/*HST*: 36, 78, 86, 89, 94 (unten), 129, 131; NASA/*Spitzer*: 93 (rechts); NOAO: 4, 7, 9, 29, 55 (oben), 56, 60, 79, 90, 92, 98, 116, 124, 135; Stefan Seip/www.astromeeting.de: 17
Illustrationen: NASA: 7; Wil Tirion: 35, 67 (unten), 91 (rechts); Gerhard Weiland: 8, 9, 14, 15 (beide), 19, 22, 23, 26, 31, 32, 33, 34, 39, 41, 43, 46, 48, 58, 59, 62, 71, 73 (unten), 76, 82, 83, 87 (unten), 88, 93 (links), 96, 103 (beide), 107, 111, 114, 117 (oben), 125, 128, 130

Umschlaggestaltung von eStudio Calamar unter Verwendung einer Illustration der Bildagentur Astrofoto/Ralf Schoofs sowie Aufnahmen des *Hubble*-Weltraumteleskops (Helix-Nebel), der Europäischen Südsternwarte ESO (Radioteleskop SEST, Galaxie NGC 1232) und von Martin Gertz, Sternwarte Welzheim/Planetarium Stuttgart (Sonnenfinsternis 1999, Planetariumsprojektor IX, Komet Hale-Bopp).

Mit 59 Farbfotos, 5 Schwarzweißfotos und 44 Illustrationen

Bücher · Kalender · Experimentierkästen · Kinder- und Erwachsenenspiele

Natur · Garten · Essen & Trinken · Astronomie
Hunde & Heimtiere · Pferde & Reiten · Tauchen · Angeln & Jagd
Golf · Eisenbahn & Nutzfahrzeuge · Kinderbücher

Informationen senden wir Ihnen gerne zu

KOSMOS Postfach 10 60 11
D-70049 Stuttgart
TELEFON +49 (0)711-2191-0
FAX +49 (0)711-2191-422
WEB www.kosmos.de
E-MAIL info@kosmos.de

Bibliografische Information der Deutschen Bibliothek

Die Deutsche Bibliothek verzeichnet diese Publikation in der Deutschen Nationalbibliografie. Detaillierte bibliografische Daten sind im Internet über http://dnb.ddb.de abrufbar.

Gedruckt auf chlorfrei gebleichtem Papier

© 2005 Franckh-Kosmos Verlags-GmbH & Co. KG, Stuttgart
Alle Rechte vorbehalten
ISBN 3-440-09661-0
Redaktion: Justina Engelmann
Produktion: Siegfried Fischer
Printed in Czech Republic/
Imprimé en République Tchèque